Mann zu Mann

Jackson Gregory

Writat

Diese Ausgabe erschien im Jahr 2023

ISBN: 9789359252902

Herausgegeben von
Writat
E-Mail: info@writat.com

Inhalt

KAPITEL I

STEVE TAUCHT IN TIEFES WASSER

Steve Packards Puls beschleunigte sich und ein strahlender Eifer trat in seine Augen, als er tiefer in die mit Kiefernholz bewachsenen Berge hineinritt. Heute war er auf der letzten Runde einer köstlichen Reise. Vor drei Tagen war er aus der sonnenverwöhnten Stadt San Juan herausgeritten; Drei Monate waren vergangen, seit er einen Südseehafen verlassen hatte.

Dort unten, wo er sich mit Matrosen in einer schmutzigen Pension am Wasser versammelt hatte, erinnerte er sich plötzlich und sogar zärtlich an ein saubereres Land, das er als Junge durchstreift hatte. Er blickte auf die vergangenen Jahre zurück, so wie mancher Mann von einem Resort wie Black Jacks Pension aus geschaut hatte, ein wenig wehmütig dabei. Er warf plötzlich seine nicht gespielte Hand weg und verlor seinen Einsatz bei einem Kartenspiel, war aufgestanden und hatte das Schiff zurück über den Pazifik genommen. Das Haus Packard könnte seinen Namen mit den sieben Buchstaben des Wortes „impulse" geschrieben haben.

Spät heute Abend oder früh morgen würde er den Pfad nach Packard's Grab hinuntergehen, dem Tal, das seinem Großvater und, dank eines Anflugs rücksichtsloser Großzügigkeit seitens des alten Mannes, auch Steves Vater gehört hatte. Aber niemals Steves, überlegte der Mann auf dem Pferd; Vor fünf Monaten hatte er die Nachricht vom Tod seines Vaters erhalten und damit auch die Nachricht von Phil Packards Spekulationen und verheerenden Verlusten.

Aber nie war es Steve Packard ein ernstes Anliegen gewesen, Geld zu bekommen und zu bekommen; und jetzt war seine Vorfreude groß genug. Die Welt gehörte ihm; Er brauchte kein juristisches Papier, um zu beweisen, dass der kleine Teil der Welt, bekannt als Ranch Nummer Zehn, ihm gehörte. Er könnte noch einmal darauf fahren und vielleicht einen wie den alten Bill Royce, den Vorarbeiter, finden. Und dann konnte er weitermachen, bis er zu der anderen Packard-Ranch kam, auf der sein Großvater gelebt hatte und vielleicht noch leben würde.

Nach all dem – nun ja, es gab hier und da viele sonnige Strände entlang der sieben Meere, an denen er noch liegen und sich sonnen musste. Jetzt war es eine pure Freude zu sehen, wie die Baumstämme der Kiefern und Zedern direkt in das klare, wolkenlose Blau zeigten; wie die kleinen Bäche durch ihre ausgetretenen Pfade rieselten; wie die Wachteln zu ihren Rückzugsgebieten im Unterholz huschten; wie das Sonnenlicht warm und golden durch die Zweige spritzte; wie sich die Täler erweiterten und verengten und die dicht bewaldeten Schluchten eine herrliche und verlockende Kühle auf den Berghängen erzeugten.

Es war ein Abenteuer mit ganz eigenem Nervenkitzel, um eine Kurve des schmalen Pfades zu fahren und von einem alten, gut in Erinnerung gebliebenen Wahrzeichen begrüßt zu werden: einem flachen Felsbrocken, auf dem er als Junge gelegen hatte, in den Himmel geblickt und voller Begeisterung darauf wartete die geflüsterten Versprechen des Lebens; oder ein Teich, in dem er geangelt oder geschwommen war; oder ein Baum, auf den er geklettert war oder aus dessen Ästen er ein graues Eichhörnchen geschossen hatte. Eine Kutschenstraße, die er hätte nehmen können, verließ er, um einen Pfad zu wählen, der seinen jetzigen Vorstellungen besser entsprach, da er intimer in den Wald führte.

Es war später Nachmittag, als er die sanfte Anhöhe erreichte, die zum ersten Mal den kleinen See aufblitzen ließ, der wie ein blaues Juwel im staubigen Grün der bewaldeten Hänge wirkte. Als er sich in seinen Steigbügeln erhob, um einen Blick durch die Baumstämme zu werfen, sah er das leuchtende, leuchtende Blau eines Umhangs.

„Jetzt ist da eine Frau“, dachte Packard ohne Begeisterung. „Der Wald war ganz allein ohne sie. Genau wie Eden vermutlich auch. Aber sie kommt trotzdem. Und natürlich muss sie sich die einzige gefährliche Stelle am gesamten Seeufer aussuchen, an der sie sich zur Schau stellen kann.“

Denn er wusste, dass dort, wo der blaue Umhang das Sonnenlicht einfing, ein steiles Ufer war und dass das plätschernde Wasser es Jahr für Jahr ausgehöhlt hatte, so dass der lockere Boden darüber immer bereit war, zu bröckeln und hineinzufließen der See. Die Trägerin des hellen Kleidungsstücks bewegte sich und stand auf, den Rücken immer noch ihm zugewandt.

„Höchstwahrscheinlich ein junges Mädchen“, riskierte er eine Meinung.

Auch wenn sie zu weit von ihm entfernt war, um überhaupt sicher sein zu können, hatte er in der Art ihrer Geste etwas von der Jugend gespürt.

Dann schlug er plötzlich die Sporen an die Seite seines Pferdes und rannte den Hang hinab zu der Stelle, wo sie eben noch einen so fröhlichen Kontrast zu stumpfem Grün und grauen Felsbrocken geschaffen hatte. Denn er hatte das schnelle Aufblitzen eines nach oben geworfenen Arms gesehen, einen leisen Schrei gehört und durch das niedrige Unterholz eher geahnt als gesehen, wie ihr junger Körper fiel.

Als er sich vom Rücken seines Pferdes warf, verfing sich sein Sporen im blauen Umhang, der ihr von den Schultern gefallen war; er trat wild dagegen. Er zog seine Stiefel aus, blickte einen Moment lang auf die aufgewühlte Wasseroberfläche hinunter, die sich über ihrem Kopf geschlossen hatte, erkannte die Bewegung eines Arms unter den immer größer werdenden Kreisen und tauchte direkt nach unten.

Und so tief unten unter Wasser trafen sie sich zum ersten Mal, Steve Packard mit einem Gefühl der Verärgerung, das fast zu regelrechter Verärgerung wurde, während das Mädchen verzweifelt kämpfte, während sein rechter Arm sich fest um sie schloss. Ihm kam schnell der Verdacht, dass sie nicht gefallen war, sondern sich in einem leidenschaftlichen Streit mit dem Leben in die Tiefe gestürzt hatte; dass sie sterben wollte und ihm kaum für die Rettung danken würde.

Diesem Gedanken folgte der andere, dass sie in ihrem Anfall von Angst das tat, was der Ertrinkende immer tut: ihren Kopf verlieren und damit drohen, seine Arme mit ihren eigenen zu fesseln und ihn mit sich hinunterzuziehen.

Halb blind und ganz lautlos kämpfend stiegen sie ein wenig der Oberfläche entgegen. Packard festigte seinen Griff um ihren Körper, schaffte es, einen ihrer Arme an ihrer Seite festzuhalten, schlug mit der freien Hand auf das Wasser ein, und gerade als seine Lungen zu platzen schienen, hob er seine Nasenlöcher in die Luft.

Er holte tief Luft und machte sich auf den Weg zum Ufer, auf der Suche nach einem weniger steilen Ufer am Ende einer kleinen Bucht. Dabei bemerkte er, wie ihre Kämpfe plötzlich nachließen, wie sie ruhig mit ihm schwebte und ihr freier Arm ihnen sogar beim Vorankommen half.

Wenig später kroch er aus dem klaren, kalten Wasser zu einem Kiesstrand und zog sie hinter sich her.

Und jetzt verstand er, dass sein Schicksal und seine eigenwillige Natur ihn erneut zum völligen Narren gemacht hatten. Dasselbe Wissen wurde ihm offen in einem Paar grauer Augen vermittelt, die ihn regelrecht anstrahlten. Keine Dankbarkeit für eine Jungfrau, die in der Stunde ihrer größten Not heldenhaft geholfen hat; nur die aufwallende Wut eines Mädchens mit einem Temperament wie heißem Feuer, das von einem Fremden grob behandelt worden war.

Ihr dürftiger kleiner Badeanzug, leuchtend blau wie der abgelegte Umhang, die rote Gummikappe, die das bronzefarbene Haar zusammenbindet – sie muss das lächerliche Ding mit unglaublicher Schnelligkeit angezogen haben, während er mit der Wimper gezuckt hat – hätte in anderen Augen als denen von ganz und gar stehen können Steve Packard. Jetzt, da sie ihm nur gesagt hatten, dass er ein tollpatschiger Arsch sei, verspürte er nur noch den Wunsch, sie hochzuheben und zu schütteln.

„Mensch!" Sie keuchte ihn mit einer wütenden Verachtung an, die ihn zusammenzucken ließ. „Sie sind so ziemlich das frischeste Angebot, das mir je untergekommen ist!"

Später würde er vielleicht zugeben, dass sie unbestreitbar und unglaublich hübsch war; dass die Kurven ihres kleinen weißen Körpers herrlich perfekt waren; dass sie einen Arm voll gemacht hatte, der zu einem anderen Zeitpunkt das Blut eines Mannes in pures Delirium versetzt hätte.

Gerade jetzt wusste er nur, dass er sie in diesem Moment der nichts weniger als Dummheit verärgert hatte und dass sein eigener Zorn, obwohl er noch unvernünftiger war, kaum weniger hitzig war; dass er nur ein trauriges Spektakel gemacht hatte und immer noch machte; dass er klatschnass und kalt war und gleich zittern würde wie ein frierender Hund.

„Warum wolltest du wie ein Comanche-Indianer schreien, als du reinkamst?" „Forderte er unhöflich und bot die einzige Verteidigung an, die er mit Verstand oder Zunge an den Tag legen konnte. „Ein Mann würde natürlich annehmen, dass du fällst."

„Das haben Sie nicht gedacht!" sie erwiderte scharf. „Du hast mich tauchen sehen. Wenn du das Gehirn eines verängstigten Kaninchens hättest, wüsstest du, dass ein Mädchen, das sich die Mühe gemacht hat, einen Badeanzug anzuziehen und dann ins Wasser gesprungen ist, schwimmen wollte. Und das auch allein gelassen", fügte sie bissig hinzu.

Packard spürte die Nachmittagsbrise durch die nassen Kleidungsstücke, die so dicht an ihm klebten, und zitterte.

„Wenn Sie denken", sagte er so scharf, wie sie gesprochen hatte, „dass ich nur mit Kleidung und allem in diesen höllischen Eisteich gesprungen bin, aus purer Freude, Ihre bezaubernde Bekanntschaft in etwa zehn Fuß tiefem Wasser zu machen, dann ganz ich." Ich kann nur sagen, dass es Ihnen keineswegs an der vollen Wertschätzung Ihrer eigenen Attraktivität mangelt."

Sie öffnete ihre Augen weit zu ihm und lag zu seinen Füßen, wo er sie abgelegt hatte. Sie hatte nicht angeboten aufzustehen. Aber jetzt setzte sie sich auf, zog ihre Knie in den Kreis ihrer verschränkten Arme und legte ihren Kopf in den Nacken, während sie zu ihm aufstarrte.

„Sie haben die Nerven, Mr. Man", informierte sie ihn kühl. „Jedes Mal, wenn du denkst, ich würde es hinnehmen, dass ein Idiot hereinspringt, mir den Spaß verdirbt und mich dann obendrein ausschimpft, hast du einen weiteren großen Gedanken. Und glaub mir, du" „Ich werde in dieser Ecke des Waldes viel länger durchhalten, wenn du dich danach um deine eigenen

Angelegenheiten kümmerst und deine Pfoten von den Angelegenheiten anderer Leute fernhältst. Besorg mir diese Zeit?"

„Ich verstehe dich schon", grunzte Packard. „Und ich finde Ihre Dankbarkeit gegenüber einem Mann, der gerade sein Leben für Sie riskiert hat, ziemlich rührend."

„Dankbarkeit? Bah!" sagte sie ihm und sprang plötzlich auf. „Du hast dein Leben für mich riskiert, oder?" Sie lachte spöttisch darüber. „Na, du großer Trottel, ich hätte dich mit einem Salto herauszerren können, wenn du angefangen hättest zu ertrinken.

Er warf ihr einen Blick zu, dessen Absicht es war, sie zu vernichten. Es scheiterte kläglich, teils, weil sie offensichtlich nicht zu der Sorte gehörte, die sich durch den Blick eines einfachen Mannes verdorren ließ, und teils, weil ihn ein heftiger und unpassender Schauer von Kopf bis Fuß erschütterte.

Bisher war in den Augen des Mädchens nur helle Wut zu sehen. Plötzlich veränderte sich dort das Licht; Was als Schniefen an ihm begonnen hatte, verwandelte sich ohne Vorwarnung in ein äußerst amüsiertes Kichern.

„Meine Güte, Mr. Man", spottete sie ihn. „Du hast sicher ein tolles Bild davon, wie du da stehst, die Hand auf die Hüfte gestemmt und deine Augen zu mir herausstreckst! Wie ein König im Märchenbuch, nur dass er sich gerade duckte und versuchte, den anderen Kerl niederzustarren . Das ist eine Sache, die du mit mir nicht machen kannst."

Ihre Augen hatten die entzückende Kunst, sich zu einer Heiterkeit zu falten, was ein äußerst angenehmes Phänomen gewesen wäre, wenn sie mit ihm statt über ihn gelacht hätte. So wie die Dinge lagen, war Packard durchaus bereit, sie aus tiefstem Herzen zu verabscheuen.

„Zu Ihrer freundlichen Information möchte ich hinzufügen, dass der Weg an beiden Enden offen ist", sagte er ihr bedeutungsvoll. „Ich werde mir einen sonnigen Platz suchen und meine Kleidung trocknen. Keine Einwände, nehme ich an?"

Er kletterte das Ufer hinauf und machte sich auf den Weg zu der Stelle, von der aus er ihr nachgesprungen war, um seine Stiefel und Sporen wiederzubekommen. Ihre Augen folgten ihm interessiert. Er ignorierte sie und machte sich daran, ein Sporenrädchen aus dem Stoff des leuchtend blauen Umhangs zu ziehen. Da schwebte ihre Stimme zu ihm und forderte:

„Was zum Teufel hast du jetzt vor? Du wirst doch nicht meine Klamotten klauen, oder?"

„Ich hätte das Recht", rief er über die Schulter zurück, „wenn ich zufällig einen behelfsmäßigen Morgenmantel bräuchte. Aber so wie es ist, versuche ich, der Sache meinen Ansporn zu geben."

„Du großer, großer Rohling!" sie jammerte ihn an, und da kam sie am Ufer entlanggerannt. „Wage es einfach, meinen Umhang zu zerreißen, und ich verjage dich dafür aus dem Land! Ich bin vierzig Meilen gefahren, um ihn zu bekommen, und das ist das erste Mal, dass ich ihn jemals getragen habe. Dumm!" Und sie riss ihm sowohl das Gewand als auch die Sporen weg.

Das Futter war seidig und hatte einen tiefen, satten Goldton. Und schon war es von einem der scharfen Stacheln zerrissen, wenn auch nur im kleinsten Stück der Welt. Ihr Zorn jedoch, so schien es, als sei er immer bereit, flammte erneut auf; die prickelnde Fröhlichkeit verschwand aus ihren Augen und hinterließ keine Spur; Die Farbe erwärmte sich in ihren Wangen, als sie rief:

„Du bist genau wie alle anderen deiner Rasse, groß und unbeholfen, drängst dich dorthin, wo du nicht hingehörst, verunstaltest das Angesicht der Erde, verdirbst alles rechts und links. Ich frage mich, ob der gute Gott selbst weiß, was." Er hat sowieso Männer geschaffen!"

Der störende Sporn, von ihren flinken Fingern abgelöst, zeichnete einen hellen Bogen im späten Sonnenlicht, flog weit hinaus, tauchte in einen kleinen, springenden Strahl Gischt und sank leise in den See.

„Gehen Sie rein und holen Sie sich das, wenn Sie so scharf darauf sind, Dinge zu retten", spottete sie über ihn. „Es müssen nur etwa fünfzehn Fuß Wasser durchgraben werden."

„Du kleiner Teufel!" er sagte.

Denn der Sporn mit seinem Begleiter hatte ihn vor zehn Tagen unten an der mexikanischen Grenze zwanzig Dollar gekostet, und er hatte großen Wert darauf gelegt.

„Kleiner Teufel, oder?" sie erwiderte bereitwillig. „Du wirst es merken, wenn du nicht auf deiner Straßenseite bleibst. Schau dir diese Träne an! Schau sie dir einfach an!"

Sie war ganz nahe an ihn herangetreten, hielt ihm den Umhang hin und blickte ihn trotzig an. Er streckte plötzlich eine Hand aus und legte sie auf ihre nasse Schulter. Sie öffnete ihre Augen wieder weit, als sie den neuen Blick in seinem sah. Aber trotzdem war ihr Blick völlig furchtlos.

„Junge Dame", sagte er streng, „also hilf mir, Gott, ich habe die größte Idee der Welt, dich über mein Knie zu schlagen und dir die Tracht Prügel deines Lebens zu verpassen. Wenn ich mich da dränge, wo ich es nicht tue."

Ich gehöre dazu, wie du es so liebevoll ausdrückst, es ging mir wenigstens darum, dir eine Gefälligkeit zu erweisen. Ein andermal wüsste ich es besser; lieber würde ich einer Wildkatze einen Gefallen tun.

„Nimm deine schmutzigen Pfoten von mir", schrie sie und riss sich von ihm los. „Und – verhauen Sie mich, ja?" Das Feuer sprang in ihren Augen höher, das Rot in ihren Wangen wich einem wütenderen Weiß. „Wenn du es jemals wagen solltest, mich noch einmal zu berühren –"

Sie brach keuchend ab. Packard lachte sie aus.

„Du würdest wohl versuchen, mich zu kratzen", spottete er; „Und dann, ganz nach der Art Ihres eigenen süßen Geschlechts, wenn Sie nicht die Kraft haben, etwas rüberzubringen, würden Sie höchstwahrscheinlich weinen!"

„Ich würde dir deinen hässlichen Kopf mit einer Schrotflinte von den Schultern schießen", schloss sie kurz.

Und trotz der Extravaganz der Worte wurde Packard klar, dass sie genau das meinte, was sie sagte.

Ihm wurde immer kälter und er wusste, dass seine Zähne gleich klappern würden. Also drehte er ihr ein zweites Mal den Rücken zu, ergriff die Zügel seines Pferdes und entfernte sich, auf der Suche nach einem Platz im Wald, wo er sich trocknen und seine Kleidung sonnen konnte. Und da Packards Wut schnell kommt und meistens auf die gleiche Weise verläuft, grinste er innerhalb von fünf Minuten bei einer beruhigenden Zigarette breit und erkannte blitzartig den ganzen Humor der Situation, der sich ihm bis jetzt erfolgreich verborgen hatte.

„Und ich gebe ihr schließlich nicht so viele Vorwürfe", kicherte er. „Sie macht einen schönen, einsamen Tauchgang und wird plötzlich von einem Narren von einem Mann gepackt, während sie sich ein halbes Dutzend Fuß unter Wasser vergnügt! hat!"

KAPITEL II

MISS BLUE CLOAK weiß, wann sie am Ende ist

Eine halbe Stunde später, seine Kleidung ausgewrungen und auf gewisse Weise in der Sonne getrocknet, zog sich Packard an, schwang sich in den Sattel und wandte sich wieder dem Pfad zu. Und durch die Bäume, wo ihre schroffen Stämme einen freien Blick freigaben, sah er keine zweihundert Meter entfernt den bunten Farbfleck, den der blaue Umhang erzeugte. Sie war also immer noch hier und schlenderte die Straße hinunter, die sich um die Ufer des Sees schlängelte, als er sie bereits weit unterwegs gesehen hatte. Er fragte sich zum ersten Mal, wohin dieser Weg führte?

Er zog zwischen den Kiefern die Zügel an und wartete darauf, dass sie weiterging. Der blaue Umhang bewegte sich nicht. Er beugte sich zur Seite, um besser sehen zu können, und spähte um einen tief hängenden Zedernzweig herum. Seine Spur hierher führte zur Straße; er musste an ihr vorbei, es sei denn, sie ging bald weiter.

Neben dem leuchtenden Farbton ihres Umhangs zeigte ihm das durch den Wald strömende Sonnenlicht eine andere helle, fröhliche Farbe, einen roten Streifen, den er im Unterholz zunächst nicht erkennen konnte. Er hätte gesagt, dass sie in einem niedrigen roten Wagen saß, wenn das nicht der Fall gewesen wäre, hätte er die Pferde gesehen.

"Ein Automobil!" er vermutete.

Er ritt zwanzig Schritte weiter und blieb wieder stehen. Tatsächlich saß sie dort am Lenkrad eines langen, flotten Tourenwagens, und ihre hängenden Schultern deuteten vage auf Verzweiflung und vielleicht auf einen abgewürgten Motor hin. Sein Grinsen wurde freudig breiter. Er berührte sein Pferd mit seinem einen Sporen, nahm einen Gesichtsausdruck völliger Gleichgültigkeit an und ritt weiter. Sie hob den Kopf, sah sich schnell zu ihm um und gab ihm wieder die Schulter.

Er ritt auf die Straße und kam mit verlockender Langsamkeit weiter, wohl wissend, dass sie wieder umdrehen wollte und vermutete, dass sie den Impuls überwinden würde. Ein paar Schritte hinter ihr blieb er erneut stehen, drehte sich eine neue Zigarette und schien, wie schon vor dem Treffen, der gemächlichste Mann der Welt zu sein.

Er sah, wie sie sich nach vorne beugte und mit Zündung und Anlasser beschäftigt war; er bildete sich ein, dass die leichte Brise ihm die leisesten, vorsichtigen Ausrufe bescherte.

„Das beschuldigte alte Ding wird nicht gehen", kicherte Packard mit großer Zufriedenheit. „Auch ein Auto. Boyd-Merril Twin Eight, neuestes Modell. Und Dollar zu Donuts. Ich weiß genau, was los ist – und sie weiß es nicht!"

Sie ignorierte ihn und war sich seiner Anwesenheit in derselben Welt mit ihr so vollkommen nicht bewusst, dass er tiefe Bewunderung empfand.

„Ich wette, ihr Gesicht ist trotzdem so rot wie eine Rübe", war sein fröhlicher Gedanke. „Und genau hier, Steve Packard, drängt man sich nicht zusammen, bis man gerufen wird."

Sie richtete sich auf, saß sehr aufrecht, ihre beiden Hände waren angespannt auf dem nutzlosen Rad. Er bemerkte die Haltung ihres Kopfes und fand darin etwas fast Königliches. Für einen Moment waren sie beide ganz still, er beobachtete und spürte, wie seine Sinne von dem glühenden Gefühl durchdrungen wurden, dass mit der Welt alles in Ordnung war, während sie ihr Gesicht abgewandt hielt und ihre Gedanken für sich behielt.

Dann stieg sie aus, öffnete die Motorhaube und blickte verzweifelt auf den Motor. Aber blickte ihn nicht an. Dann schloss sie die Motorhaube und kehrte zu ihrem Sitz zurück, wobei sie noch einmal versuchte, eine Reaktion des Startsystems zu erwirken. Packard spürte, wie er am ganzen Körper strahlte.

„Vielleicht bin ich ein niederträchtiger Hund und außerdem ein eingefleischter Bösewicht", gab er offen zu. „Aber im Moment habe ich die beste Zeit meines Lebens. Und ich würde auch nicht wetten, in welche Richtung sie als nächstes springen wird – ich habe noch nie zuvor genau ihren Typ kennengelernt."

"Also?" sagte sie abrupt.

Sie hatte sich nicht bewegt, hatte nicht einmal den Kopf gedreht, um ihn anzusehen. Wenn sie es gerade getan hätte, hätte Packards äußerst gut gelauntes Lächeln, ein zufriedenes, überaus zufriedenes Lächeln, sie vielleicht nicht für ihn erwärmt.

"Sprechen Sie mit mir?" fragte er unschuldig.

„Das habe ich. Einfach weil es sonst niemanden gibt, mit dem man reden kann. Du weißt doch nicht zufällig etwas über Autos, oder?"

Es war alles sehr eisig vorgetragen, hatte aber keine merklich eiskalte Wirkung auf die Stimmung des Mannes.

„Das tue ich auf jeden Fall", sagte er ihr fröhlich. „Kenne sie von der vorderen Stoßstange bis zur Rückleuchte. Deiner ist ein Boyd-Merril, Twin

Eight, das diesjährige Modell. Fox-Whiting-Start- und Beleuchtungssystem. Auch ein tolles kleines Auto, wenn du mich fragst."

„Was ich dich fragen wollte", kam die kühle kleine Stimme, hochmütiger als je zuvor, „war nicht, was du von dem Auto hältst, sondern ob du – ob du zufällig wüsstest, wie man das elende Ding zum Laufen bringt."

„Sicher", antwortete er mit all seiner früheren freundlichen Art in ihren Hinterkopf. „Ziehen Sie den Zündknopf heraus; drücken Sie mit dem rechten Fuß das Anlasserpedal; treten Sie mit dem linken Fuß aus der Kupplung; schalten Sie sie auf niedrig; lassen Sie die Kupplung langsam ein; geben Sie ihr ein wenig …"

„Schlau!" Er hatte mit einer solchen Unterbrechung gerechnet und kicherte, als sie kam. „Das weiß ich alles."

„Warum tust du es dann nicht?" fragte er unschuldig. „Du bist genau das Richtige für mich, die Straße ist schmal und ich muss weiter."

„Ich mache es nicht", informierte sie den Teil der Welt, der direkt vor ihrer leicht erhobenen Nase lag, „weil es nicht funktionieren wird. Ich habe den Zündknopf herausgezogen und – und nichts ist passiert. Dann habe ich es versucht Wenn man das Anlasserpedal durchdrückt, geht das verrückte Ding nicht runter.

„Ich verstehe", sagte Packard interessiert. „Sie wissen nicht viel über Autos, oder?"

„Die Welt ist nicht über Nacht entstanden", sagte sie säuerlich. „Ich habe dieses lästige Ding einen Monat lang gehabt. Weißt du, was los ist?"

Er ließ sich Zeit, um zu antworten. Tatsächlich schwelgte er so lange darin, dass Miss Blue Cloak sich unruhig bewegte und ihm schließlich einen fragenden Blick über die Schulter zuwarf, nur um sicherzugehen, vermutete er, dass er sich nicht davongemacht und sie verlassen hatte.

"Also?" sie fragte noch einmal.

"Sprechen Sie mit mir?" er wiederholte sich und tat so, als würde er von einer tiefen Abstraktion ausgehen. „Oh, weiß ich, was los ist? Klar!"

Sie wartete eine angemessene Zeit, bis er fortfuhr. Er wartete auf sie, sicher im Sinne seiner eigenen Beherrschung der Situation. Gemeinsam ließen sie es dort im Wald am Seeufer ganz ruhig wachsen. Er sah, wie sie verstohlen in die untergehende Sonne blickte.

„Wenn du es weißt", sagte sie schließlich und etwas schwach, aber so kühl wie immer, „wirst du es mir sagen oder nicht?"

„Warum", sagte er, als hätte er nicht darüber nachgedacht, „ich weiß es nicht. Ob ich wirklich sicher wäre, dass ich gebraucht werde. Du weißt, dass es heutzutage sehr schwer zu sagen ist, wenn man auf ein Mädchen in Not stößt, ob." Die Hilfe eines Fremden ist willkommen oder nicht. Wenn es eine Sache gibt, die ich nicht tun werde, dann ist es, mich vorwärts zu drängen, wenn man mich nicht braucht."

„Du bist ein böses Tier!" sie weinte heftig.

„Soweit ich weiß", fuhr er in unbekümmertem Tonfall fort, „könnte das Ende Ihrer Reise gleich hinter der Kurve liegen, etwa hundert Meter entfernt. Und wenn ich einspringen würde, um zu helfen, könnte man mich verdächtigen, ein Neuling zu sein." Kerl."

„Bis zum Ranchhaus sind es ein halbes Dutzend Meilen", ließ sie sich herab, ihm zu sagen. „Und es wird in kürzester Zeit dunkel werden. Und wenn Sie es wissen wollen, Mr. Smarty, das ist so nah wie nie zuvor oder werde ich jemals von einem Mann etwas verlangen, der jemals gelebt hat."

Er hätte bis zum Einbruch der Dunkelheit dort sitzen können, nur aus reiner Freude, sie zu necken und sie ein wenig dafür bezahlen zu lassen, dass sie ihn kürzlich so behandelt hatte. Aber in ihrer Stimme lag ein Hauch von Endgültigkeit, der ihm nicht entging; im nächsten Moment würde sie herunterspringen und zu Fuß weitergehen, und er wusste es. Also ritt er schließlich zum Auto, stieg ab und öffnete die Motorhaube.

„Zündung", befahl er ihr.

Sie zog den kleinen Knopf wieder heraus. Den Blick auf sie gerichtet, sein Lächeln offen und unverhohlen, nahm er einen Stein von der Straße und klopfte damit sanft auf den Schacht, der von der Pumpe ausging. Sofort ertönte das kleine Zischen, auf das sie gewartet hatte.

„Starter", befahl er.

Und nun erzielte ihr Fuß auf dem Pedal die gewünschten Ergebnisse; Der Motor reagierte angenehm summend. Er schloss die Motorhaube, trat zurück und musterte sie mit einer Mischung aus Belustigung und Triumph. Ihr Gesicht wurde langsam rot. Und dann erschreckte ihn ein fröhliches, schallendes Gelächter, das ihn mit seiner unangekündigten Unerwartetheit erschreckte, und machte sie zu einem ganz anderen Mädchen, einem grübchenförmigen, strahlenden, insgesamt bezaubernden und begehrenswerten Geschöpf.

„Oh, ich weiß, wann ich geschlagen bin!" sie weinte offen. „Sie haben mir heute einen Strich durch die Rechnung gemacht, Herr Mann. Und da Sie es die ganze Zeit gut gemeint haben und einfach nur der dumme Mann waren, den Gott Sie geschaffen hat, bin ich wohl eine kleine Katze gewesen. Viel Glück für Sie und a lohnenswerter Weg zum Fahren."

Sie warf ihm einen freundlichen Kuss von ihren braunen Fingerspitzen zu, beugte sich über ihr Lenkrad und nahm die erste Kurve auf der Straße mit einer schnell erreichten Geschwindigkeit, die Steve Packard im Staub und wachsender Verwunderung zurückließ.

„Und sie fährt erst seit einem Monat", war sein leise gepfiffener Kommentar. „Rücksichtsloser kleiner Teufel!"

Dann richtete er seinerseits einen nachdenklichen Blick auf die Sonne im Westen und ritt weiter, der Spur folgend, die die durchdrehenden Autoreifen hinterlassen hatten.

KAPITEL III

NACHRICHTEN EINES VERMÄCHTS

Als Packard an eine Straßengabelung kam, blieb er stehen und zögerte. Die Autospuren führten nach links; er war versucht, ihnen zu folgen. Und es war seine Art, solchen Impulsen gegenüber der Versuchung nachzugeben. Aber in diesem Fall kam er schließlich zu dem Schluss, dass der gesunde Menschenverstand, wenn nicht sogar die Weisheit, in die andere Richtung zeigte.

Also wich er, wenn auch etwas widerwillig, nach rechts aus.

„Wir sehen uns aber ein andermal, Miss Blue Cloak", überlegte er. „Denn ich habe das Gefühl, dass es schön wäre, dich zu kennen."

Eine Stunde später erkannte er ein erleuchtetes Fenster, das er zwischen den Bäumen sah und verlor. Im Bewusstsein, dass er einen mannsgroßen Appetit hatte, galoppierte er die lange Gasse hinauf, bog an einem Tor ein, das müde in seinen Angeln hing, und ritt zur Tür des beleuchteten Hauses. Der erste Blick zeigte ihm, dass es sich um eine lange, niedrige, weitläufige Anlage handelte, die in ihrer Niedergeschlagenheit dem herabhängenden Tor ähnelte. Ein unordentlicher Mann in Hemdsärmeln und Pfeife rauchend kam zur Tür und brachte sein halbes Dutzend Hunde zum Schweigen.

„Wie groß ist die Chance auf etwas zu essen und einen Schlafplatz in der Scheune?" fragte Packard.

Der Rancher wedelte weit mit seiner Pfeife.

„Bedienen Sie sich, Fremder", antwortete er mit einer Stimme, die gastfreundlich klingen sollte, die aber durch lange Gewohnheit einen unangenehm mürrischen Ton angenommen hatte. „Mit dem Schlafen wirst du schon klarkommen, aber wenn es um etwas zu essen geht, kannst du es mir wegnehmen, du wirst eine verdammt schlechte Ernte finden. Geh runter, füttere dein Pferd und komm rein."

Als er das Haus betrat, spürte Packard eine seltsam karge und freudlose Atmosphäre, die er zunächst nicht erklären konnte. Denn der Raum war groß, reichlich möbliert, fröhlich erhellt von einem knisternden Feuer aus trockenen Stöcken im großen Steinkamin, und eine Lampe schwang von der Decke. Allmählich dämmerte ihm, worum es ging: Es war eine Zeit, in der dieses Zimmer reich, sogar exquisit, möbliert und ausgestattet war. Jetzt bot es eher ein deprimiertes Schauspiel verblasster Pracht, nicht ganz unähnlich einem feinen Herrn der alten Schule, der unter schlechten Kameraden in schlechten Ruf geraten ist.

Der unordentliche Gastgeber, unordentlicher denn je hier im vollen Licht, schleppte seine Pantoffeln über den abgewetzten Teppich zu einem Eckschrank, aus dem er eine Flasche und zwei Gläser holte.

„Wir können trotzdem etwas trinken", sagte er in diesem zweifelhaften Ton, der so gut zu ihm und seinem Wohnzimmer passte. „Danach werden wir sehen, was es zu essen gibt. Terry hat letzte Woche den Koch gefeuert und seitdem gibt es kleine Feste."

Packard nahm einen mäßigen Drink entgegen, der Rancher füllte großzügig sein eigenes Glas und sie tranken im Stehen. Diese Zeremonie wurde kurz durchgeführt und Stühle wurden bequem zum Kamin geschleppt, und Packards Gastgeber rief laut:

„Hallo, Terry! Hier ist ein Mann, der etwas essen möchte. Ist noch etwas übrig?"

„Wenn er hungrig ist", kam die kühle Antwort aus einem Raum irgendwo am anderen Ende des Langhauses, „warum kann er dann nicht für sich selbst sorgen? Ich nehme an, dass ich seine Rationen dorthin bringe und sie damit verfüttere!" "

Packard hob humorvoll die Augenbrauen.

„Ist das Terry?" er hat gefragt.

„Das ist Terry", grummelte der Rancher. „Sie ist jetzt in der Küche. Und wenn ich an deiner Stelle wäre, Kumpel, und ein echtes Verlangen nach Essen hätte, würde ich einfach da reinschleichen, solange noch etwas übrig ist." Sein Blick wanderte zu der Flasche auf dem Kaminsims und fiel auf das Feuer. „Ich komme dir gleich nach."

Hier war die Einladung ausreichend, und Packard erhob sich schnell, ging durch die Tür am Ende des Raumes hinaus, ging durch ein unordentliches Zimmer, das zweifellos ursprünglich als Esszimmer gedacht war, und geriet so wieder in das Lampenlicht und die Anwesenheit von Fräulein Blauer Umhang.

Er machte eine Verbeugung vor ihr und lächelte ihr fröhlich zu. Sie saß auf einem mit Wachstuch bedeckten Tisch, die Füße in Stiefeln baumelnd, in der einen Hand ein dickes Sandwich und in der anderen eine dampfende Tasse Kaffee, und nahm sich die Zeit, ihn ernsthaft von oben bis unten zu betrachten und zu schlucken, bevor sie seine Verbeugung mit einem beantwortete schnelles, vogelartiges Nicken.

„Kümmere dich nicht um mich“, sagte sie kurz und schluckte erneut. „Stehen Sie rein und helfen Sie sich selbst.“

Auf dem Tisch neben ihr standen Brot, Butter, ein sehr trockener und schwarz aussehender Braten und eine noch schwärzere, aber verlockendere Kaffeekanne.

„Ich bin Ihnen nicht absichtlich gefolgt“, sagte Packard. „Da hinten, wo sich die Straßen gabelten, sah ich, dass du nach links abgebogen warst, also bin ich nach rechts abgebogen.“

„Alle Wege führen nach Rom“, sagte sie um die Ecke des großen Sandwichs. „Jedenfalls ist alles in Ordnung. Ich schätze, ich schulde dir eine ordentliche Mahlzeit und eine Übernachtung, weil du bei der Arbeit warst, als mein Auto stehen blieb.“

„Ganz zu schweigen davon, dass du hinter dir in den See gesprungen bist“, ergänzte Packard.

„Ich *würde* es an deiner Stelle nicht erwähnen“, erwiderte sie. „Zu sehen, dass du dich dieses Mal einfach lächerlich gemacht hast.“

Sie schnupperte offen in der Luft, als er an ihr vorbeiging und nach Metzgermesser und Braten griff. „Du bist also Papas Art, oder? Du trinkst bei jeder Show, die du bekommst, Alkohol. Der Herr errette mich von seinem größten Fehler. Das heißt, ein Mann.“

„Das wird er wahrscheinlich“, grinste Packard freundlich. „Und wenn man die Nase rümpft, wenn jemand einem gastfreundlichen Gastgeber einen Tropfen Freundlichkeit entgegenbringt, dann ist das alles Unsinn, wissen Sie.“

Terry trat unverschämt gegen ihre High Heels und gewährte ihm außer dieser einfachen Geste keine weitere Antwort. Packard machte sein eigenes Sandwich, fand das Salz und schenkte sich eine Blechtasse Kaffee ein.

„Der Zucker ist da drüben.“ Sie deutete mit dem Kopf auf ein Regal, auf dem Packard es nach einigem Suchen unter vielen leeren und fast leeren Dosen fand. „Das ist alles, was es gibt, und nur noch sehr wenig übrig. Bedienen Sie sich, aber vergessen Sie nicht, dass das Frühstück morgens kommt.“

„Das ist das alte Slade-Haus, nicht wahr?“ fragte Packard.

„Das war ungefähr zu der Zeit, als die große Mauer in China gebaut wurde. Wo warst du die letzten paar hundert Jahre? Das ist jetzt der Tempelplatz.“

„Dann sind Sie Miss Temple?“

„Teresa Arriega für meine Mutter, Temple für meinen Vater", sagte sie ihm auf die schnelle, helle Art, die er bereits als charakteristisch für sie empfand. „Terry für mich, wenn du es schnell sagst."

Er hatte von Anfang an vermutet, dass in ihr südländisches Blut irgendeiner Art steckte. Jetzt musterte er sie offen und sagte, nur um sie auf die Probe zu stellen, beiläufig:

„Wenn du nicht so gebräunt wärst, wärst du ziemlich hell; deine Augen sind auch grau. Blaugrau, wenn du lächelst, dunkelgrau, wenn du wütend bist; und trotzdem sagst du, deine Mutter sei Mexikanerin gewesen –"

„Mexikaner, dein Fuß!" Sie blickte ihn an, ihr schlanker kleiner Körper versteifte sich merklich und ihr Kinn hob stolz. „Die Arriegas waren reinblütige Kastilier, ich möchte Sie bitten, das zu verstehen. Ich bin kein Mischling."

Er übertönte sein zufriedenes Lachen mit einem Schluck Kaffee.

„Ich suche einen Job", sagte er plötzlich. „Wissen Sie zufällig, dass es in der Gegend Viehzuchtbetriebe gibt, in denen es an Arbeitskräften mangelt?"

„Männer sind im Moment rar", antwortete sie. „Ein guter Viehhirte ist genauso schwer zu finden wie ein Dodo-Vogel. Wenn man sein Geld wert ist, könnte man überall einen Job bekommen."

„Ich dachte daran", sagte Packard, „darüber zu Ranch Nummer zehn zu schleichen. Es gibt einen Mann, den ich kannte – Bill Royce, sein Name ist. Foreman, nicht wahr?"

„Du kennst also Bill Royce?" entgegnete Terry. „Nun, das ist etwas zu Ihren Gunsten. Er ist ein guter Späher."

„Dann ist er immer noch Vorarbeiter?"

„Das habe ich nicht gesagt! Nein, das ist er nicht. Und ich schätze, er wird nie wieder Vorarbeiter dieser oder einer anderen Truppe sein. Er ist blind."

Der alte Bill Royce ist blind! Das war ein Schock, und Packard lehnte sich zurück und starrte sie sprachlos an. Irgendwie war das unglaublich, undenkbar, nichts Geringeres. Der alte Viehzüchter, der der Held seiner Kindheit gewesen war, der ihm das Schießen, Reiten und Schwimmen beigebracht hatte, der so vital und so schnell und scharfsichtig gewesen war – blind?

"Was ist mit ihm passiert?" fragte Packard plötzlich.

„Angenommen, Sie fragen ihn", erwiderte sie. „Wenn Sie ihn so gut kennen. Er ist immer noch bei der Truppe. Ein Mann namens Blenham ist jetzt der Vorarbeiter. Er ist der rechte Laube des alten Packard, wissen Sie."

„Aber Phil Packard ist tot. Und –"

„Und der alte ‚Hell-Fire' Packard, Phil Packards Vater, wird niemals sterben. Er ist einfach von Natur aus zu niederträchtig; der Teufel selbst würde ihn nicht haben."

„Terry!" erklang die Stimme des unordentlichen Mannes, die vorwurfsvoll sein sollte, aber vor allem wegen der neu erworbenen Ausdruckskraft bemerkenswert war.

Terrys Augen funkelten und eine Hitzeröte stieg ihr in die Wangen.

„Lass mich doch in Ruhe, Papa?" sie weinte scharf. „Ich schulde dem alten Packard nichts; nein, Blenham auch nicht. Du kannst ruhig gehen, so viel du willst, aber ich werde beschuldigt, wenn ich muss. Wenn du ihnen deine verfluchte alte Flasche auf den Kopf schlagen und nehmen würdest ein Klammer, wir würden noch lebendig werden.

„Denken Sie daran, wir haben einen Gast bei uns", grummelte Temple von seinem Platz am Wohnzimmerfeuer aus.

„Oh, schieß!" rief das Mädchen ungeduldig. Sie griff nach einem zweiten Sandwich und stach mit dem Küchenmesser heftig in den Braten. „Ich habe die Idee, zusammenzupacken und auszumisten und mich von der mörderischen Menge bis auf den letzten Cent reinigen zu lassen und obendrein noch die Knochen zu stehlen. Wann hast du jemals etwas erreicht, indem du deinen Hut abgenommen und eine Weile aus dem Weg gegangen bist?" Packard? Wenn Sie so stark im Erinnern sind, warum versuchen Sie dann nicht, sich daran zu erinnern, wie es sich anfühlt, wie ein Mann auf zwei Beinen zu stehen, anstatt wie ein Wurm auf dem Bauch zu kriechen!"

"Mein Schatz!" expostulierter Tempel.

Terry schniefte und schenkte ihm keine weitere Beachtung.

„Dad war einst ein ganzer Mann", sagte sie, ohne ihre Stimme zu senken, und machte deutlicher als je zuvor, dass Miss Terry Temple die Art hatte, direkt auszusprechen, was ihr durch den Kopf ging, und sich überhaupt nicht darum zu scheren, wer es hörte. „Ich hoffe, dass er eines Tages zurückkommt. Ein richtiger Mann war Papa, ein Mann. Aber das war, bevor die Packards ihn brachen, auf ihn traten und ihn aus der Spur warfen. Und, glauben Sie mir, der Obwohl Packards an den ersten Baum gehängt werden sollten, sind sie trotzdem Männer!"

„Das habe ich gehört", gab der Jüngste des diffamierten Hauses zu. „Sie gruppieren sie alle? Dann sind sie alle gleich?"

„Phil Packard ist tot", erwiderte sie. „Also lassen wir ihn dabei sein. Der alte Höllenfeuer-Packard, sein Vater, ist der größte Gesetzesbrecher aus dem Gefängnis. Er ist der Einzige, der noch übrig ist, und so wie es aussieht, wird er weiterleben und einen weiteren Ärger machen." 100 Jahre."

„Es gab noch einen anderen Packard, nicht wahr?" er bestand darauf. „Phil Packards Sohn, der Enkel des alten Mannes?"

„Ich habe ihn nie gekannt", sagte Terry. „Aber ein Halunke und ein Taugenichts und ein Trottel, wenn Sie es wissen wollen. Wenn er das nicht wäre, wäre er bei seinem Job geblieben, anstatt in den schmutzigen Häfen der sieben Weltmeere herumzualbern, während sein alter Dieb von einem …" Großvater hat ihm sein Erbe gestohlen.

"Wie ist das?" fragte er scharf. „Wie meinst du das damit, es ihm ‚gestohlen' zu haben?"

„Genauso verschlingt er alles andere, was er will. Ranch Nummer zehn sollte jetzt doch dem Narren gehören, nicht wahr? Und hier ist der Hund des alten Packard, Blenham, der das Unternehmen im Interesse des alten Packard leitet, genauso, als ob es so wäre „Er gehört ihm schon. Beauftrage einen Dieb, einen Dieb auszurauben", schloss sie kurz.

Steve Packard saß kerzengerade in seinem Stuhl.

„Es würde mir nichts ausmachen, das klarzustellen", sagte er ihr leise. „Ich dachte, Philip Packard hätte das Outfit vor seinem Tod an seinen Vater verkauft."

„Er hat es an niemanden verkauft. Er hat es bis zum Anschlag an den alten Mann verpfändet. Dann ist er aufgestanden und gestorben. Natürlich ist alles, was er hinterlassen hat, größtenteils ein Haufen Schulden, an seinen guten – Nichts, mein Sohn.

Ein Licht, das sie nicht verstehen konnte, eifrig und hell, leuchtete in den Augen des jungen Packard. Wenn das stimmte, was sie ihm erzählte, dann war die alte Hausranch, obwohl sie gemeinhin als Eigentum seines Großvaters angesehen wurde, rechtlich Eigentum von Steve Packard. Und Blenham – ja, und der alte Bill Royce – nahmen seinen Lohn entgegen. Plötzlich erstreckten sich vor ihm unendliche Möglichkeiten.

„Werde lebendig!" lachte Terry. „Wir haben darüber gesprochen, dass Sie einen Job finden. Hier ist einer für Sie frei. Erstens, um mir alles beizubringen, was Sie über das Innere meines Autos wissen, und zweitens: Was ist los? Sind Sie eingeschlafen?"

Er begann. Er hatte an Blenham und Bill Royce gedacht. Während Terry ihn weiterhin verwundert anstarrte, lächelte er.

„Wenn es Ihnen nichts ausmacht", sagte er unverbindlich, „vergessen wir den Job für eine Weile. Ich habe ein paar Sachen auf der Packard-Ranch zurückgelassen, die mir gehören. Ich werde sie in der zurückholen Morgen. Vielleicht gehe ich dort doch zur Arbeit."

Sie zuckte angewidert mit den Schultern.

„Es ist ein freies Land", sagte sie knapp. „Nur ich kann Ihr Spiel nicht sehen. Das heißt, wenn Sie ein anständiger Kerl und kein Gauner sind, Nummer zehn. Sie haben die Chance, hier mit einem weißen Publikum zu arbeiten; wenn Sie gleichziehen wollen Komm mit diesem widerspenstigen Haufen klar, es liegt an dir.

„Ich werde sie mir ansehen", sagte er nachdenklich.

„In Ordnung, geh hin!" sie weinte vor plötzlicher Hitze. „Ich sagte, es sei ein freies Land, nicht wahr? Nur du kannst das in deinem nächsten Weizenstroh verbrennen: Sobald du mit dieser Bande auf die Herde gehst, brauchst du nicht noch einmal hierher zu kommen. Und du kannst Blenham mitnehmen Nachricht für mich: Phil Packard hat meinen Vater erstochen, ihn hintergangen und ihn fast zu dem gemacht, was er jetzt ist; der alte Höllenfeuer-Packard hat den Job erledigt. Aber trotzdem ist die Temple Ranch immer noch auf der Karte und Terry Temple hatte sie lieber Schrott einen Schurken bis zum Ende aus, als einem die Hand zu schütteln. Und eines Tages wird Papa doch noch lebendig werden; du wirst sehen."

„Ich glaube", sagte er sowohl zu sich selbst als auch zu ihr, „dass ich mit dem alten Mann Packard reden muss."

Sie starrte ihn ungläubig an. Dann legte sie den Kopf zurück und lachte amüsiert.

„Niemand würde es übersehen, zu ahnen, dass Sie die Nerven hatten, Mr. Lanky Stranger", rief sie fröhlich. „Aber wenn es darum geht, Hell-Fire Packard mit einer Menge alberner Fragen anzugreifen – schauen Sie mal: Wer sind Sie überhaupt?"

„Niemand viel", antwortete er leise und ein wenig bitter. „Tom Fool, du hast mich vor einiger Zeit genannt. Oder, wenn du es vorziehst, Steve Packard."

Sie drehte sich von ihrem Platz auf dem Tisch um und richtete sich auf. Zwei rote Flecken sprangen auf ihre Wangen und erschreckte ihn mit der Art und Weise, wie jegliche Heiterkeit aus ihren Augen verschwand, die sich verengten und hart wurden.

„Das würde den Enkel des alten Höllenfeuers bedeuten?" sie fragte scharf.

Er nickte nur und beobachtete sie nachdenklich. Ihr Kopf ging noch höher. Packard hörte, wie ihr Vater hastig aufstand und über den Boden in Richtung Küche schlurfte.

„Du bist eine würdige Abwechslung", sagte Terry verächtlich. „Du bist ein verdammter Schleicher!"

„Terry!" ermahnte Temple warnend.

Ihre steife kleine Gestalt blieb einen Moment lang regungslos, kein einziges Augenlid bewegte sich. Dann wirbelte sie herum, verließ das Zimmer und knallte eine Tür hinter sich zu.

„Sie ist nervös, Mr. Packard", sagte Temple langsam und schwerfällig und ein wenig unsicher in seiner Artikulation. „Angespannt wie ihre Mutter. Und manchmal auch unvernünftig. Kommen Sie mit mir rein und trinken Sie etwas, dann besprechen wir alles."

Packard zögerte. Dann drehte er sich um und folgte seinem Gastgeber zurück zum Kamin. Plötzlich hatte er keine Lust mehr auf Gespräche.

KAPITEL IV

TERRY VOR DEM FRÜHSTÜCK

Eine fröhliche junge Stimme, die irgendwo im Morgengrauen sang, weckte Steve Packard und teilte ihm mit, dass Terry auf den Beinen sei. Er lag einen Moment still und lauschte. Er erinnerte sich an das Lied, das er übrigens seit vielen Jahren nicht mehr gehört hatte, die Ballade eines Cowboys, der krank und einsam in einer Großstadt war und sich nach dem offenen Land sehnte. Manchmal, wenn Terrys Summen von den Wänden des Hauses übertönt wurde, suchte Packards Erinnerung nach den Worten, die seine Ohren nicht erfassen konnten. Und oft waren die aus der Vergessenheit geholten Worte die Mühe nicht wert; Kein Dichter hatte den Gesang geschaffen, der vielmehr auf stattliche Ausmaße von vielleicht hundert Versen angewachsen war und das Ergebnis einer natürlichen Entwicklung wie eine moderne Odyssee oder eine ausufernde Ranke war, die er aufgrund seiner Umgebung zu dem machte, was er war. Aber während die Zeilen fehlerhaft und die Reime schlecht waren und die Komposition nie über das Alltägliche hinausging und oft genug darunter sank, war die Ballade aufrichtig und bedeutete denjenigen, die sie sang, viel. Seine Bilder waren heimelig. Steve, der bestimmte Fragmente auffing und andere suchte, bekam Sätze wie:

> „Mein Bett auf trockenen Tannennadeln, mein Lagerfeuer lodert hell,
> der Geruch toter Blätter brennt durch die große, weit offene Nacht."

und mit bewegten, aber stillen Lippen stimmte Terry in den triumphalen Refrain ein:

> „Ich bin einsam – ich fühle mich krank nach den Sternen durch die Kiefern
> und dem Heulen der Herden ... und dem Lärm der Steine, die von einem Bergpfad herunterrasseln ... und den Hügeln ... und meinem Pferd ... und den Jungs. An „Ich höre lieber einen Kiote heulen, als der König von Rom zu sein! Und wenn der Tag kommt – wenn der Tag kommt –, verdammt noch mal, ich gehe nach Hause! ... Zurück nach Hause! Hört ihr mich kommen, Jungs? _Yeee_! Ich sagte es: ‚Komm nach Hause!'"

Er setzte sich im Bett auf. Der Duft von kochendem Kaffee und gebratenem Speck stieg ihm angenehm in die Nase. Terrys Stimme war verstummt. Vielleicht frühstückte sie inzwischen? Mit etwas größerer Eile, als der bloße Ruf seiner Morgenmahlzeit es rechtfertigen würde, zog er sich an, fuhr sich mit den Fingern durchs Haar, um seine Toilette zu vollenden, und steckte seinen Kopf durch die Küchentür, als er einen Flur entlangging.

„Guten Morgen", rief er freundlich.

Terry frühstückte noch nicht. Auf einem Knie stocherte sie brutal in den Feuerraum eines extrem alten und heruntergekommenen Ofens und versuchte, nach der althergebrachten Art ihres Geschlechts, das Feuer besser brennen zu lassen. Ihr Gesicht war rosig, hübsch gerötet vom Glanz des lodernden Eichenwaldes. Packards Augen leuchteten, als er sie ansah und einen umfassenden Blick auf die schlanke kleine Gestalt von der Spitze ihres bronzenen Haares bis zu den Absätzen ihrer makellosen Stiefel geworfen hatte. Um ihren Hals trug sie, locker geknotet, einen flammend roten Seidenschal. Ihm kam der Gedanke, dass die Temple-Vermögenswerte, die Temple-Ranch, der Temple-Meister, alle in verschiedene Stadien des Verfalls verfielen oder bereits verfallen waren, und dass allein Terry Temple in den Trümmern einen bunten Farbfleck bildete, das allein Terry Temple war entschlossen, ihren Platz an der Sonne zu behalten.

Terry, die einen Großteil des Feuers gelöscht hatte, verzog das Gesicht zu dem, was noch übrig war, und stand auf.

„Ich habe an dich gedacht", sagte sie.

"Bußgeld!" sagte Packard. „Du kannst es mir sagen, während wir unseren Kaffee trinken."

Aber es entging ihm nicht, dass sie ihm zur Begrüßung kein Lächeln geschenkt hatte, sondern dass sie ihn jetzt kühl und kritisch betrachtete. In ihrer morgendlichen Einstellung gab es wenig, was ihn auf ein lockeres Gespräch am Frühstückstisch hoffen ließ.

„Sie kommen mir vor", sagte Terry abrupt und mit Nachdruck, „wie ein ziemlich raffinierter Vorschlag."

„Warum?" fragte Packard interessiert.

„Weil", sagte Terry. Für einen Moment dachte er, dass sie damit aufhören würde. Aber nach einer nachdenklichen Pause, während der sie ihn direkt ansah, mit Augen, die eigentlich nur klar und richterlich sein sollten, die aber nur leicht beunruhigt waren, fuhr sie fort: „Weil Sie von Anfang an ein Packard sind."

„Schau her", protestierte der junge Packard gleichmütig, „das habe ich nicht von dir gedacht; ehrlich gesagt, habe ich es nicht gedacht. Wie sollen wir und du jemals irgendwohin kommen … in der Art, Freunde zu sein, meine ich … wenn du Beginnen Sie damit, mir die Schuld für das zu geben, was mein verrufener alter Halunke von Großvater tut?"

Terry schniefte offen.

„Vergiss diesen Freundschafts-Gag, bevor du daran denkst, oder?" sagte sie schnell. „Wenn du nett redest, wirst du bei mir nicht weiterkommen, und das solltest du dir genauso gut merken. Es bringt dir nichts, wenn du mir von Anfang an erzählst, dass ich hübsche Augen oder ein Grübchen habe, und ich werde es nicht ertragen." Eine kleine Minute dafür, dass du mir irgendetwas von diesem Mädchenkram anziehst. … Ich sagte, zunächst einmal bist du ein Packard. Das sollte genügen, Gott weiß! Aber das ist noch nicht alles."

„Als Erstes", schlug er fröhlich vor, „wirst du mich bitten, mit dir zu frühstücken?"

„Ja", antwortete sie kurz. „Da du hier bist und Papa dich die ganze Nacht bleiben ließ. Wenn du der Teufel selbst wärst, würde ich dir etwas zu essen geben."

„Da ich nur der Enkel des Teufels bin", grinste Packard, „könnte ich mal mithelfen? Ich decke den Tisch, während du kochst."

„Ich mache mir nicht die Mühe, einen Tisch zu decken", sagte Terry so scharf, wie sie nur konnte. „Außerdem sind sowohl der Kaffee als auch der Speck fertig und das ist alles, was man kochen muss. Du weißt, wo das Brot, die Butter und der Zucker sind. Bediene dich. Es gibt keine Milch."

Sie goss sich ihren eigenen Kaffee ein, machte ein Sandwich aus Speck und Brot und setzte sich mit schwingenden Füßen auf den Tisch, wie er sie letzte Nacht gefunden hatte.

Steve Packard war letzte Nacht voller großer Hoffnungen eingeschlafen und heute Morgen mit frischer, neuer Lebensfreude aufgewacht. Wie der Cowboy in der Ballade hatte er sich nichts auf der Welt gewünscht, außer wieder auf der Weide zu sein, und er hatte seinen Wunsch, oder würde ihn in ein paar Stunden vollständig erfüllen, als er zur Ranch Nummer zehn geritten war. Da er Terrys Vorurteile vollkommen nachvollziehen konnte, hatte er vorgehabt, sich daran zu erinnern, dass sie „nur ein Kind von einem Mädchen war, wissen Sie", und sie durch Scherze davon abzubringen. Jetzt war er bereit anzuerkennen, dass er es versäumt hatte, Terry das zu geben, was ihm gebührte; Mit einem plötzlichen Anflug von Verärgerung wurde ihm klar, dass er, wenn sie durchaus bereit war, distanziert und unangenehm zu sein, mit etwas mehr als nur einem kindischen Mädchen zu kämpfen hatte. Stirnrunzelnd suchte er nach Tabak und Papieren.

"Essen gehen?" fragte Terry nachlässig. "Oder nicht?"

„Ich weiß es noch nicht …", erwiderte er und hob den Blick von seiner Zigarette. „Ganz sicher nicht, wenn du das nicht willst."

„Ho!" spottete Terry, das helle Licht der Schlacht in ihren Augen. „Steigen Sie auf Ihr hohes Ross, nicht wahr? Dann bleiben Sie dort."

Packard zündete seine Zigarette an und erwiderte ihren Blick fest.

„Kleines Mädchen, nichts!" sagte er sich. Und um auf seinen gestrigen Beinamen „Kleine Wildkatze" zurückzukommen.

„Dann", fuhr das Mädchen ruhig fort und nahm das Gespräch dort wieder auf, wo es vor einiger Zeit abgebrochen war, „werde ich sagen, was ich zu sagen habe. Erstens, weil du ein Packard bist. Zweitens, weil es hübsch war." Glatte Arbeit, dein Stunt, für mich in den See zu springen, so zu tun, als wüsstest du nicht, wer ich bin, und die erste Gelegenheit zu nutzen, mich kennenzulernen. Das wird dir sehr gut tun! Vielleicht war ich noch nicht so hoch oben In der Schule und auf dem College haben Sie viel Aufhebens gemacht; trotzdem, Mr. Steve Packard, Terry Temple ist nicht Ihr Dummkopf oder der eines anderen Mannes! Und zusätzlich zu all Ihren anderen Nerven versuchen Sie, mich glauben zu machen, Sie wüssten es nicht Du besaßst deine eigene Ranch! Und du hast versucht, mich zu überwältigen und deinen Vater zu verarschen, als er voller Whisky war. … Pah! Deine Art von Kerl macht mich krank."

„Glauben Sie", sagte er steif, „dass ich mit Blenham eng verbunden bin? Und vielleicht, dass ich Befehle von meinem Großvater befolge und versuche, Sie zu übertölpeln?"

„Denken ist nicht das richtige Wort", korrigierte sie scharf. "Ich weiß."

Er zuckte mit den Schultern. Dabei wurde ihm klar, dass es für ihn nichts anderes zu tun gab. Sie hatte den Trick der absoluten Endgültigkeit.

„Und", rief sie ihm hinterher, als er sich abrupt umdrehte, um den Raum zu verlassen, „Sie können dem alten Höllenfeuer für mich sagen, dass er vielleicht im Moment den Überblick über die Situation hat, aber dass es Pech bringt, seine Chips bis zum Spiel zu zählen." ist vorbei. Es gibt noch ein Comeback für Papa, und … und wenn du oder dein verdammt brüllender alter Opa denkst, dass du das Tempel-Outfit ganz hinunterschlucken kannst, so wie du es mit vielen anderen Outfits getan hast …"

Packard ging hinaus und schlug die Tür hinter sich zu.

„Verdammt, das Mädchen!" murmelte er wütend.

Terry, die auf dem Tisch saß, wurde ganz still, hörte auf, mit ihren Füßen zu wippen, und drehte sich um, um ihn vorsichtig vom Küchenfenster aus anzusehen. Ihr Blick war absolut freudig.

„Männer sind immer schreckliche Kreaturen, bevor sie gefrühstückt haben", informierte sie selbstgefällig die Stille um sie herum.

KAPITEL V

WIE STEVE PACKARD NACH HAUSE KAM

Wäre Steve Packard sofort zur Ranch Nummer zehn zurückgeritten, wäre er lange vor Mittag im Hauptquartier der Ranch angekommen. Aber als er draußen im stillen Morgengrauen war, ritt er langsam. Sobald er sich von dem irritierenden Terry Pert lösen konnte, widmete er sich einer eingehenden Betrachtung der Zustände, die ihm allmählich klar wurden.

Es war klar, dass sein Schicksal ihm einen neuen Weg bot, den er beschreiten konnte, einen, der ihn mit seiner Verlockung anzog und ihn mit seinen vagen Versprechungen in Versuchung führte. Die Tatsache, dass er die Ranch besitzen und behalten durfte, wenn er über die nötigen Fähigkeiten und den Willen für den Job verfügte, war kein Grund zur Überraschung. noch in der anderen Tatsache, dass das Outfit an seinen Großvater verpfändet war; Auch hier war es nicht verwunderlich, dass der alte Mann bereits als tatsächlicher Eigentümer fungierte. Denn der älteste Packard hatte nie Verständnis für die Feinheiten und Feinheiten und verwirrenden technischen Einzelheiten des Gesetzes gehabt. Es war seine Art, klar zu sehen, was er wollte, sich eindeutig für das gewünschte Ergebnis zu entscheiden und es dann auf dem kürzesten Weg zu verfolgen. Und dieser Weg hatte noch nie über die Gerichtshöfe geführt.

Diese Angelegenheiten waren klar. Aber als er sich mit ihnen beschäftigte, wurden sie durch andere Überlegungen, die von ihm abhingen, komplizierter. Vor allem musste er eine Bestandsaufnahme dessen machen, was in seinem eigenen Geist und in seiner Seele lag und was hinter seinem gegenwärtigen Vorhaben steckte.

Zurück zur Ranch Nummer zehn zu reiten und zu sagen: „Es gehört mir und ich möchte es haben", war ganz einfach. Würde er sich aber tatsächlich auf die Handlungsweise festlegen, die dieser Schritt mit sich bringen würde, würde das ganz offensichtlich eine deutliche Abkehr von der bekannten, ziellosen, verantwortungslosen Karriere von Steve Packard bedeuten.

Wenn er einmal ins Spiel gekommen wäre, würde er am liebsten auf einen Showdown warten; Wenn er jetzt anfangen würde, sich gegen den alten Packard zu wehren, würde er vielleicht auf dem Schrotthaufen landen. Es war genauso gut, die Dinge noch einmal zu überdenken, bevor er sich darauf einließ – was ihn wieder über Terry nachdenken ließ.

Er wich vom gestrigen Weg ab und folgte einem neuen Pfad, der um den Rand der Temple Ranch herum und in die südöstlichen Grenzen von

Ranch Nummer Zehn führte. In einem Holzfällerlager weit oben am Berghang, kurz nachdem er das obere Wasser des Packard's Creek durchquert hatte, frühstückte er mit aufgewärmtem Kaffee und fettigen heißen Kuchen.

Er öffnete interessiert die Augen, als er zusah, wie eine Holzfällerbande in einen Wald aus seinen Kiefern einschnitt.

„Die Menge des alten Packard?" fragte er den Lagerkoch.

„Klar", war die nachlässige Antwort des Kochs. Steve Packard ritt weiter, nachdenklicher als zuvor. Aber er lenkte seinen Kurs hierhin und dorthin, auf einer spekulativen Erkundungstour, und versuchte, den größten Teil der großen, weitläufigen Ranch zu sehen, um genau zu sehen, was getan worden war, was gerade getan wurde, bevor er sein Gespräch mit Blenham führte. Und so waren die ersten Sterne zu sehen, bevor er erneut in die heimischen Hürden kam.

Während Steve von den Ausläufern in Packard's Grab abbog, feierten die Männer, die für Ranch Nummer Zehn arbeiteten, nach dem Abendessen das Ende eines harten Arbeitstages mit Tabakrauch und beiläufigen Gesprächen.

Es waren ein Dutzend von ihnen, mit klaren Augen, eisernen Muskeln und bis zum letzten Mann flink. Denn wo auch immer der Lohn von Packard genommen wurde, floss er in die Taschen von Leuten wie diesen, zielstrebigen, selbstständigen Männermännern, auf die man sich im Notfall verlassen konnte und die, damit sie in dem Dienst gehalten werden konnten, der solche wie sie erforderte, erhielten einen besseren Lohn als andere angebotene Ranches.

Jung, die meisten von ihnen auch, ausgelassen, wenn ihre Hände gelegentlich untätig waren, teuflische Taugenichtse, die sich in vielen kleinen Viehdörfern im ganzen Land den Titel „diese wilde Bande von Packard" verdient hatten, die dazu neigte mutige Wege und doch zuverlässig.

Es gibt solche Männer; Packard wusste es und suchte sie auf und hielt sie an sich. Der älteste Mann dort, außer Bill Royce, war Blenham, der Vorarbeiter, und Blenham hatte seinen fünfunddreißigsten Geburtstag noch nicht erlebt.

Vor zehn Jahren, also bevor er in das Viehland kam und Arbeit für Packard fand, war Blenham Sergeant in der regulären Armee gewesen und hatte an der Grenze etwas Nützliches gesehen. Nun brachte er im Umgang mit den Männern unter ihm alles mit, was er aus einem Militärleben gelernt hatte.

Er hielt sich zurück, war selten im Schlafhaus zu finden und schlug sein Quartier im alten Ranchhaus auf. Er war in seinen Befehlen klar und eindeutig und schaffte es, beim Sprechen schnelle Aufmerksamkeit und bei seinen Befehlen sofortigen Gehorsam zu erzwingen.

Nur wenige seiner Männer mochten ihn; Er wusste dies genauso gut wie ein anderes und kümmerte sich nicht um das Schnippen seiner großen, stumpfen Finger. Es gab bemerkenswert wenig Sentimentalität an Blenham. Er war ein fähiger Leutnant wie der Kapitän der Packard-Millionen, er verdiente und erhielt jedes Jahr seine Lohnerhöhung, er erzielte Ergebnisse.

An diesem Abend jedoch wurde die schwere, einstudierte Gleichgültigkeit des Mannes gegenüber allem, was ihn umgab, gestört. Im Laufe des Nachmittags war etwas schiefgegangen, und niemand außer „Cookie" Wilson hatte eine Ahnung, was den Vorarbeiter in einen seiner übellaunigen Anfälle gestürzt hatte.

Morgen würde es sich um ein Ranch-Thema handeln, wenn Cookie genügend Zeit hätte, den dünnen Stoff seiner Vermutung auszuarbeiten; denn es war die Aufgabe des Kochs gewesen, das Telefon im Schlafhaus zu beantworten, als eine Fernnachricht für Blenham eingegangen war – und Wilson erkannte in einem Anfall von Wut die Stimme des alten Packard.

Zweifellos war dem Vorarbeiter von Ranch Nummer zehn irgendwo ein „Ausrutscher" unterlaufen, und sein Chef hatte ihn mit wenigen, nicht zu missverstehenden Worten zur Rede gestellt. Jedenfalls schwoll Cookie vor lauter eifrigen Vermutungen an, und Blenham war schlecht gelaunt. Den ganzen Abend über war ihm die Milz im Hals gestiegen und hätte ihn fast erstickt; Jetzt spuckte er es plötzlich auf Bill Royce aus.

„Royce!" er platzte plötzlich heraus.

Der Blinde lag auf der Kante seiner Koje am anderen Ende des Zimmers und rauchte seine Pfeife. Er bewegte sich unruhig.

"Also?" er hat gefragt. "Was ist es?"

„Coole alte Gurke, nicht wahr?" spottete Blenham. „Liegst da wie eine Tüte Brei, während du mir zuhörst. Verdammt, wenn ich mit dir rede, steh auf!"

Royces Körper versteifte sich merklich und seine Lippen schlossen sich fester um den Stiel seiner Pfeife. Doch bevor er seine Erwiderung formulieren konnte, ertönte eine unerwartete Stimme von einem der vier Männer, die gerade unter der schwingenden Lampe eine Partie Pedro begannen, eine junge Stimme, frech, klar im Ton, fast musikalisch.

„Sag ihm, er soll zur Hölle fahren, Bill", war der freimütige Rat.

Blenham drehte sich auf dem Absatz um und verengte die Augen.

„Das bist du, Barbee?" forderte er scharf.

„Sicher bin ich es", entgegnete Barbee mit der gleichen kühlen Unverschämtheit. Und zu dem Mann auf der anderen Seite des Tisches: „Verteilen Sie sie, Spots; Sie und ich werden diese beiden böswilligen Spieler ganz *schnell* von ihren Vier-Bit-Spielsteinen befreien, und zwar auf dem guten alten Weg von hoch nach niedrig." , Jack, und das Spiel. Komm voran, Spots-ol'-Spotty.

Blenham starrte einen Moment lang, offensichtlich überrascht von dieser Haltung der jungen Barbee.

„Ich kümmere mich um dich, wenn ich nichts anderes zu tun habe, Barbee", sagte er knapp. Und er richtete seine ganze Aufmerksamkeit wieder auf den Mann auf der Koje: „Royce, ich habe gesagt, wenn ich mit dir rede, sollst du aufstehen!"

Sie wandten sich an den letzten Mann von ihnen, sogar an den jungen Barbee, der als Jugendlicher ein allumfassendes Interesse an den Karten vorgetäuscht hatte, und wandten sich Bill Royce zu, um zu sehen, was er tun würde.

Sie sahen, dass Royce einen Moment lang so dalag, wie er war, steif und starr an Händen und Füßen, dass sein Gesicht eine feuerrote Farbe angenommen hatte, die das Weiß der langen Narbe über seiner Nase in einen blutleeren Kontrast versetzte, das Offensichtlichste überhaupt Die Welt war so, dass sein Geist für einen Moment in zwei Richtungen hin- und hergerissen war, zwei Absichten verfolgte und vollkommen ausbalanciert war, so dass er im Griff seiner konkurrierenden Leidenschaften nicht in der Lage war, sich zu rühren, ein Bild der Ohnmacht, wie ein gelähmter Mann.

„Blenham", sagte er plötzlich, ohne sich zu bewegen, seine Stimme unsicher und belegt und hässlich, „Blenham –"

„Ich habe es einmal gesagt", rief Blenham scharf, „und ich habe es zweimal gesagt. Was sollte genügen, Bill Royce! Hören Sie mich?"

Alle schauten interessiert zu. Bill Royce befeuchtete seine Lippen und präsentierte sein erbärmliches Schauspiel eines einst starken Mannes, der kurz davor stand, seinem Herrn nachzugeben, dem Mann, den er auf Erden am meisten hasste. Ein Lächeln erschien in Blenhams erwartungsvollen Augen.

Die kurze Stille war perfekt, bis der junge Barbee sie brach, nicht durch Worte, sondern durch leises, musikalisches und unverschämtes Pfeifen. Und die Melodie, die Barbee an dieser Stelle wählte, erfüllte ihren Zweck hinreichend, auch wenn sie nicht aus den Klassikern stammte; Das Lied war in den Rangelands ein Favorit, der Refrain einfach, profan und aufrichtig. In Worte übersetzt lauteten Barbees fröhliche Notizen:

„Oh, es ist mir völlig egal, Mann, dem ich egal bin!"

Blenham verstand und blickte ihn finster an; Die zögerliche Seele von Bill Royce mag Trost und Kraft aus einem wortlos zum Ausdruck gebrachten Mitgefühl geschöpft haben. Jedenfalls kam seine Antwort jetzt plötzlich:

„Ich habe dir viel abgenommen, Blenham", sagte er leise. „Ich würde gerne alles nehmen, was ich kann. Aber ein Mann kann nicht alles ertragen, nein, nicht einmal für einen abwesenden Kumpel. Wie Barbee sagte: Du weißt, wohin du gehen kannst."

Cookie Wilson schnappte nach Luft, es war der einzige hörbare Kommentar zu einer völlig neuen Situation. Barbee lächelte erfreut. Blenham runzelte weiterhin die Stirn, sein finsterer Blick veränderte sich subtil von Wildheit zu Verwunderung.

„Du wirst den Befehlen gehorchen", fauchte er knapp, „oder –"

„Ich weiß", antwortete Royce schwerfällig. „Mach es. Du musst mich nur feuern."

Und nun war das pure Wunder des Augenblicks, dass Blenham Royce nicht mit drei Worten entließ. Nun war es an ihm, zu zögern, wofür es keine Erklärung gab. Dann, von einer Wut gepackt, die ihn unartikuliert machte, wirbelte er zu Barbee herum.

Der gelbhaarige Barbee am Tisch stand sofort auf und erwartete keine zweite Einladung zu Blenhams Blick. Würde jemand ein Moralstück inszenieren und auf der Suche nach der Personifizierung der Unverschämtheit sein, braucht er nicht weiter zu suchen als bis zu diesem selbstbewussten Jugendlichen. Er war gerade in dem Alter, in dem man fest davon überzeugt ist, dass es in Bezug auf sein Alter und seine weltliche Erfahrung keinen Zweifel über seinen Status geben darf; kurz gesagt, etwas über einundzwanzig, wenn das Männchen dieser Art es als Beleidigung aller Beleidigungen auffasst, einen Jungen falsch einzuschätzen. Sein Haar war kurz – Barbee hatte es immer kurz geschnitten –, aber trotz alledem kräuselte es sich weiterhin und versuchte, sich überall in engen kleinen Ringen auszudrücken; Seine Augen waren sehr blau und sehr unschuldig, wie die eines jungen Mädchens – und alles in allem war er so ein nichtsnutziger junger Schurke, wie man ihn auf einem zehntägigen Ritt finden konnte. Das ist ziemlich viel, wenn man bedenkt, dass dieser zehntägige Ritt möglicherweise durch das Viehland hinter San Juan führt.

„Wirst du mich lebendig fressen?" fragte Barbee leichthin, „Oder röste mich zuerst?"

„Für zwei Cent", sagte Blenham langsam, „würde ich vergessen, dass du nur ein Kind bist, und dir eine Ohrfeige geben!"

Barbee fegte eines der Fünfzig-Cent-Stücke vom Tisch und warf es dem Vorarbeiter zu.

„Sie können das Wechselgeld da draußen lassen", sagte er verächtlich.

Es war für Blenham nichts Neues und konnte für einen Ranchvorarbeiter nichts Unvorhergesehenes sein, wenn seine Autorität in Frage gestellt wurde und ein rebellischer Geist sich ihm widersetzte. Wenn er Meister bleiben wollte, musste die Antwort des Vorarbeiters immer dieselbe sein. Und prompt gegeben.

„Royce", sagte Blenham, nachdem sein Zögern verflogen war, „du bist gefeuert. Barbee, ich übernehme dich sofort."

Blenham war wortkarg, ein Trick, den er von seinem Meister gelernt hatte. Am anderen Ende des Raumes war Bill Royce endlich aufgestanden und hatte laut geschrien:

„Hallo! Nichts davon, Blenham. Es ist mein Kampf, deiner und meiner, und Barbee mischt sich einfach dort ein, wo er nicht gefragt wird. Wenn du Ärger willst, nimm einen Mann deiner Größe, ausgewachsen. Blind wie Ich bin – und Sie wissen, wie und warum – ich bin bereit für Sie. Ja, bereit und gespannt."

Hier herrschte Abwechslung, und die Männer in der Schlafbaracke zogen sich an die Wände zurück, nahmen ihre Stühle mit, um Platz für alles zu haben, was vorwärts ging, und zeigten uneingeschränkt ihr Interesse. So vollständig, dass sie Steve Packard nicht weit draußen in der Nacht singen hörten, als er langsam auf das Ranchhaus zuritt:

> „Und ich höre lieber einen Kiote heulen
> , als der König von Rom zu sein! Und wenn der Tag kommt
> – wenn der Tag kommt –, verdammt noch mal, ich gehe
> nach Hause! Zurück nach Hause! Hört mich kommen, Jungs
> ? Yeee! Ich habe es gesagt. Komme nach Hause!"

Doch innerhalb kürzester Zeit wandelte sich Steve Packards herumlungerndes Tempo in glühende Eile, als die Geräusche, die aus der Schlafhütte drangen, ihn trafen, seinen Gesang verstummten und ihn darüber informierten, dass Männer in einer Wut kämpften, die etwas von purem Blut haben musste -Durst darin. Er rannte zur geschlossenen Tür, schwang sich vom Sattel und öffnete die Tür.

Er sah, wie Bill Royce von zwei Männern festgehalten wurde und gegen sie kämpfte, während er einen Mann beschimpfte, von dem Steve vermutete, dass er Blenham war; Er sah, wie Blenham und ein lockiger, blauäugiger Junge sich auf und ab kämpften und dabei die brutalen Schläge der Wut austeilten. Er kam gerade rechtzeitig, um zu sehen, wie Blenham dem Jungen eine große, brutale Faust ins Gesicht schlug und um zu sehen, wie Barbee schwer fiel und eine Weile still lag.

Der Moment war mit verschiedenen Emotionen aufgeladen, als ob elektrische Ströme miteinander konkurrieren würden. Bill Royce, der von einem Mann unterstützt wurde, den er noch nie gesehen hatte, hatte ihm seine Dankbarkeit und – das bedeutete für Bill Royce dasselbe – seine Liebe voll und ganz zum Ausdruck gebracht; nach heute Abend würde er wegen der „gelben" Barbee zur Hölle gehen.

Barbee, der eine Niederlage durch Blenhams harte Hand vorhersah, litt unter seinem jugendlichen Stolz und hatte tief in seinem Inneren einen unsterblichen Hass hervorgebracht. Und Blenham platzte aus seinen eigenen Gründen und auf seine eigene Art vor Wut.

„Steh auf, Barbee", schrie er. „Steh auf und hilf mir –"

„Ich werde dich töten, Blenham", sagte Barbee schwach, richtete sich ein wenig auf und seine blauen Augen schwammen. „Mit meinen Händen oder mit einem Messer oder mit einer Waffe oder überhaupt; jetzt oder morgen oder irgendwann werde ich dich töten."

„Sie haben dich alle gehört", spuckte Blenham wütend aus. „Du bist ein Idiot, Barbee. Willst du aufstehen? Willst du jemals aufstehen?"

„Lasst mich los, Jungs", murmelte Bill Royce. „Ich habe lange genug gewartet; ich habe genug durchgehalten. Ich war wie eine alte Frau. Lass mich und Blenham das einfach zu Ende bringen."

Sie hatten, keiner von ihnen, auch nur den Auftritt von Steve Packard bemerkt. Jetzt jedoch zwang er sie, Bilanz über ihn zu ziehen.

„Bill Royce", sagte er scharf, „behalte dein Hemd an. Barbee, du tust das Gleiche. Blenham, du redest mit mir."

"Du?" spottete Blenham. „Du? Wer bist du?"

„Im Moment bin ich der Mann, der den Job hat", antwortete Packard knapp. „Und von jetzt an leite ich die Ranch Nummer zehn, falls Sie es wissen wollen. Wenn Sie noch etwas wissen wollen, warum sind Sie dann zufällig nicht mehr Vorarbeiter? Sie sind gefeuert! Was den Vorarbeiter betrifft." unter mir – mein alter Partner Bill Royce, blind oder nicht blind, hat seinen alten Job zurück.

Bill Royce wurde starr.

„Bist du nicht – ist Stevie nicht zurückgekommen?" er flüsterte. „Du bist nicht Stevie!"

Mit drei Schritten erreichte Packard ihn und fand Bill Royces Hand in seiner.

„Du hast recht, Bill Royce", rief er herzlich, als sich seine und Royces Hände schließlich fest schlossen.

„Ich bin gefeuert, sagen Sie!" Blenham stürmte mit großen Augen. „Gefeuert? Wer sagt das, ich möchte es wissen?"

„Das sage ich", erwiderte Packard knapp.

"Du?" schrie Blenham. „Wenn du meinst, der alte Packard hat dich geschickt, um meinen Platz einzunehmen, nur weil – das ist eine Lüge; ich glaube es nicht."

„Dieses Outfit gehört nicht zufällig dem alten Mann Packard – noch nicht", sagte Steve kühl. „Tut es, Royce?"

„Nicht im Geringsten!" antwortete der Blinde freudig. „Und das wird es jetzt nie, Steve! Nicht jetzt."

Blenham sah verwirrt aus. Er rieb seine aufgeschürften Fingerknöchel und blickte wütend von Steve zu Royce und dann zu den anderen Gesichtern, nicht weniger verwirrt als sein eigenes.

„Niemand außer dem alten Packard kann mich feuern", murmelte er schwer, obwohl sein Tonfall beunruhigt war. „Ohne dass du einen Befehl von ihm bekommen hast, alles unterschrieben und bereit für mich, es zu lesen –"

„Was ich habe", warf Steve scharf ein, „ist die Beschwörung der Situation, Blenham. Ranch Nummer zehn gehört nicht dem alten Mann; es ist das Eigentum seines Enkels, dessen Name Steve Packard ist. Was auch passiert." mein Name sein.

Blenham spottete.

„Ich glaube es nicht", schnappte er. „Erwarten Sie, dass ich meine Fracht auf Befehl des ersten Fremden abziehe, der hereinkommt und mich einlädt, ihm meinen Job zu übergeben?" Er lachte dem Neuankömmling ins Gesicht.

Packard musterte ihn einen Moment lang neugierig und war sich instinktiv bewusst, dass die Zeit kommen könnte, in der es gut wäre, den Leutnant seines Großvaters richtig zu beurteilen. Dann, bevor er antwortete, blickte er in die Gesichter der anderen Männer. Als er sprach, richtete er sich an sie.

„Jungs", sagte er leise, „dieses Outfit gehört mir. Ich bin Steve Packard, der Sohn von Philip Packard, dem Besitzer der Number Ten Ranch und der sie verpfändet, aber nicht an seinen Vater – meinen Großvater – verkauft hat. Ich habe Ich bin gerade nach Hause gekommen; ich will haben, was mir gehört; ich werde die Hypothek irgendwie abbezahlen. Ich bin auch nicht mit hochgekrempelten Ärmeln reingesprungen, um Ärger zu machen; wäre Blenham ein weißer Mann gewesen und nicht ein Rohling und ein Tyrann? Vielleicht hätte er seinen Job unter mir behalten. Aber ich schätze, Sie alle wissen, was für ein Leben er Royce hier beschert hat. Bill hat mir beigebracht, wie man reitet, schießt, kämpft und schwimmt; so ziemlich alles, was ich weiß, was wissenswert ist. Seit ich Als Kind war er der beste Freund, den ich je hatte. Gibt es sonst noch etwas, was ihr Jungs gerne wissen würdet?"

Barbee hatte sich langsam vom Boden erhoben.

„Packards Sohn oder der Sohn des Teufels", sagte er schnell, ohne Blenham aus den Augen zu lassen, „ich bin bei dir."

Der Mann, den Barbee am Kartentisch mit „Spotty" angesprochen hatte und dessen Spitzname ihm offensichtlich durch die eigentümlichen weißen Haarbüschel in einem jungen, zerzausten Kopf von sehr dunklem Braun verschafft worden war, räusperte sich und zog damit alle Blicke auf sich für sich selbst an seiner Seite des Raumes.

„Bill Royce ist blind, wenn du nur irgendwie beweisen könntest, wer du bist ...", schlug er vor, wobei Ton und Gesichtsausdruck deutlich seine Bereitschaft, ja sogar seinen Eifer, überzeugen zu lassen, zum Ausdruck brachten.

„Auch wenn ich ihn nicht sehen kann", sagte Royce mit eifriger Stimme, „ich weiß es! Und ich für meinen Teil kann es durch ein paar kleine Fragen beweisen – ob ihr Jungs mir beim Wort glaubt?"

„Schießen", sagte Spotty. „Niemand hat dich bisher als Lügner bezeichnet, Bill."

„Dann, Stevie", sagte Royce mit einem Anflug von Besorgnis im Blick, während seine blinden Augen hin und her wanderten, „antworte mir Folgendes: Welches war das erste Pferd, das du jemals geritten hast?"

„Eine Stute", sagte Steve. „Schwarze Molly."

"Rechts!" und Royces Stimme klang triumphierend. „Als nächstes: Wer hat das Brett über die Tür genagelt? Das alte Zedernholzbrett?“

„Das habe ich. Kurz bevor ich wegging.“

„Und“, fuhr Royce mit leicht gesenkter Stimme fort, „und was hast du dazu gesagt, Stevie? Ich sollte wissen –“

„Trainieren Sie ihn! Sagen Sie ihm, was er sagen soll, warum tun Sie das nicht auch?“ spottete Blenham.

„Ich glaube nicht, dass ich das muss“, antwortete Royce leise. „Tue ich das, Steve?“

„Ich war damals noch ein ziemliches Kind, Bill“, sagte Packard und zum ersten Mal erschien ein halbes Lächeln in seinen Augen, ein Lächeln, das seltsam sanft war. „Ich hatte eines der Märchen aus Tausendundeiner Nacht gelesen; das hat es mir in den Sinn gebracht.“

„Mach weiter, Steve; mach weiter!“

„Ich sagte, dass ich auf der ganzen Welt nach meinem Glück suchen würde; dass die Tafel über der Tür ein Zeichen sein würde, wenn mir alles gut gehen würde. Solange ich lebe, würde sie dort sein; wenn ich sterbe, würde sie dort sein.“ fallen."

Es herrschte eine kurze, atemlose Stille. Es wurde durch Bill Royces freudiges Lachen unterbrochen, als Bill Royces große Hand seinen Oberschenkel schlug.

„Genau wieder, Steve! Und die alte Tafel ist immer noch da. Schau sie dir an; sie ist immer noch da.“

Wieder richteten sich alle Augen auf Blenham. Einen Moment lang stand er unsicher da und sah sich um. Dann nahm er abrupt seinen Hut und ging hinaus. Und Barbees Lachen folgte ihm wie ein böses Echo von Royces.

KAPITEL VI

BANKNOTEN UND EIN BLINDER MANN

„Er hätte die Scheunen am liebsten in Brand gesteckt", sagte Royce. „Pass besser auf ihn auf, Steve."

Und so beobachtete Steve, als er nach draußen trat, Blenham, der schnell auf das Ranchhaus zugegangen war, sich nun abrupt umdrehte und abrupt stehen blieb.

„Er hat etwas vor, Bill", räumte Packard ein. Und rief Blenham leise zu: „Bei jedem Schritt, den du auf dieser Ranch machst, bin ich auf deiner Seite, Blenham."

Daraufhin drehte sich Blenham, nachdem sein Zögern vorbei war, abrupt um, ging zum Pferch hinunter, sattelte und ritt davon.

Nachdem der wütende Vorarbeiter wortlos gegangen war, gingen Steve Packard und Bill Royce gemeinsam zum alten Ranchhaus, wo sie sich bequem in zwei großen Sesseln niederließen und bis tief in die Nacht redeten. Ein scharfer Blick um sich herum, als er eine Lampe auf dem Tisch anzündete, zeigte, dass Packard überall Staub und Nichtsnutz hatte, mit Ausnahme der wenigen unordentlichen Anzeichen von Blenhams neuer Belegung.

Ein alter Sattel lag lose auf dem Wohnzimmerboden, übersät mit Lederfetzen und Schnallen; an einem Nagel hing ein rostiger, langgewellter mexikanischer Sporn; Auf dem Herdstein lagen viele Zigarettenstummel und hin und wieder ein Zigarrenstummel. Eine offene Tür zeigte ein umgewälztes Bett, dessen Decke bis zum Boden reichte.

„Ich würde ein Jahr meines Lebens dafür geben, dich gut zu sehen, Steve", sagte Royce ein wenig wehmütig. „Mal sehen – du bist jetzt fünfunddreißig, nicht wahr?"

„Richtig", antwortete Packard.

„Ein großer?" fragte Royce. „Sechs Fuß oder besser?"

„Eine Nuance besser. Ungefähr anderthalb Zoll."

„Allerdings nicht schwer? Irgendwie schlank und lang, wie Phil Packard vor Ihnen?"

Packard nickte; Dann, während Royces blinde Augen auf ihn gerichtet waren, sagte er hastig:

„Genau wieder, Bill; irgendwie schlank und lang. Du würdest mich erkennen.“

„Klar, das würde ich!“ rief Royce eifrig. „Ein Mann hat sich in einem Dutzend Jahren nicht so sehr verändert. Kann ich mich nicht daran erinnern, wie du ausgesehen hast, als du losgezogen bist, um die Welt zu sehen? Das hast du noch nicht geschafft, oder, Steve?“

Packard lachte nachlässig.

„Ich bin Herr und Meister eines guten Pferdes, Sattels, Zaumzeugs und etwa siebzig Dollars“, sagte er leichthin. „Kein großer Haufen, Bill.“

„Eine Number Ten Ranch“, fügte Royce schnell hinzu.

„Und Number Ten Ranch“, stimmte Packard zu. „Wenn wir damit durchkommen.“

„Was bedeutet das? Wie kommt man damit durch?“

„Es scheint bis zum Äußersten verpfändet zu sein. Ich weiß noch nicht, wie viel. Die Hypothek und viele aufgelaufene Zinsen müssen abbezahlt werden. Wie groß die Aufgabe ist, müssen wir herausfinden.“

„Hast du deinen Großvater schon gesehen?“

„Nein. Ich hätte wohl nach ihm suchen sollen, bevor ich Blenham gefeuert habe. Aber da er aus Fleisch und Blut besteht –“

"Ich weiß, ich weiß." Und Royce füllte seine Lungen mit einem großen Seufzer. „Als Packard haben Sie nicht das ganze Jahr darauf gewartet, Ihr Ziel zu erreichen. Aber es wird eine Menge Bürokratie geben, die nicht abgebaut werden kann; das muss alles entwirrt und gelöst werden.“ Es sei denn, dein Großvater wird das Richtige tun und alle alten Wetten aufgeben und dir freie Hand und einen Neuanfang geben?“

„Das alles bezweifelst du eher, nicht wahr, Bill?“

Royce nickte düster.

„Ich schätze, wir haben die Dinge quasi von hinten angegangen“, sagte er bedauernd. „Du hättest ihn zuerst sehen sollen, nicht wahr? Und dann hast du seinen Liebling in die Latten getreten, als du Blenham eingemacht hast. Der alte Mann hat bestimmt ein schlechtes Gewissen, Steve.“

„Ich sollte nicht überrascht sein“, stimmte Steve zu. „Wer sind die Tempel, Bill?“

„Wer hat dir von den Tempeln erzählt?“ kam die kurze Gegenfrage.

„Niemand. Ich habe letzte Nacht bei ihnen übernachtet.“

Royce grunzte.

„Es hat nicht das ganze Jahr gedauert, bis du sie gefunden hast, oder?" bot er unverblümt an.

"WHO?" fragte Packard in vergeblicher Unschuld.

„Terry Temple. Das schönste Mädchen diesseits der Perlentore und der Schönheiten. Was für ein Mann bist du bei den Frauen geworden, Steve?"

„Kein Damenmann, wenn es das ist, was dich beunruhigt, alter Kumpel. Ich kenne kein Dutzend Mädchen auf der Welt. Ich habe nur nach diesen Leuten gefragt, weil sie direkt neben uns wohnen und weil sie es sind Neulinge seit meiner Zeit."

Wieder grunzte Royce und wählte seine eigene Erklärung für Packards Interesse. Auf die ihm gestellte Frage antwortete er jedoch kurz:

„Dieses kleine Terry-Mädchen kann alles haben, was ich habe; ihre Mutter war auch eine Klasse, sagen sie mir. Ich mache es noch schlimmer, sie ist einfach vor Scham gestorben, als sie erfuhr, was für eine Sorte sie sich als Laufgefährtin ausgesucht hatte." Und was ihn betrifft, er ist ein verrückter Qualle. Er ist absolut nicht gut. Und, wenn ich mich nicht irre, wirst du ihn bald richtig gut kennen lernen. Pass auf ihn auf, Steve."

„Nun", sagte Packard, als Royce abbrach, da er spürte, dass dies nicht alles war, was man über Temple sagen konnte; „Lass es uns haben. Was ist sonst noch mit ihm?"

Aber Royce schüttelte langsam den Kopf, während seine großen, dicken Finger seine Pfeife füllten.

„Wir haben nicht die ganze Nacht Zeit, hier zu hocken und über unsere Nachbarn zu klatschen", sagte er plötzlich. „Es müssen noch andere Dinge gesagt werden, bevor etwas getan werden kann. Erster Ruck, und um loszulegen, bin ich sehr dankbar für den kleinen Bluff, den Sie Blenham vorgeworfen haben, dass ich Ihr Vorarbeiter sei. Was Sie brauchen und was Sie haben zu haben, ist ein Mann mit weit geöffneten Augen. Oh, ich weiß, Steve", als Packard zu sprechen begann. „Du würdest mir den Job anbieten, wenn auch meine Beine und Arme weg wären. Aber das geht nicht."

„Ich werde sofort einen Mann brauchen", argumentierte Steve. „Ich schätze, ich muss viel herumlaufen, das Gesetz nachschlagen, verspätete Zahlungen veranlassen und so weiter. Ich möchte die Ranch nicht ohne Kopf verlassen. Sie kennen die Männer, wissen Sie? das Outfit."

Aber Royce blieb standhaft, obwohl seine Lippen zuckten.

„Ich kenne die Männer auch nicht so gut", sagte er. „Sie sind alle von deinem Großvater angeheuert. Aber sie leben alle und kennen sich alle mit dem Spiel aus. Ich schwöre nicht, wie weit du einem von ihnen vertrauen kannst; aber das musst du herausfinden." Überzeugen Sie sich selbst, während wir weitermachen.

„Nennen Sie mir einen von ihnen", war Packards ruhige Art, das Ultimatum seines alten Vorarbeiters anzunehmen. „Ich werde ihn zumindest vorübergehend anziehen."

„Da ist Yellow Barbee", schlug Royce vor. „So etwas wie ein Kind, vielleicht ein bisschen wild und unordentlich, vielleicht nicht viel wert. Aber er ist kein Blenham-Mann, und er hat mir einen guten Gefallen getan."

Packard war bereits auf den Beinen und ging zur Tür.

„Barbee!" er schrie. „Oh, Barbee!"

Die Tür des Schlafhauses öffnete sich und strahlte einen Lichtstrahl aus.

"Rufen Sie mich an?" erklang Barbees kühle junge Stimme, jetzt unverschämt wie immer.

„Ja, kommen Sie mal kurz her, ja?"

Barbee kam, seinen breiten Hut weit zurück auf seinen engen kleinen Locken, seine Prahlerei betont, seine süßen blauen Augen leuchteten sanft – seine Lippen waren ramponiert und verletzt und bereits geschwollen.

„Kommen Sie herein und schließen Sie die Tür", sagte Packard.

Barbee trat ein und ging durch den Raum, um sich mit dem Ellbogen auf dem Kaminsims niederzulassen, wobei er neugierig von Packard zu Royce blickte.

„Ich bin hier, um dieses Team selbst zu leiten, Barbee", sagte Packard zu ihm, während er den Blick des Jugendlichen stetig erwiderte. „Aber ich brauche einen Vorarbeiter, der die Dinge am Laufen hält, wenn ich weg sein muss. Ich habe den Job Royce gegeben. Er wird ihn nicht haben. Er schlägt Sie vor."

Barbee öffnete die Augen etwas weiter. Auch die schnelle Röte, die in seine braunen Wangen lief, ließ ihn jungenhafter aussehen als je zuvor und verlieh ihm fast ein engelhaftes Aussehen. Aber trotz alledem gelang es ihm, einigermaßen ungerührt zu wirken, ganz so, als ob dies nicht das erste Mal wäre, dass ihm eine solche Position angeboten wurde.

„Wie viel ist drin?" sagte Barbee mit großer Gleichgültigkeit.

Steve zögerte. Dann runzelte er die Stirn. Und schließlich lachte er.

„Da hast du mich erwischt", gab er offen zu. „Alles Geld, das ich heute Abend auf der Welt habe, ist genau hier." Er verschüttete den Inhalt seiner Tasche auf einem Tisch. „Es sind ungefähr fünfundsiebzig Dollar. Wenn ich vor dem Zahltag nicht irgendwo einen Trick hinbekomme, müsst ihr Jungs euren Anteil davon abziehen."

Bill Royce rutschte nervös auf seinem Stuhl hin und her, öffnete den Mund und schloss ihn dann wortlos. Barbee zuckte ausführlich mit den Schultern.

„Ich werde das Risiko eingehen", sagte er. „Es würde sich lohnen, wenn ich verliere; nur um Blenham eine Chance zu geben."

„In Ordnung", und immer noch beäugte Packard die junge Barbee aufmerksam und fragte sich, wie viel Können sich hinter diesem etwas unbefriedigenden Äußeren verbarg. „Du kannst jetzt zu den Jungs zurückgehen und ihnen sagen, dass du der Boss bist, wenn ich nicht da bin. Bevor sie morgens zur Arbeit gehen, tauchst du noch einmal hier auf und wir werden eine Menge Dinge besprechen."

Barbee senkte zum Zeichen seiner Zustimmung und vielleicht auch, um das Glitzern in seinen Augen zu verbergen, den Kopf und ging auf dem Absatz zur Tür. Packards Stimme hielt ihn dort fest.

„Nur eins, Barbee: Ich möchte nicht, dass Ärger entsteht. Nicht mit Blenham oder einem der Männer des alten Packard. Ich weiß, wie du dich fühlst, aber wenn du für mich arbeitest, musst du mich derjenige sein lassen Wer fängt mit den Dingen an. Verstehen?"

Der neue Vorarbeiter hielt unschlüssig inne. Dann, ohne sich umzudrehen, damit Packard sein Gesicht sehen konnte, und ohne eine gesprochene Antwort, senkte er erneut den Kopf, ging hinaus und schlug die Tür hinter sich zu.

„Ich bin nicht sicher, ob er der richtige Mann für den Job ist, Steve", begann Royce ein wenig besorgt. „Und ich bin mir nicht sicher, ob er eckig oder krumm ist. Aber ich kenne den Rest der Männer nicht besser und —"

„Ich werde auf ihn aufpassen, Bill. Und wie ich bereits sagte, ich bin hier, um den Großteil der Vorarbeiter-Darbietung selbst zu übernehmen. Wir werden Barbee seine Chance geben."

Er kam zurück an den Tisch, von dessen Tischplatte ihm die wenigen Gold- und Silbermünzen entgegenzwinkerten, die sein Arbeitskapital darstellten, und stand da und betrachtete sie fragend.

„Ich habe ein Garn zum Spinnen, Stevie", kam es nachdenklich von Royce mit einer großen Rauchwolke. „Hör besser jetzt zu – während wir alleine sind."

Packard kehrte zu seinem Stuhl zurück, machte seinen eigenen Rauch und sagte leise:

„Gehen Sie hin, Bill. Ich höre zu."

„Barbee ist weg, nicht wahr? Und die Tür ist geschlossen?"

"Ja."

„Dann kommen Sie nah heran, damit ich nicht laut reden muss und ich es aus meinem Kopf bekomme: Bevor dein Vater starb, hat er nicht viel Geld verdient, nicht so viel, wie er ausgegeben hat. Er" Er war in irgendein Mini-Aktienspiel verwickelt, das er nicht besonders gut beherrschte, und alles, was ich hier geklärt hatte, ließ er lange Zeit draußen fallen.

„Und je tiefer er in das Loch vordrang, desto wilder spielte er das Spiel: Es gab Zeiten, in denen ich glaubte, dass es ihm völlig egal war, was passierte. Wann immer er Geld brauchte, musste er nur ein weiteres Pflaster auf das Loch legen Ranch, leih dir noch einmal etwas von seinem Vater. Die alte Nummer Zehn ist jetzt vollgestopft, Steve, bis zum Anschlag.

„Nun, als Phil Packard starb, tat er es, als hätte er alles andere getan, als hätte er gelebt, was einen Mann glauben ließ, er hätte es eilig, einen Job hinter sich zu bringen. In der nächsten Woche schickst du mich dorthin. Er deutete mit dem Kopf auf einen abgelegenen Raum des großen Hauses. „Und er hat damals mit mir über dich gesprochen."

Packard wartete darauf, dass er fortfuhr, ohne einen Kommentar abzugeben. Royce, gebeugt in seinem Stuhl, richtete sich ein wenig auf, schüttelte sich und fuhr fort:

„Er hatte etwas Geld von der Bank abgehoben, alles, was ihm noch übrig war. Ich weiß nicht, wofür, aber er hatte es trotzdem unter seinem Kissen neben seinem alten Colt. Und er gab es mir und sagte, er sei plötzlich erwischt worden." und unerwartet durch seinen Tod, und ich solle mich darum kümmern und dafür sorgen, dass du es hast, wenn du zurückkommst. Es war in Greenbacks, eine kleine Rolle, nicht größer als dein Daumen, und als ich sie gezählt habe Ich bin fast tot umgefallen. Zehn kleine Zettel, Steve, und jeder davon ist tausend Dollar wert! Zehntausend Dollar hat mir Phil Packard an diesem Abend zugesteckt, keine halbe Stunde bevor er rübergegangen ist. Für dich. Und ich Ich habe sie für dich besorgt, Steve. Ich habe sie sicher für dich besorgt.

Seine breiten Schultern hoben und senkten sich in einem tiefen Seufzer; Er fuhr sich mit der mühsamen Hand über die Stirn. Packard öffnete seine Lippen, als wollte er etwas sagen, schwieg aber, als Royce fortfuhr:

„Ich nahm das Geld, Steve, und ging nach draußen, um eine Zigarette zu rauchen, und meine Hände zitterten, als ob mir kalt wäre! Zehntausend Dollar in meiner Schwanztasche! Es war eine dunkle Nacht und ich habe keine neunzehn verloren." „Second hat das Bündel an einem guten, sicheren Ort versteckt. Das war langsam das letzte Mal, dass ich es jemals gesehen habe!"

"Ich dachte, Sie sagten--"

„Ich habe es in Sicherheit gebracht? Das habe ich. Aber ich habe seit dieser Nacht nichts mehr gesehen, Steve. Die Nacht, in der dein Vater starb, die Nacht, in der ich das Geld versteckte, war die Nacht, in der ich blind wurde."

„Davon hast du mir noch nichts erzählt, Bill", sagte Packard sanft.

„Nein, aber ich mache jetzt weiter. Es ist Teil des Garns, das ich heute Abend spinnen durfte. Wie ich schon sagte, ich nahm das Knäuel – dein Vater hatte es wieder in eine flache Handtasche gesteckt – und ging nach draußen . Es war bereits Nacht und dunkel. Zehntausend Dollar für mich, damit ich sie für Sie beschütze!"

Erneut fuhr er sich mit der Hand über die Stirn.

„Ich wusste, wo sich im Eckfundament des Hauses ein Stein befand, den ich lösen konnte. Wenn ich die Greenbacks hinlegte, würden sie nicht verderben, selbst wenn es regnete oder das Haus abbrannte. Ich steckte sie dort hinein, Habe den Stein wieder so bekommen, wie er vorher war, habe dafür gesorgt, dass mich niemand gesehen hat, und bin alleine losgegangen, um eine Zigarette zu rauchen.

„Denn warum habe ich diese Chance genutzt? Ich bin überhaupt kein Risiko eingegangen, das sage ich dir, Steve! Woher wusste ich das, dass dein Vater im Ziel, das geradezu schnell kam, außer sich vor Wut geriet, aber er würde es geben Spiel weg? Und auf der Ranch gab es Männer, die für zehntausend fast alles tun würden, um ihnen die Show zu zeigen.

„Dein Großvater war vorbeigekommen und hatte Blenham und seinen Mechaniker Guy Little mitgebracht; und in der Truppe, die ich selbst zusammengestellt hatte, waren ein paar neue Männer, von denen ich wusste, dass sie harte Herren waren."

„Nein! Ich bin kein Risiko eingegangen, denn das Geld gehörte dir und nicht mir. Ich steckte es in die Wand, schlich mich davon und hockte drei

Stunden lang mit meiner Waffe im Dunkeln in meiner Hand, warte und schaue zu. Was bedeutete, auf Nummer sicher zu gehen, wie ein Mann nur konnte, nicht wahr, Steve?"

Packard stand auf, trat an Royces Seite und legte dem Vorarbeiter sanft die Hand auf die Schulter.

„Es kommt mir so vor, als hättest du ziemlich viel für mich getan, Bill", sagte er ganz einfach.

„Vielleicht", sagte Royce nachdenklich. „Aber nicht mehr, als ein Partner für einen anderen tun sollte; nicht mehr, als du für mich tun würdest, Stevie. Kenne ich dich nicht? Gib dir die Chance, dass du das Gleiche für mich tun würdest, äh, Junge „Nun, hier ist der Rest der Geschichte: Dein Vater war tot: Der alte Höllenfeuer hat sich die Nase geputzt, sodass man es meilenweit hören konnte, und ich fühlte mich schwach und krank, obwohl ich alles wusste Plötzlich wurde mir klar, dass Phil Packard verdammt gut zu mir gewesen war und es ihm sagen wollte, jetzt war es zu spät. So spät und dunkel es auch war, ging ich hinunter zum Schlafhaus und sagte den Jungs, sie sollten hier bleiben. um morgens Befehle einzuholen, habe ich mein Pferd gesattelt und es geschlagen, um einen ruhigen Ort zu finden, an dem ich nachdenken konnte. Ich wollte noch nie in meinem Leben so viel nachdenken, Steve. Erinnerst du dich an die alte Hütte am großen Balken drüben auf der Ostseite? "

„Das alte McKittrick-Haus? Ja."

„Nun, ich ging dorthin, um im alten Kamin ein Feuer zu machen und mich hinzusetzen und über alles nachzudenken. Aber ich muss Ihnen von einem Kerl namens Johnny Mills erzählen. Sie kannten ihn nicht; er arbeitet für den Jetzt Brocky-Lane-Outfit. Nun ja, Johnny war ein so guter Kuhhirte, wie man nur will, aber man musste immer auf ihn aufpassen, dass er nicht ausrutschte, um auf Wachteljagd zu gehen. Mit einer Schrotflinte war er der beste Flügelspieler -Schuss, von dem ich jemals einen Mann erzählen hörte.

„Er schlich sich immer zur McKittrick-Hütte, wo er eine alte Vorderlader-Schrotflinte aufbewahrte, und eine geschossene Wachtel um sie herum sprang dort hoch, wenn er arbeiten sollte. Dann kam er herein und prahlte und erzählte, dass er nie einen Schuss verfehlt hatte. Die Jungs waren, nur um Johnny zu ärgern, noch am selben Tag in die Hütte gegangen und hatten seinen Schuss herausgezogen, nur um das Pulver in Ruhe zu lassen, damit Johnny nachdenken konnte Er hatte verfehlt, als er den Abzug betätigte, und es fielen keine Birdies.

„Sehen Sie, worauf ich hinauswill? Ich habe mein Pferd angebunden und bin den kleinen Pfad durch die Stechpalmenbüsche zur Hütte entlanggegangen. Jemand hat auf mich gewartet und mir beide Fässer mitten ins Gesicht gegeben. Da ist es soweit und wie mir das Licht ausgegangen ist, Steve.

Es war ein Schock, und Packard erbleichte; Royce hatte so lange mit seinen Erklärungen verbracht und dann die eigentliche Katastrophe so unverblümt dargelegt, dass sein Zuhörer einen Moment lang sprachlos dastand. Gegenwärtig-

„Weißt du, wer es getan hat, Bill?" er hat gefragt.

„Wenn ich es wüsste – sicher – würde ich ihn holen! Aber ich weiß es nicht; nicht sicher." Seine großen Hände ballten sich, bis sie vor lauter Anspannung regelrecht zitterten. „Es ist schwer, blind zu werden, Steve!"

Seine Hände entspannten sich; Er saß still da und starrte in das schwarze Nichts, das ihn immer umhüllte. Als er erneut sprach, klang es trostlos und hoffnungslos, als würde ein Mann mit seinem eigenen Kummer reden, ohne auf einen Zuhörer zu achten:

„Ja, es ist verdammt schön, blind zu sein. Wenn es etwas Schlimmeres gibt, würde ich gerne wissen, was es sein könnte. Im Dunkeln herumlaufen, immer im Dunkeln – stolpern und fallen und einen Mann lachen hören – mit dem Kopf über eine Kiste zu werfen, die einem in den Weg gestellt wurde – –"

„Blenham hat so etwas getan?" forderte Packard scharf.

Es hätte Bill Royce damals gutgetan, den Ausdruck in seinen Augen zu sehen. Royce nickte.

„Blenham hat getan, was ihm einfiel", murmelte er farblos. „Und ihm fielen viele Dinge ein. Trotzdem – vielleicht eines Tages –"

„Und trotzdem bist du geblieben, Bill?" als Royces Stimme verstummte.

„Ich hatte deinem Vater versprochen, dass ich mit der Münze hier sein würde, wenn du zurückkommst. Er wusste und ich wusste, dass du vielleicht reinhauen und raushauen würdest und nie eine Nachricht bekommen würdest, wenn ich nicht die ganze Zeit hier wäre. Ein alter Mann, Packard, nachdem ich blind war, ging ich zu ihm und er versprach, ich könnte bleiben, solange ich nur Befehlen gehorche. Was ich getan habe, egal was sie waren.

„Aber das Ende ist jetzt gekommen, nicht wahr, Steve, alter Kumpel? Aber um diese Geschichte zu erzählen und das Geld in deine Hände zu bekommen: Ich wusste nicht, wer versucht hatte, es für mich zu tun, aber ich habe es vermutet Es muss jemand gewesen sein, der irgendwie von dem Zehntausender erfahren hatte und dachte, ich hätte ihn bei mir. Als ich in der Hütte zu mir kam und jemand versuchte, ein Stück Tabak zu ergattern, fand ich meine Taschen Alles drehte sich um. Es könnte Johnny Mills selbst gewesen sein; er wusste nichts von der Waffe, mit der getäuscht wurde; es könnte Blenham gewesen sein; es könnte Guy Little gewesen sein; es könnte jemand anderes gewesen sein. Aber ich' Ich habe die ganze Zeit darüber nachgedacht und ich bete zu Gott, dass ich Recht hatte und dass ich eines Tages wissen werde, dass es Blenham war.

Er stand plötzlich auf.

„Komm schon, Steve", sagte er mit sachlicher Stimme wie früher. „Jetzt liegt es an Ihnen, auf Ihren eigenen Simoleons auf der Herde zu reiten."

„Du hast es an der gleichen Stelle gelassen? In der Felsgrundmauer?"

„Ja. Ich könnte keinen sichereren Ort finden."

„Und du warst all die Monate nicht mehr dabei?"

„Erst am letzten Samstagabend. Damals waren es erst sechs Monate. Ich habe mir ausgedacht, dass ich dafür sorgen würde, dass ich alle sechs Monate einmal schaue. Ich bin mitten in der Nacht hingegangen und habe dafür gesorgt, dass mir niemand folgt, Steve. Komm schon ."

Packard schob seinen Arm durch den von Royce und sie gingen Seite an Seite. Die Nacht war voller Sterne; es gab keinen Mond. Als sie um die Ecke des Hauses bogen, leuchtete die Wand hier und da blass, wo eine weiße Oberfläche undeutlich durch die Schatten schimmerte.

„Es ist niemand in der Nähe, Steve?" flüsterte Royce.

„Niemand", versicherte ihm Packard. „Wo ist es, Bill?"

Royces Hände tasteten mit der Wand und ruhten schließlich auf einem Steinknauf am Fuß des Fundaments. Er zog; Der Stein löste sich grob zurecht und hinterließ ein klaffendes Loch. Royce steckte seine Hand hinein, suchte kurz und holte einen Moment später eine flache Brieftasche hervor, die er fest umklammert hielt.

„Dein, Steve!" sagte er dann, ein schneller, klopfender Ton purer Freude in seinem Schrei. „So blind ich auch war, ich habe es dir überlassen! Hier sind zehntausend, Steve. Und die Chance, die alte Nummer Zehn zurückzubekommen."

Packard nahm die ihm angebotene Brieftasche entgegen. Plötzlich riss Royce es zurück.

„Lass mich noch einmal sichergehen", sagte er hastig. „Lass mich absolut sicher sein, dass ich es gut gemacht habe."

Er fummelte an der Brieftasche herum, öffnete die Klappe und holte den Inhalt heraus, einen ordentlichen Stapel gefalteter Banknoten. Er zählte langsam.

„Zehn davon", verkündete er triumphierend, als er die Brieftasche ihrem richtigen Besitzer übergab.

Packard nahm sie und sie gingen zurück zum Haus. Die Strahlen der Lampe trafen sie; Durch die offene Tür gingen sie Seite an Seite zurück ins Wohnzimmer. Sie setzten sich an den Tisch zwischen ihnen. Packard legte die Brieftasche hin und breitete die zehn Banknoten aus.

„Bill", sagte er, und in seiner Stimme lag ein seltsamer Unterton. „Bill, du bist für mich durch die Hölle gegangen. Weiß ich das nicht? Und du sagst, ich würde das Gleiche für dich tun? Bist du das auch?" bist du dir da sicher, Bill?"

Royce lachte und rieb seine Hände aneinander.

„Absolut sicher, Stevie", sagte er.

Packards Blick fiel auf den Tisch. Vor ihm lagen die zehn knackigen Banknoten. Jeder war für einen Dollar. Insgesamt zehn Dollar. Sein Erbe, das ihm Bill Royce gerettet hat.

„Bill, alter Mann", sagte er langsam, „du hast mir beigebracht, wie man das Spiel spielt. Bete zu Gott, dass ich mit einem Partner genauso weiß sein kann wie du."

Und mit einer plötzlichen Geste zerknüllte er die Notizen und steckte sie in die Tasche.

Kapitel VII

Der alte Berglöwe kommt von Norden herab

Es war vielleicht acht Uhr, der Morgen blau, wolkenlos und still. Packard hatte sich kurz mit Barbee beraten; Die Männer der Ranch Nummer zehn waren ihrer Arbeit nachgegangen. Steve und Bill Royce, die Seite an Seite ritten, hatten einen der flachen, baumlosen Hügel im oberen Tal bestiegen und saßen nun schweigend da, während Royce an seiner Pfeife herumfummelte und Steve einen langen, gespannten Blick über die offenen Wiesenlandschaften warf mit Weidevieh.

Plötzlich hoben ihre beiden Pferde und die anderen Pferde, die auf einem tiefer gelegenen Feld grasten, die Köpfe und richteten alle Ohren nach vorne. Und doch hatte Steve kein Geräusch gehört, das die vollkommene Gelassenheit des jungen Tages beeinträchtigen könnte. Er drehte ein wenig den Kopf und lauschte.

Dann drang aus einiger Entfernung ein Geräusch zu ihm, das hier in der frühen Stille seltsam unpassend war, ein gedämpftes Kreischen oder Schreien, ein wildes, lärmendes, kreischendes Geräusch, das er beim besten Willen nicht katalogisieren konnte.

Es war schwach, weil es so weit entfernt war, und doch war es klar; Es war nicht der pochende Schrei eines Berglöwen, nicht der Schrei eines toten Pferdes, nichts, was er jemals gehört hatte, und doch erinnerte es an beide Geräusche.

"Rechnung!" er begann.

„Ich habe es gehört", murmelte Royce. „Und ich habe es schon einmal gehört! Gleich –"

Royce brach ab. Das Geräusch, das für eine Sekunde verstummt war, ertönte erneut und schien bereits viel näher und abscheulicher zu sein. Steves Pferd schnaubte und stürzte; Einige der Fohlen auf der Weide warfen die Fersen hoch und flohen mit wallenden Mähnen und Schweifen. Royce füllte ruhig seine Pfeife und zündete sie an.

Wieder Stille für vielleicht zehn oder zwanzig Sekunden. Steve, der gerade eine Erklärung von seinem Begleiter einfordern wollte, starrte ihn an, als erneut das kreischende Geräusch zu hören war.

„Man kann die Schuldzuweisungen zehn Meilen weit hören", grunzte Royce. „Jetzt ist es nur noch etwa halb so weit entfernt. Behalten Sie die Straße auf der anderen Seite des Tals im Auge, wo sie zum Blue Bird Cañon führt."

Und dann verstand Steve. In der klaren Luft über dem Tal stieg eine wachsende Staubwolke auf; Durch sie hindurch, aus den Schatten des Canyons und ins Sonnenlicht, schoss ein glitzerndes Auto, kaum mehr als ein heller Streifen, während es das kurvenreiche Gefälle entlangraste.

„Terry Temple?“ keuchte der junge Packard. Royce grunzte lediglich erneut.

„Schau nur zu“, war alles, was er sagte.

Und da Packard keine Einladung brauchte, schaute er zu. Die Sirene des Autos – er hatte noch nie eine vergleichbare Sirene gehört, er wusste, dass so etwas in keinem der Verkehrszentren der Welt toleriert würde – ließ erneut einen langen, heulenden Ton ertönen, der in wogenden Echos über das Tal hallte.

Dann wurde es still, als der langgestreckte Roadster die letzte gefährliche Kurve hinter sich hatte und ins Tal fuhr. Packard, selbst ein erfahrener Fahrer mit einer Menge rücksichtslosem Blut, öffnete den Mund und starrte.

Es war kaum zu glauben, dass die großen, sich drehenden Räder überhaupt auf dem Boden standen; Die Maschine wirkte eher wie ein Flugzeug, das damit zufrieden war, über die Erde hinwegzufliegen, aber nach Geschwindigkeit hungerte. Allein die Art und Weise, wie es stürzte und taumelte und abbog und erneut stürzte, zeugte davon, dass stark aufgepumpte Reifen mit Spurrillen und Spannlöchern zu kämpfen hatten.

"Der Dummkopf!" ‚‚‚ schrie er, als das Auto auf zwei Rädern eine Kurve bewältigte, ohne Anzeichen einer geringeren Geschwindigkeit. „Er wird zur Schildkröte. Er fährt gerade 60 Meilen pro Stunde. Und auf diesen Straßen –“

„Eher wahrscheinlich fünfundsiebzig“, grunzte Royce. „Kann zehnmal mehr machen. Draußen auf der Autobahn hat er saubere Hundert geschafft. Dieses Auto, mein Junge –“

„Er geht in den Graben!“ rief Steve aufgeregt aus.

Das Auto, das weiterraste, war bereits nahe genug, dass Steve seine beiden Passagiere erkennen konnte, einen Mann, der sich über das Lenkrad beugte, ein weiterer Mann oder Junge, denn die Gestalt war klein und klammerte sich wild an seinen Platz auf dem Trittbrett , schien immer in unmittelbarer Gefahr zu sein, abgeworfen zu werden.

"Er ist betrunken!" schnappte Packard wütend. „Von allen blinden Idioten!“

Ein weiterer schriller Hupenstoß ließ die biederen alten Kühe hin und her huschen, um aus dem Weg zu gehen, und der Wagen bog von der Straße ab, fuhr auf das offene Feld und steuerte direkt auf den Hügel zu, auf dem sich die beiden Reiter befanden. Steve ruderte mit seinem Pferd herum und ritt den Neuankömmlingen entgegen. Und dann--

„Mein Gott! Es ist mein Großvater! Er ist verrückt geworden, Bill Royce!"

„Kein Verrückter wie üblich", sagte Royce.

Das Auto kam plötzlich zum Stehen. Der Mann auf dem Trittbrett – er hatte das Gesicht eines Mannes, scharfe, scharfe und eifrige Augen und den Körper eines schmächtigen Jungen – sprang von seinem Platz herunter und verschwand blitzschnell unter dem Motor. Der Mann am Steuer richtete sich auf, stieg aus und streckte die Beine aus. Steve schwang sich aus dem Sattel, trat vor und musterte ihn mit fragenden Augen.

Und er war ein Mann zum Anschauen, der alte Packard. Voller Jahre war er nicht weniger voller Elan, gesund und unerschütterlich und voller Atemkraft. Ein großer weißer Bart, quadratisch geschnitten, fiel über seine volle Brust; Sein weißer Schnurrbart war jetzt genauso wild nach oben gelockt wie vor fünfzig Jahren, als er noch ein Mann gewesen war, den auch Frauen sehen konnten.

Er war so gekleidet, wie Steve ihn immer gesehen hatte, in schwarzen Cordhosen, hohen schwarzen Stiefeln und einem breiten schwarzen Hut – ein Mann, der über einen Meter achtzig groß war und sich so gerade hielt wie ein Ladestock, seine Brust so kräftig wie der Blasebalg eines Schmiedes, die Wade sein Bein war so dick wie der Oberschenkel manch Mannes; große, harte Hände, die Finger sind von der Anstrengung verdreht; das Gesicht war wettergegerbt wie das eines alten Kapitäns, mit Augen wie das gefrorene Blau eines klaren Winterhimmels.

Als er sprach, dröhnte seine Stimme plötzlich, tief, voll und herzhaft.

„Stephen?" er forderte an.

Steve sagte „Ja" und streckte seine Hand aus, seine Augen leuchteten, die überraschende Erkenntnis überkam ihn, dass er ungemein froh war, den Vater seines Vaters noch einmal zu sehen. Der alte Mann nahm die dargebotene Hand fest und hielt sie einen Moment lang fest, während er mit der anderen Hand auf der Schulter seines Enkels fest in Steves Augen blickte.

„Was für einen Mann haben sie aus dir gemacht, Junge?" fragte er unverblümt. „In jedem von uns steckt das Zeug zum Narren, Gauner und Weißen. Was für ein Mann bist du?"

Steve errötete ein wenig unter dem direkten, durchdringenden Blick, sagte aber ruhig:

„Kein Gauner, hoffe ich."

„Das ist etwas, wenn es nicht alles ist", schnaubte der alte Mann, als er seine Hand zurückzog und einen langen Stogie fand und anzündete. „Blenham hat mir erzählt, dass Sie ihn letzte Nacht gefeuert haben?"

Der junge Packard nickte und beobachtete das Gesicht seines Großvaters auf das erste Anzeichen von Widerstand. Aber im Moment verriet das Gesicht des alten Mannes nichts.

„Denkst du darüber nach, das Team selbst zu leiten, Stephen?" kam die nächste Frage leise.

„Ja. Ich hatte vorgehabt, in etwa einem Tag bei Ihnen vorbeizuschauen, um die Sache zu besprechen. Ich verstehe, dass mein Vater mir alles hinterlassen hat und dass es ziemlich stark an Sie verpfändet ist."

„Uhuh. Ich habe Phil ein richtig gutes Stück Geld für die Tannen und Las Nummer zehn überlassen, mein Junge. Du willst es heute Morgen doch nicht abbezahlen, oder?"

Steve lachte.

„Ich bin pleite, Grandy", sagte er leichthin und übernahm unbewusst den alten Titel für den Mann, der ihn Dutzende Male dazu gebracht hatte, ihn zu lieben und zu hassen. „Mein Betriebskapital, geschätzt gestern Abend, beläuft sich auf etwa fünfundsiebzig Dollar. Das würde nicht ganz den Ausschlag geben, oder?"

Die Augen des alten Mannes wurden schmal.

„Du meinst, dass fünfundsiebzig Dollar alles sind, was du zwölf Jahre lang vorweisen kannst?" fragte er scharf.

Wieder verstand Steve kaum, warum, und errötete. Sollte sich ein Mann schämen, dass er keinen Reichtum angehäuft hatte, besonders wenn in ihm nie das anhaltende Verlangen nach Gold bestanden hatte? Er schuldete niemandem einen Cent, er ging seinen eigenen Weg, er bat um keinen Gefallen – und doch lag ein Funke des Trotzes in seinen Augen, ein Hauch von Trotz in seinem Ton, als er kurz antwortete.

„Das ist alles. Ich habe das Leben nicht in Dollar und Cent gemessen."

„Dann hast du ein verdammt gutes Maß dafür verpasst, mein Sohn! Ich sage nicht, dass es das einzige ist, aber es wird erstklassig sein. Aber du brauchst keine Angst zu haben, ich bin in die gegangen." Sie predigen

Geschäftliches. ... Und mit diesen fünfundsiebzig Dollar fangen Sie an, so ein großes Kuhunternehmen zu leiten, oder?"

In den klaren blauen Augen lag ein spöttischer Schimmer, den Steve jedoch nicht zu erkennen gab.

„Ich habe eine große Aufgabe vor mir und das weiß ich", sagte er leise. „Aber ich werde es durchziehen."

„Es besteht kein Zweifel an der Größe des Auftrags! Er ist lebensgroß, mannsgroß – Nummer 10, wenn man es so ausdrücken will. Man braucht einen echten Mann, der ihn rüberschiebt. Wissen Sie, wie hoch Ihre Hypothek ist." für?"

„Nein. Ich wollte dich fragen."

„Fast fünfzigtausend Dollar, einschließlich unbezahlter Zinsen. Mehr, als Sie jemals an einem Tag gesehen haben, schätze ich."

Steve zuckte mit den Schultern. Dies, um seine erste Neigung zum Pfeifen zu verbergen. Fünfzigtausend – er wusste ja nicht, dass die Ranch Nummer zehn so viel Geld wert war. Aber es muss viel mehr wert sein, wenn sein Großvater darin so weit fortgeschritten wäre.

„Es ist ein hübscher kleiner Haufen", gab er nachlässig zu.

Der alte Mann grunzte, steckte die Hände in die Taschen und zog tief an seinem Stogie. Steve drehte eine Zigarette. In der Stille, die sich über sie legte, konnten sie das Geräusch des Schraubenschlüssels des Mechanikers hören.

„Stimmt etwas mit dem Auto nicht?" fragte Steve, um das unangenehme Schweigen zu brechen.

„Nicht, dass ich wüsste. Er wirft nur einen Blick darauf, um sicherzugehen, schätze ich. Dafür ist er da. Er weiß, dass ich im Handumdrehen wieder zu meinem Platz zurückkomme."

Steve lächelte; Über die Wagenstraße lag das Ranchhaus seines Großvaters fünfzig Meilen nördlich.

„Du denkst nicht daran, vor Mittag zurückzukehren."

„Werde ich nicht? Aber ich werde es trotzdem tun, mein Sohn. Blenham bleibt hier und wartet auf mein Wort – also was er als nächstes tun wird." Er klappte eine große Uhr auf und starrte einen Moment mit geschürzten Lippen darauf. „Ich bin in nur anderthalb Stunden wieder zu Hause. Ich habe heute Morgen nur fünfzehn Minuten Zeit, um mit dir zu reden."

„Du meinst, dass du diese fünfzig Meilen in anderthalb Stunden zurücklegen kannst!"

„Ich habe es in kürzerer Zeit geschafft; wenn ich es eilig hätte, würde ich es in einer Stunde schaffen. Aber wenn ich die Zeit einkalkuliere, möchte ich noch fünfzehn Minuten mehr. Und jetzt, wenn wir irgendetwas erreichen wollen." ——"

Er blieb plötzlich stehen und spielte mit seiner großen Uhr, während er sie durch die Schlaufe, die er aus ihrer schweren Kette gemacht hatte, hin und her ließ, sein Blick fest und ernst und forschend auf seinen Enkel gerichtet.

„Stephen", sagte er abrupt, „in meinem Alter spiele ich keine Favoriten mehr. Und ich werde keine großen Summen Geld verschenken, sei es durch Zufall. Mit so etwas hast du nicht gerechnet." , warst du?"

„Nein, das war ich nicht", verkündete Steve schnell. „Ich erinnere mich an Ihre alte Theorie, dass ein Mann seinen eigenen Weg ohne Hilfe gehen sollte, dass –"

„Dass er alles, was er hat, mit seinem einen Kopf und einem Paar Han bekommen muss. Nun, was ich zu sagen habe, ich werde eines nach dem anderen ausspucken: Erstens, ich möchte, dass du zu Besuch kommst." mich für einen Moment bei mir zu Hause. Wirst du es tun? Heute, morgen, wann immer du Lust dazu hast."

„Ja, das werde ich gern tun."

„Das ist gut. Nex‘, selbst wenn du der richtige Mann für den Job wärst, kannst du diese Ranch jetzt nicht retten; es ist zu spät, es gibt zu viel, das in zu kurzer Zeit ausgegraben werden muss. Ich habe meine Haken drin tief und wann immer das passiert, lasse ich nicht los. Ich möchte, dass du aufhörst, bevor du anfängst.

Steve wirkte überrascht.

„Sicherlich", sagte er verwundert, „wollen Sie nicht, dass ich Ihnen die Ranch überlasse, nur weil Sie zufällig die Hypotheken darauf halten?"

„Geschäft ist Geschäft, Stephen", sagte der alte Mann streng. „Manchmal ist das Geschäft bei Packards die Hölle. Das wäre das für dich. Ich habe angefangen, mir dieses Outfit zu besorgen, und ich würde es bekommen. Und wenn ich es tun würde, würde ich neben dem Einbrechen auch meine Zeit verschwenden." „Ihr alle in Stücke gerissen. Lasst es besser fallen."

Damit hatte Steve kaum gerechnet. Aber er antwortete ruhig, sogar leichthin.

„Ich denke, ich würde gerne versuchen, es zu halten.“

„Das sind zwei Dinge“, sagte der alte Mann Packard knapp. „Nummer drei ist das hier: Blenham erzählt mir, dass Sie Royce als Vorarbeiter unter Ihnen eingestellt haben?“

„Ich habe ihm die Stelle angeboten. Er könnte sie noch haben, wenn er sie wollte. Aber er lehnte ab. Ich habe den Job an einen Mann namens Barbee weitergegeben.“

„Barbee!“ rief der alte Mann. „Barbee! Dieser gelbe Kanarienvogel? Meinst du ihn?“

„Ja“, erwiderte Steve etwas steif. „Stimmt irgendetwas mit ihm nicht?“

„Ich habe sie nicht fünfzig Meilen zurückgelegt, um über Eichelhäher, Kanarienvögel und dergleichen zu reden“, knurrte sein Großvater. „Aber eines muss ich sagen: Diese Ranch wird mir bald gehören; das steht in den Karten, offen. Sie ist jetzt genauso gut wie meine. Ich betreibe sie selbst seit sechs Monaten.“ Ich will es richtig, verstehen Sie? Was wissen Sie über das Führen einer großen Truppe? Was weiß ein Kind ohne Schnurrbart wie Barbee darüber? Denken Sie, ich möchte, dass alles bis in die Ferse läuft, wenn es um mich geht? Nein, Sir! Ich nicht. Blenham kennt die Lage des Landes, Blenham kennt meine Wege, Blenham weiß, wie man Dinge führt. Ich möchte, dass Sie Blenham wieder an den Arbeitsplatz bringen!“

Steve biss sich auf die Lippe und hielt eine hitzige Antwort zurück.

„Großvater“, sagte er langsam, „angenommen, wir nehmen uns etwas mehr Zeit, um uns zurechtzufinden? Ich werde Sie um Rat bitten, wenn Sie es erlauben; ich werde versuchen, die Ranch auf dem neuesten Stand zu halten und“ – mit einem Lächeln – „in meinen Händen und außerhalb Ihrer Hände zu liegen. Das ist eine gute sportliche Angelegenheit. Aber Was Blenham betrifft –“

„Setzen Sie ihn wieder als Vorarbeiter ein und ich werde fair mit Ihnen reden. Ich möchte Blenham wieder hier haben, Stephen. Verstehen Sie das?“

„Und“, rief Steve schließlich ein wenig hitzig, „ich sage dir, dass ich die Ranch selbst leiten werde. Und dass ich Blenham nicht mag.“

„Verdammt“, schrie der alte Mann heftig, „hör den Jungen! Ich mag Blenham nicht, hm? Willst du die Ranch selbst leiten, hm? Warum, ich sage dir, sie ist im Moment genauso gut wie meine! Wie geht es dir?“ Bezahlen Sie Ihre Männer, wie kaufen Sie Futter für sie, wo finden Sie das Geld für die laufenden Kosten? Gehen Sie und erzählen Sie den Leuten, dass Sie eine Hypothek von fünfzigtausend Dollar bei mir haben und Sehen Sie, wie viel Sie obendrein von Ihnen verlangen. Oder kommen Sie zu mir und versuchen

Sie, sich noch mehr zu leihen, wenn Sie glauben, dass ich ein lockerer Kerl bin. Warum, Steve Packard, du – du bist ein Idiot! "

„Danke", sagte Steve trocken. „Das habe ich schon einmal gehört."

„Und du wirst es noch einmal hören, beim Herrn! In zehn Sprachen, wenn du Männer findest, die so viel Jargon reden. Hier komme ich und jage diesen ganzen Weg, um anständig zu dir zu sein, um zu sehen, ob das nicht der Fall ist." irgendwie kann ich dir helfen——"

„Hilf mir, mein Eigentum zu verlassen", ergänzte Steve. „Ich kann mich an nichts erinnern, was du sonst noch angeboten hast, für mich zu tun!"

„Ich habe es einmal gesagt", schrie sein Großvater, seine beiden großen Fäuste ballten sich plötzlich und hoben sie drohend; „Du bist ein heulender junger Arsch! Das ist das, was du für einen Mann geworden bist, Stephen Packard. Komm mit leeren Händen hierher und versuch, mich zu überwältigen, nicht wahr? Ich, der bessere Männer verhaftet hat als ihr alle." Mein Leben, ich, der meine Haken schon tief in dir steckt, ich, der nicht der alte Trottel ist, der alles, was ich Jahr für Jahr angehäuft habe, einem faulen, hilflosen Vagabunden überlassen könnte. Ich würde mich wehren Sie? Stecken Sie meine Männer ins Feuer und feuern Sie sie ab, kümmern Sie sich um meine Angelegenheiten – Na, Sie freches junges Hündchen, Sie: Ich werde dich dazu bringen, deinen Schwanz zwischen deine Beine zu stecken und wie ein Kiote zu heulen, bevor ich mit dir fertig bin !"

Steve sah ihn hoffnungslos an; Damit hätte er die ganze Zeit rechnen können, obwohl er zumindest auf Freundschaft gehofft hatte. Sollte es zu einem Zielkonflikt kommen, hätte er sich wünschen können, dass dieser in freundschaftlicher Weise ausgetragen würde. Aber wann hat der Höllenfeuer-Packard jemals dem Mann die Hand gegeben, gegen den er sich in irgendetwas gestellt hatte, wann hat er jemals einen Geschäftskonkurrenten ohne gespaltene Hufe, Hörner und stacheligen Schwanz gesehen?

„Es tut mir leid, dass du das so siehst, Grandy. Es ist nur natürlich, dass ich versuchen sollte, das zu behalten, was mir gehört."

„Dann halte den Mund, du junger Narr!" entbrannte der alte Mann. „Aber bitte mich nicht, meine Hand zu halten! Ich bin hinter deinem Zahn und deinem großen Zehennagel her! Wenn Ranch Nummer zehn nicht wirklich mir gehört, bevor du ein Jahr älter bist, möchte ich es wissen." Warum!"

„Ich denke", sagte der Enkel und kämpfte mit sich selbst um Ruhe und ruhige Sprache, „dass ich mit Ihrem Anwalt noch weitere Angelegenheiten besprechen kann. Überfällige Zinsen –"

"Rechtsanwalt?" donnerte Packard senior. „Seit wann habe ich jemals in meinem Stück die Forderung nach einem Anwalt und einem Anwalt erwähnt? Glauben Sie, ich sei ein Gauner, Sir? Wollen Sie unterstellen, dass ich ein Gauner bin?"

„Ich meine nichts dergleichen. Eine Hypothek ist eine rechtliche Angelegenheit, die Zahlung von Zinsen und Kapital –"

„Guy Little!" rief der alte Mann. „Guy Little! Willst du den ganzen Tag unter diesem Auto bleiben?"

Prompt erschien der Mechaniker mit fettigen und schwarzen Händen und Gesicht und nahm seinen Platz auf dem Trittbrett ein.

„Alles bereit, Sir", verkündete er unbeirrt.

Mit einem halben Dutzend Schritten erreichte sein Herr das Auto; In ebenso vielen Sekunden pochte der leistungsstarke Motor. Das kreischende Horn warnte, die stillen Herden im Tal hörten zu, hoben ihre Köpfe und standen stramm, bereit, je nach Bedarf hierhin oder dorthin zu huschen. Die Räder drehten sich, das Auto schlingerte über die Unebenheiten des Feldes, machte einen scharfen Schlenker, drehte sich, beschleunigte und sauste in Richtung Talstraße davon.

Dreimal, bevor sie in die Mündung des Blue Bird Cañon zurückschossen, bildete sich der Mechaniker ein, sein Arbeitgeber hätte gesprochen; Jedes Mal, wenn er zuhörte, konnte er kein anderes Geräusch als das des Motors und der rasenden Räder wahrnehmen. Einmal sagte er: „Sir?" und bekam als Antwort nur Schweigen.

Er schüttelte den Kopf und fragte sich; Es war nicht Packards Art, vor sich hin zu murmeln. Und wieder war er bereit, um sein Leben zu springen, als das große Auto eine gefährliche Kurve nahm, seine Augen waren nur wenige Zentimeter von den singenden Reifen entfernt auf die steile Böschung gerichtet, und er hörte durch den Druck des Spartons ein Geräusch, das sicherlich von der steilen Böschung gekommen sein musste Lippen des Fahrers.

„Was sagst du?" schrie Guy Little.

Keine Antwort. Er erhaschte einen flüchtigen Blick auf einen Bauern an der Spitze seiner beiden stürzenden Pferde, die der Mann eilig aus dem Weg geräumt und den Berghang hinaufgeführt hatte. Sie rasten weiter. Und wieder hatte Packard sicherlich etwas gesagt.

„Sprichst du mit mir?" namens Little.

Dann wandte Packard für den Bruchteil einer Sekunde den Blick von der Straße ab und sein Blick begegnete dem des Mechanikers. Die Augen des alten Mannes leuchteten seltsam.

„Verdammt, Guy Little", dröhnte er laut, „kann ein Mann nicht lachen, wenn er sich so fühlt?"

Und plötzlich dämmerte es Guy Little, dass der alte Mann, seit sie Ranch Nummer zehn verlassen hatten, entzückt kicherte.

KAPITEL VIII

IN RED CREEK TOWN

Die kleine Stadt Red Creek hatte eine ganz eigene Individualität. Hätte es überhaupt ein bürgerliches Gespür gehabt, hätte es stolz auf seine Zurückhaltung sein können. Es stand abseits vom Rest der Welt, in sicherer Entfernung von allen konkurrierenden Siedlungen, sogar misstrauisch abseits von seinem eigenen Bahnhof, der gut eine halbe Meile westlich in der Sonne brannte und Blasen bildete. Lange bevor der „Eisenpfad" die „Lücke" durchquert hatte, wuchs es hier willkürlich auf, ignorierte den Wink der glitzernden Schienen und weigerte sich, sich in Richtung der Verkehrsader auszudehnen.

Darüber hinaus erweckte Red Creek den nicht im geringsten falschen Eindruck, als würde es in zwei wachsame Gruppen zerfallen, die einander misstrauisch beäugten und zynisch und ungesellig veranlagt waren. Die Hauptstraße war so breit wie die Van Ness Avenue und in der Mitte erstreckte sich, wie eine Grenzlinie zwischen zwei feindlichen Lagern, ein Bach, der seinen Namen mit der Stadt teilte.

Die Ufer hier und da hatten die ziegelrote Farbe eines Bodens, dessen Hauptmineral Eisen war; hier und da waren sie von Weiden abgeschirmt. Es gab zwei unsicher wirkende Brücken, die nur selten von Männern überquert wurden.

Denn der Geist, der über der Geburt von Red Creek gebrütet hatte, als ein Schafhirte aus dem Norden und ein Kuhhirte aus dem Süden ihre Hütten einander gegenüber aufgestellt hatten, lebte jetzt weiter; Lange nachdem die alten Fehden vorbei waren und das gesamte Weideland den Viehzüchtern übergeben worden war, bot sich Red Creek eine neue Grundlage für Streitigkeiten.

Vieles davon wusste Steve Packard, da es zu seiner Zeit so war, bevor er auf Wanderschaft gegangen war; Vieles hatte er von Barbee in einem langen Gespräch mit ihm gelernt, bevor er die fünfundzwanzig Meilen ins Dorf gefahren war. Der alte Mann Packard hatte eine Schar von Gefolgsleuten an sich gezogen, da seine Interessen groß waren, es viele Lohnarbeiter und großzügige Löhne gab. Und überall auf dem Land, über das er seinen Schatten warf, hatte er eine stattliche Schar von Feinden herangezogen, Männer, mit denen er gekämpft hatte, Männer, die er pauschal als Lügner, Diebe und Halsabschneider gebrandmarkt hatte, Männer, deren Hypotheken er übernommen hatte, Männer, die er in dem großen Spiel, das er spielte, gebrochen hatte. Die nördliche Hälfte von Red Creek war üblicherweise und bezeichnenderweise als Packard's Town bekannt; Die südliche Hälfte verkaufte Alkohol und Waren und bot Essen und Unterkunft an Männer an, die wenig freundliche Gefühle für Packards „Menge" hegten.

Daher gab es in Red Creek zwei Saloons, die einander gegenüberstanden, jenseits der roten Narbe des Baches; zwei Geschäfte, zwei Imbissstände, zwei Schmieden , jeder beäugt seinen Rivalen neidisch. Zu diesem Zeitpunkt war das Postamt von der Packard-Fraktion gesichert worden; Die Opposition schnaubte verächtlich und machte darauf aufmerksam, dass der Polizist bei ihnen wohnte. Somit gab es Ehrungen.

Steve Packard fuhr am späten Nachmittag in die Stadt, sein Motiv war klar, sein Bedarf war dringend. Wenn Blenham seine zehntausend Dollar gestohlen hatte, für die er jetzt einen so dringenden Anruf hatte, dann war Blenham derjenige gewesen, der die großen Banknoten durch die kleinen ersetzt hatte; Es bestand die Möglichkeit, dass Blenham erst heute Abend vor einer Woche die Dollarnoten in Red Creek bekommen hatte. Wenn dies der Fall wäre, wollte Packard es wissen.

„Es gibt Dinge, Barbee", hatte er unverblümt gesagt, „die ich dir noch nicht sagen kann; ich kenne dich nicht gut genug. Aber eines kann ich sagen: Ich bin auf der Suche nach Blenhams Tag."

„Ich auch", sagte Barbee.

„Das ist einer der Gründe, warum Sie den Job haben, den Sie gerade innehaben. Es gibt jedoch einen Punkt, den Sie wissen müssen: Ich vermute sehr, dass Blenham aus seinen eigenen Gründen nicht zum letzten Mal hierher gekommen ist." Zeit auf Ranch Nummer zehn. Er wird zurückkommen; er wird nachts herumschnüffeln; er wird vielleicht schon in der ersten Nacht, in der ich weg bin, eine Möglichkeit finden, zu wissen, und dann kommt er. Da ist etwas, das er dort zurückgelassen hat und das er haben möchte. Zumindest mache ich meine Wette so. Und während ich weg bin, bist du Vorarbeiter, Barbee.

Ein flackerndes Licht tanzte in Barbees blauen Augen.

„Befehle von Ihnen, wenn Blenham nachts auftaucht –"

„Eine Waffe auf ihn werfen und ihn vertreiben! Der schnellste Weg. Heute Nacht möchte ich, dass du unter einem Baum hockst und wach bleibst – die ganze Nacht. Dafür kannst du zwei Tage frei haben, wenn du willst."

„Wenn ich dachte, er würde auftauchen", und die Stimme des Jungen war kaum mehr als ein eifriges Flüstern, „könnte ich nicht schlafen, selbst wenn ich es versuchen würde!"

Dann hatte Packard ein wenig über Red Creek gesprochen, seine wenigen Fragen gestellt und erfahren, dass Blenham seine Freunde in „Packard's Town" hatte, wo Dan Hodges vom Ace of Diamonds Saloon ein alter Kumpel war, dieser „Whitey" Wimble vom Old Trusty Der Saloon auf der anderen Straßenseite hasste sowohl Hodges als auch Blenham wie Gift.

„Wir Jungs", fügte Barbee hinzu, „hingen immer im Karo-Ass ab und waren Packards Männer. Wenn ich jetzt auf Tour bin, mache ich Freunde auf der anderen Straßenseite. Freunde sind manchmal nützlich." in Red Creek", fügte er lächelnd hinzu.

Wenn man von Osten nach Red Creek kommt, teilt sich die Straße an der ersten Brücke, wobei eine Gabelung zur nördlichen Hälfte der kreuzenden Straße wird, die andere zur südlichen Hälfte. Steve Packard, der seine Augen mit den beiden Reihen ähnlicher Hütten füllte, zögerte kurz.

Bisher hatte er sich immer auf die Seite Packards gestellt; Als Junge hatte er die rivalisierende Gruppe mit größter Verachtung betrachtet, sie als minderwertig angesehen und sie verhöhnt, wie ein Vollblut über einen unwürdigen Mischling die Lippen hebt. Das Vorurteil war alt und tief verwurzelt; Er verspürte ein subtiles Schamgefühl, als ob die Augen der Welt auf ihn gerichtet wären und beobachteten, wie er sich den „niederen Stinktieren und Schädlingen" zuwandte, die sein Großvater diese Bewohner des verleumdeten Teils genannt hatte.

Das Zögern war kurz; Er zügelte sein Pferd ungeduldig nach links und ritt direkt auf das prunkvolle Schild an der hohen falschen Fassade des Old Trusty Saloons zu. Doch so kurz seine Unentschlossenheit auch war, sie hatte kein Ende, bevor er am anderen Ende der Straße die unpassenden Linien eines Automobils erblickte – eines roten Rennsporttyps.

„Boyd-Merril. Twin Eight", dachte Packard. „Also treffen wir uns doch auf der gleichen Seite, Miss Terry Pert!"

Der Gedanke enthielt Keime von Inhalt. Wenn es zwischen ihm und seinem Großvater zu einem Revierkrieg kommen sollte, dann war es nur gut so, dass er und Terry auf derselben Seite stehen sollten, da die Temples offensichtlich bereits mit dem alten Mann Packard in Konflikt geraten waren Zaun, die gleiche Seite des Kampfes, die gleiche Seite von Red Creek.

Er kitzelte sein Pferd mit einem leichten Sporen; Trotz der Art und Weise ihrer letzten Begegnung konnte er sich mit gewisser Vorfreude auf ein weiteres Treffen freuen. Denn, sagte er sich nachlässig, sie amüsierte ihn ungemein.

Aber das Treffen war noch nicht so weit. Er sah Terry, unbeschwert, ja sogar frech gekleidet, als sie aus dem Laden kam und in ihr Auto sprang, sah, wie das helle Sonnenlicht in ihren hohen Stiefeln glitzerte, wie es auf ihrem fröhlich roten Schal flammte, wie es auf brüniertem Stahl glänzte Schnalle ihr Hutband an. Sie war selbst so hell wie ein Sonnenstrahl und liebte die fröhlichen Farben ihrer Umgebung. Über die Ferne leuchtete und funkelte sie förmlich.

In seinen Augen lag ein schwacher Anflug von Bedauern, als sie die Kupplung öffnete und davonsauste. Sie ging mit dem Rücken zu ihm die Straße hinunter und fuhr zum abgelegenen Bahnhof. Im Norden sah er eine wachsende schwarze Rauchwolke.

"Weggehen?" er fragte sich. „Oder einfach nur jemanden treffen?"

Aber er war mit einem Geschäft nach Red Creek gekommen, das in keinerlei Zusammenhang mit Terry Temple stand.

Er hatte herausgefunden, dass Blenham keine Zeit damit verschwendet hätte, die Ein-Dollar-Scheine für seinen Substitutionstrick zu besorgen, wenn es Blenham gewesen wäre, der zufällig auf Bill Royces Geheimnis aufmerksam geworden wäre, und zwar nicht länger als letzten Samstagabend. dass er sie, wenn er sie noch am selben Abend nach Red Creek abgeholt hätte, nachdem das Postamt und die Geschäfte geschlossen waren, in einem der beiden Saloons gesucht hätte; Da in den Viehstädten des Westens stets Bargeld herrschte, musste er möglicherweise beide Wirtshäuser aufsuchen, um sie zu holen.

Packard begann seine Ermittlungen im Old Trusty Saloon, dessen Türen einladend offen standen, sodass die schwache Nachmittagsbrise wehte.

In dem langen Raum sahen ein halbes Dutzend müßiger Männer mit mildem Interesse zu ihm auf und wandten ihre Augen kurz von Solitaire, Zeitungsspiel, Cribbage-Spiel oder was auch immer ab, als er eintrat, ihre nachlässige Aufmerksamkeit.

Ein Blick auf sie zeigte ihm kein bekanntes Gesicht. Er wandte sich der Bar zu.

Dahinter polierte ein Mann mit flinken, geschickten Händen Gläser. Steve erkannte ihn sofort als Whitey Wimble. Er war ein ausgesprochener Albino, sah ungesund aus, mit übergroßen, dünnen Ohren, kleinen, blassen Augen und Zähnen, die wie Kreide aussahen. Steve nickte ihm zu und drehte einen Dollar auf der Bar.

„Iss etwas", schlug er vor.

Wimble erwiderte sein Nicken, unterbrach das Polieren, schob ein paar der glitzernden Gläser nach vorne und holte eine Flasche hinter sich hervor.

„Grüße", sagte er apathisch und trank seinen Whisky mit der Begeisterung und dem Gesichtsausdruck eines Mannes, der die Anweisungen seines Arztes befolgt. „Fremder in Red Creek?"

„Ich war schon seit mehreren Jahren nicht mehr hier", antwortete Steve. „Ich habe die Stadt nie ruhiger gesehen. War früher ein ziemlich fröhlicher kleiner Ort, nicht wahr?"

„Es ist noch früh", sagte Whitey und widmete sich wieder seiner unterbrochenen Aufgabe. „Am Samstag werden bald die Jungs von den Ranches auftauchen. Dann ist es nicht immer so ruhig."

Packard machte seine Zigarette, zündete sie an und sagte dann beiläufig: „Wie sind Sie auf Dollarnoten in Ihrem Tresor eingestellt?"

„Nary", erwiderte Whitey Wimble, ohne sich die Mühe zu machen, in seine Kasse zu schauen. „Wir sehen in Red Creek nicht allzu viel Lumpengeld."

„Ich schätze, das ist so", gab Steve zu. „Manchmal sind sie jedoch praktisch, wenn man einen Dollar in einem Brief oder etwas in der Art verschicken möchte."

„Das ist auch eine Tatsache; daran habe ich nie gedacht." Was zweifellos stimmte, da er nie Briefe schrieb oder empfing.

„Männer hier haben nicht viel mit Papiergeld zu tun, oder?" fuhr Packard nachlässig fort, sein Interesse schien sich auf seinen Zigarettenrauch zu konzentrieren. „Ich wette, ein Mann, der trinkt, niemand sonst hat dich in den letzten sechs Monaten um einen Dollarschein gebeten."

„Du würdest verlieren", sagte Whitey. „Ich hatte drei davon für ein Waschbäralter in der Schublade; der Kerl hat mich neulich Abend einfach danach gefragt."

"Ja?" Er verbarg seinen Eifer, als er einen Vierteldollar nach vorne warf. „Dann geht der Drink auf mich. Gib mir eine Zigarre."

Auch Whitey nahm eine Zigarre und deutete freundlich auf die bessere Schachtel.

„Wer hat dich um das Papiergeld gebeten?" Steve fuhr fort. „Vielleicht hat er einen, den er nicht braucht."

„Es war Stumpy Collins. Der Schuhputzer auf der anderen Straßenseite."

„Ich werde ihn aufsuchen; gestern hatte er sie, sagst du?"

Wimble schüttelte den Kopf, dachte einen Moment darüber nach und sagte:

„Es war letzter Samstagabend; ich erinnere mich, weil da eine richtig kluge Menschenmenge da war, ich war beschäftigt und Stumpy hat mich so lange belästigt, bis ich mich um ihn gekümmert habe. Er wird davon nichts übrig haben, Allerdings ist es nicht Stumpys Art, sein Geld lange zu sparen. Zum ersten Mal hatte ich jemals erlebt, dass er drei Dollar auf einmal hatte.

Vom Old Trusty ging Steve über die Straße und ließ sein Pferd vor Wimbles Tür zurück, wo es eine große Pappel und einen angenehmen Schatten gab. Als er die zweite der beiden Brücken überquerte, richtete er seinen Blick auf den Bahnhof. Der rote Tourenwagen glänzte im Sonnenschein, gerade fuhr ein Güterzug ein, Terry war nicht zu sehen.

„Sie wird essen, bevor sie nach Hause geht", dachte er und beschleunigte seinen Schritt zu Hodges' Haus, dem Karo-Ass. „Ich sehe sie an der Mittagstheke."

Neben dem Karo-Ass stand ein Schuhputzerständer, ein verrücktes, selbstgemachtes Ding mit staubiger Sitzfläche. Der Besitzer von Pinsel und Politur war nirgends zu sehen. Steve ging vorbei und bog an der Saloon-Tür ein, da er zu Hodges, Blenhams Kumpel, kommen wollte. Denn es bedurfte kaum einer Vorstellung, um zu vermuten, dass es Hodges auf Blenhams Geheiß oder Blenham selbst gewesen war, der Stumpy über die Straße zum Old Trusty geschickt hatte.

Hier, wie auch an Wimbles Stelle, tummelten sich ein paar Männer untätig; Hier wie dort stand der Wirt hinter seiner eigenen Bar. Hodges, ein kleiner, untersetzter Mann mit Hals, Brust und Schultern eines Preisboxers und einem breiten, schmallippigen Mund, beugte sich in schmutzigen Hemdsärmeln vor und kaute auf einem feuchten Zigarrenstummel.

„Hallo, Fremder", bot er beiläufig an. "Was ist das Wort?"

„Kennen Sie Blenham, nicht wahr?" fragte Steve leise. „Funktioniert für den alten Packard."

„Klar, ich kenne ihn. Was ist mit ihm?"

„Hast du ihn in letzter Zeit gesehen?"

„Vor zehn Minuten. Warum? Willst du ihn?"

Damit hatte Packard nicht gerechnet, da er keine Ahnung hatte, dass Blenham in der Stadt war. Er zögerte und sagte dann schnell:

„Ist noch nicht weg, oder? Wo ist er jetzt?"

„Runter zum Depot. Ich schleppe einen Rock nach. Und auch einen Rock, nimm ihn mir."

Er lachte.

Steve wollte plötzlich dem breiten, hässlichen Gesicht eine Ohrfeige geben. Da er jedoch keinen logisch hinreichenden Grund für die Tat formulieren konnte, sagte er stattdessen:

„Vielleicht sehe ich ihn, bevor ich mich zurückziehe. Wenn nicht, fragen Sie ihn, ob er so ein Bündel verloren hat?"

Flüchtig ließ er die kleine Banknotenrolle vor Hodges Augen aufblitzen.

„Greenbacks?" fragte Hodges. "Wie viel?"

Packard lachte.

„Nicht so sehr", sagte er leichthin. „Aber genug, um einen Hut zu kaufen!"

„Wenn Hüte zehn Dollar oder weniger verkaufen?" wagte Hodges.

Packard tat so, als ob er überrascht aussah.

„Was wissen Sie darüber, wie viel in dieser Rolle ist?" fragte er unschuldig.

„Ein-Dollar-Scheine?" sagte Hodges. „Zehn davon?"

„Du siehst nicht wie ein Gedankenleser aus."

„Nun, du hast Recht damit, dass das Bündel von Blenham ist. Lass es bei mir, wenn du willst. Ich werde dafür sorgen, dass er es bekommt. Es ist nicht genug da, was ein Mann stehlen könnte", fügte er beruhigend hinzu.

„Woher wissen Sie, dass es Blenhams ist? Wenn er Ihnen gesagt hätte, dass er es verloren hat, hätte er Ihnen gesagt, wo. Wie lautet die Antwort? Wo habe ich das gefunden?"

„Blenham hat nicht gesagt, dass er nichts verloren hat. Aber ich weiß, dass es ihm gehört, weil er die meisten Rechnungen von mir bekommen hat."

„Sag mir wann", und Packard hielt die Rolle fest in der Hand, „und ich lasse sie bei dir."

„Las' Samstagabend", sagte Hodges nach einem kurzen Moment des Nachdenkens.

Packard warf das kleine Brötchen zur Bar.

„Da ist das Geld. Sag Blenham, dass ich dachte, es wäre seins!"

Als er sich zur Tür umdrehte, war ihm plötzlich die Gewissheit klar: Blenham hatte die zehntausend Dollar gestohlen, und der Diebstahl war erst letzten Samstagabend begangen worden. Nur eine Woche – es bestand die Chance –

„Hey, da", rief Hodges. „Wem soll ich hier noch sagen? Welchen Namen, Fremder?"

Steve drehte sich um und betrachtete ihn kühl.

„Sag ihm, dass Steve Packard angerufen hat. Steve Packard, Chef von Ranch Number Ten."

Und Dan Hodges, so dämlich er auch war, hatte das Gefühl, dass etwas nicht stimmte. Der Ausdruck in den Augen des Fremden hatte sich schnell verändert, die Augen waren hart geworden. Steve ging hinaus. Als er den Bürgersteig erreichte, erhaschte er einen flüchtigen Blick auf ein rotes Auto, das vom Bahnhof stadtwärts raste. Dahinter kam Blenham, im Staub reitend.

KAPITEL IX

„ES IST MEIN KAMPF UND SEINER. LASSEN SIE IHN LOS!"

Steve Packard erreichte schnell die Westbrücke, kurz bevor die Vorderreifen von Terrys Auto auf die schweren Planken schlugen. Er sah, wie Blenham hinter ihr herlief, und wusste, dass Blenham ihn gesehen hatte.

Aber seine Augen waren jetzt auf Terry gerichtet. Auch sie hatte ihn nur wenige Meter von ihnen entfernt erkannt. Sie gab ihm warnend einen Hupenstoß, bremste nicht mehr ab, als für die scharfe Kurve nötig war, und überquerte die Brücke. Er las es in ihren Augen, dass es für Miss Terry eine bleibende Freude wäre, wenn sie ihn aus dem Weg räumen könnte; Die Hupe sagte: „Du gehst zur Seite, oder ich überfahre dich!"

Ohne die Absicht, unter die Räder zu geraten, wartete Steve bis zum letzten Moment und sprang dann. Aber nicht zur Seite, wie Terry erwartet hatte. Er gehorchte seinem Impuls und nutzte seine Chance, sprang zu ihrem Trittbrett, während sie über die hüpfenden Planken der Brücke flitzte, und hielt sich an der Tür ihres Wagens fest, um sich zu stützen. Nachdem er das Kunststück sicher geschafft hatte, grinste er in Terrys erschrockene Augen.

„Wir sehen uns wieder", lachte er gesellig. "Hallo!"

Mit fest zusammengepressten Lippen richtete sie ihre Aufmerksamkeit für einen Moment auf ihr Lenkrad und die holprige Straße vor ihr. Ihre Wangen waren rot und wurden immer röter. Vielleicht hatte es ein Dutzend Männer hier und da auf der Straße gesehen. Sie hatte gewollt, dass sie es sahen; Es hätte sie nicht wenig gereizt, wenn sie bemerkt hätten, wie Steve Packard wild an den Straßenrand flog, während sie vorbeischoss. Sie hatte nicht damit gerechnet, dass er etwas anderes tun würde.

„Schlau!" sie weinte heftig.

„Klug genug, um von unten herauszuklettern, als ein von einem Totschläger gelenktes Auto vorbeikommt", kicherte er, spürte einen Vorteil und empfand große Freude daran. „Weißt du nicht, junge Dame, dass man manchmal vorsichtig sein muss? Wenn du mich jetzt überfahren hättest –"

„Geben Sie Recht", schniefte Terry.

„Ja, aber denken Sie nach! Einen Mann zu überfahren, der noch keine Zeit hatte, ihm die Sporen abzunehmen, warum hatten Sie alle möglichen Chancen, einen Reifenschaden zu bekommen? So etwas möchte man nicht vergessen."

Terry biss sich auf die Lippe, trat aufs Gaspedal, schwang sich über die Straße, bog rücksichtslos ab und blieb vor der Essenstheke stehen.

„Weißt du", bemerkte Packard leichthin und ignorierte die Tatsache, dass sie ihm nur mit der Verachtung ihres Schweigens geantwortet hatte, „du erinnerst mich an meinen Großvater. Tatsache! Ihr beide habt den gleichen kleinen Trick beim Autofahren. Ich frage mich, was passieren würde." wenn Sie und er sich auf einer schmalen Straße treffen würden?"

„Zumindest", sagte Terry und beäugte ihn kriegerisch, „ist er ein Mann, wenn er ein Schurke ist. Nicht nur ein Landstreicher!"

„Oh, ich wollte dich nicht einen Schurken nennen! Und ich wollte auch nicht sagen, dass du mir männlich vorkamst. Natürlich –"

„Oh, du machst mich krank!" rief Terry. Und sie blitzte von ihm weg und ging in den Speisesaal.

Er folgte ihr mit fragendem Blick. Dann warf er einen Blick auf die andere Straßenseite. Blenham war vor dem Karo-Ass abgestiegen und sah zu. Als Packard sich umdrehte, ging Blenham in Hodges' Saloon.

„Ich frage mich, was er zu sagen hat, wenn Hodges ihm seine Rolle gibt?" überlegte Packard.

Nun, er hatte sein Ziel erreicht. Er hatte heute Nachmittag in Red Creek alles getan, was er sich erhofft hatte, und sich versichert, dass sein Verdacht gegen Blenham durch die Tatsache gerechtfertigt war und dass der Diebstahl erst eine Woche alt war. Er ging langsam vor dem Old Trusty zu seinem Pferd zurück. Aber seine Augen runzelten nachdenklich die Stirn.

Was wäre Blenhams nächster Schritt? Was würde Blenham tun, was würde er sagen, wenn Hodges ihm Packards Nachricht überbrachte? Könnte er in einem unvorsichtigen Moment einen Hinweis auf die Antwort auf die andere Frage geben, die nun zur einzigen Überlegung geworden war: „Waren die größeren Banknoten noch auf Ranch Nummer zehn versteckt oder hatte Blenham sie bereits entfernt?"

Anstatt aufzusitzen, um davonzureiten, hängte Packard die Sporen an sein Sattelhorn und ging wieder zu Whitey Wimbles Haus.

Der späte Nachmittag ging in die Dämmerung über, die ersten Sterne kamen zum Vorschein, Whitey Wimble zündete seine Lampen an. Steve, der durch das Schnurren eines Motors darauf aufmerksam gemacht wurde, wusste, wann Terry den Speisesaal verließ und zum Laden fuhr, um die Frau des Ladenbesitzers zu besuchen. Würde sie über Nacht in der Stadt bleiben? Es begann so auszusehen, als wäre sie es.

Auf der anderen Straßenseite kam Hodges heraus und zündete die großen Lampen an beiden Seiten seiner Tür an. Ein Cowboy sprang von seinem Pferd und ging hinein. Seine Sporen blinkten im Lampenlicht, als wären Juwelen daran befestigt. Ein Rollbrett fuhr vor und zwei weitere Männer gingen hinter ihm her. Plötzlich schallte eine Stimme in schallendes Gelächter. Der Samstagabend war gekommen. Wie Whitey Wimble vorhergesagt hatte, tauchten die Jungs auf und Red Creek war bereit, etwas von seiner grüblerischen Nachmittagsruhe zu verlieren.

Wieder einmal überquerte Packard die Brücke und ging über den hallenden hölzernen Bürgersteig zum Karo-Ass. Ein Dutzend Reitpferde waren an der Deichsel festgebunden. Unter ihnen war Blenhams Weißfußbrauner. Auf und ab der Straße kamen und gingen glühende Zigarettenstummel wie Glühwürmchen. Vor dem Saloon bildete eine Anzahl Männer eine gutmütige, sprachlose Menge, von denen die meisten ihre ersten Drinks getrunken hatten und sich wie im Dienst an einem Samstagabend zu beleben begannen.

Ein vierspänniger Wagen kam von Osten her in die Stadt gerast, um seinen Inhalt, große, stämmige Männer, vor Hodges' Tür auszuschütten. Unter ihnen erkannte Packard einen Mann. Er war der Holzfällerkoch, von dem er neulich Kaffee und Kuchen bekommen hatte, an jenem Morgen, nachdem er sich geweigert hatte, Terrys coole Einladung zum Frühstück anzunehmen.

„Morgen muss ich bei diesen Kerlen vorbeischauen", dachte er, als sie ausgelassen und eifrig an ihnen vorbeistreiften. „Grandy hat sicher den Mut gehabt, mein Holz zu fällen, ohne auch nur einen Nebenurlaub zu machen."

Ihr Vorarbeiter war bei ihnen; Ein Blick erkannte ihn. Er gehörte zu dem Typ, den der alte Mann Packard immer zum Anführer einer Packard-Einheit auswählte, eine Art selbstbewusste Meisterschaft in seinem Gang, der größte Mann von ihnen, ungepflegt und schwerfällig, mit einem brutalen Gesicht und harten Augen. Joe Woods, sein Name. Packard hatte bereits von ihm gehört, einem Raufbold und Raufbold, aber mit seinen schwieligen Fingern ein fähiger Holzfäller. Er folgte den Männern in den Saloon.

An seinem Platz hinter der langen Theke war Hodges damit beschäftigt, dringende Bestellungen zu erfüllen und das Geld entgegenzunehmen, das er für so gut wie sein eigenes hielt, sobald es die Tasche des Zahlmeisters verließ. Aber es fiel Packard auf, dass der Barkeeper nicht glücklich wirkte; Sein Gesicht war gerötet und heiß, seine Augen sahen besorgt aus. Ab und zu warf er einen kurzen Blick auf Blenham, der an der Bar am anderen Ende lehnte, langsam ein leeres Whiskeyglas in seiner großen Hand drehte und stirnrunzelnd ins Leere starrte.

„Hodges ist ein Narr und das hat man ihm gerade gesagt!" war Steves Antwort auf die Situation.

„Hallo, Blenham!" namens Big Joe Woods. „Trink etwas."

„Nein", knurrte Blenham tief in seiner Kehle. „Ich will es nicht. Ich—
—"

Sein Blick richtete sich auf den Chef des Holzfällers, wanderte weiter und ruhte auf Steve Packard. Er brach abrupt ab, sein Blick veränderte sich, war forschend und schien voller Fragen zu sein.

„Das Geld bekommen, das ich Hodges für dich gegeben habe?" fragte Packard, als er den Raum betrat. „Die zehn Ein-Dollar-Scheine, die du zurückgelassen hast?"

„Sie gehörten nicht mir", sagte Blenham schnell, seine Hand umklammerte das Whiskyglas hart und sein Verhalten war ein wenig nervös. „Ich habe Dan gesagt, er soll sie dir zurückgeben."

Steve lächelte.

„Komisch", sagte er nachlässig. „Hodges sagte –"

„Ich habe einen Fehler gemacht", rief Hodges scharf. „Ich habe Blenham mit einem anderen Typen verwechselt. Ich weiß hier nichts darüber." Er knallte die kleine Rolle auf die Theke. „Komm und hol es dir, wenn du es willst." Packard trat sofort vor und nahm das Geld entgegen.

„Ich dachte, es gäbe eine Chance, zehn Dollar, leichtes Geld, zu verdienen, wenn ich dafür einfach über die Straße gehen würde", sagte er und blickte freundlich von Hodges zu Blenham. „Klar, ich will es. Es ist Glücksgeld; wussten Sie das nicht? Wissen Sie, wenn ein Mann etwas verliert, verliert er einen Teil seines Glücks damit; wenn ein anderer Mann es bekommt, bekommt er auch das Glück dazu. Danke." , Blenham.

Blenham gab keine Antwort. Seine Augen leuchteten vor Wut und waren dennoch beunruhigt von Unsicherheit. Die Unsicherheit war da, um von dem erkannt zu werden, der eifrig danach suchte. Blenham wusste nicht, in welche Richtung er springen sollte. Aus dieser Tatsache zog Steve eine tiefe Befriedigung. Denn es hätte keinen Grund zur Unentschlossenheit gegeben, wenn Blenham gewusst hätte, dass er diese anderen, größeren Banknoten sicher hatte.

Im hinteren Teil des langen Raums teilte ein Mann Karten über siebeneinhalb aus. Wie um die Wahrheit seiner Prahlerei über „Glücksgeld" zu demonstrieren, trat Steve mit der Geldrolle in der Hand an den Tisch. Ihm wurde eine Karte ausgeteilt. Ohne es aufzudrehen, um es anzusehen, schob er es unter die zehn Geldscheine.

"Stehen?" sagte der Händler.

Steve nickte.

„Ich spiele mein Glück", antwortete er.

Der Dealer richtete seinen glanzlosen Blick auf Steves Karte, dann auf seine eigene, die er aufdeckte. Es waren die Kreuzvierer.

„Ich habe eine Ahnung, die Sie überwältigen wird, Partner", sagte er lustlos. „Aber ich komme wieder."

Er drehte eine weitere Karte um, eine Zwei.

„Das wird dich um Längen schlagen", schlug er vor. Er beugte sich vor, um Steves Karte zu holen. „Es sei denn, du hast eine Sieben im Ärmel."

Und eine Sieben war es; die leuchtend rote Herz-Sieben. Der Händler zahlte zehn Dollar an Steves zehn.

"Komm wieder?" er hat gefragt.

„Heute Abend nicht", erwiderte Packard. „Ich brauchte nur einen Flatter, um es Blenham zu zeigen."

Er drehte sich um und sah, dass Blenham bereits leise aus dem Zimmer geschlüpft war. Dan Hodges kam gerade mit feuerrotem Gesicht aus dem Kartenraum zurück. Bei ihm war der große Holzboss.

„Blechhorn!" schrie Joe Woods Packard an. „Aufgeben!"

Eine schnelle Freude stieg in Steve Packards Herzen auf; Er hatte Recht mit Blenham. Voller Sorge war Blenham bereits gegangen und würde zur Ranch Nummer zehn zurückeilen, um sich zu vergewissern, ob die zehntausend Dollar sicher waren oder vom rechtmäßigen Besitzer bereits entdeckt worden waren. Er war eilig davongeschlüpft, hatte sich aber nach Art eines vorsichtigen, praktischen Mannes die Zeit genommen, sich mit Dan Hodges zu beraten, und Joe Woods beauftragt, Packard hier festzuhalten. Und obwohl er sich nicht erinnern konnte, jemals zuvor vor einem Kampf davongelaufen zu sein, war Steve Packard im Moment fest davon überzeugt.

„Joe Woods, glaube ich?" sagte er kühl, während sein Geist mit dem neuen Problem einer neuen Situation beschäftigt war. „Chef des Holzfällers auf der Ostseite von Nummer Zehn? Ich hatte vor, morgen auszureiten, um mit dir ein paar Worte zu reden, Woods."

"Also?" rief Woods. „Was hat es mit diesem Wort heute Abend auf sich?"

„Habe keine Zeit", war die schlichte Erwiderung. „Ich bin jetzt auf der anderen Straßenseite, bei Whitey Wimble."

„Da gehörst du hin", knurrte Woods, sein Unterkiefer vorgereckt, seine ganze Haltung voller streitsüchtiger Absichten. „Drüben bei der White Rat's mit dem Rest der Willies!"

Das allgegenwärtige Packard-Temperament drang in Steves Kopf ein, pochte in seinen Schläfen und hämmerte seinen Puls entlang. Er hatte noch nie zuvor einen Mann erlebt, der ihn so anlockte. Aber er bemühte sich, sich nur an Blenham zu erinnern, um eine Bestandsaufnahme der Tatsache zu machen, dass dies ein Teil von Blenhams Spiel war und dass zu diesem Zeitpunkt jeder Ärger mit jemand anderem als Blenham vermieden werden sollte. Obwohl ihm die Röte ins Gesicht stieg und ein kleiner Funke Feuer in seine Augen schoss, sagte er kurz:

„Dann gehe ich besser rüber, nicht wahr? Bis morgen früh, Woods."

Aber es gibt immer das Wort, das heißes Blut in den kühlsten Kopf peitscht, einem Mann seine Vorsicht entzieht und stattdessen Wut einflößt, und Joe Woods, ein ausgesprochener Mann und nie ein subtiler Mann, legt seine Zunge darauf. Im selben Moment gab Packard den Gedanken an Randthemen wie einen Mann namens Blenham und versteckte Banknoten auf.

Er schrie unartikuliert auf, sprang vor und schlug zu. Joe Woods taumelte unter dem ersten Schlag mitten ins Gesicht, taumelte unter dem zweiten und wurde zurück in die dichtgedrängte Menge seiner Anhänger getragen.

Die Männer um ihn und Packard zogen sich hin und her zurück und ließen freien Platz auf dem Boden, um die beiden Paar schlurfender Stiefel unterzubringen. Joe Woods wischte sich mit dem Rücken seiner großen, haarigen Hand über die Lippen, sah Blutspuren und stürmte los. Das Geräusch von Schlägen und Schlägen, von leisem Grunzen und von scharrenden Füßen waren eine Zeit lang die einzigen Geräusche, die man in Hodges' Saloon hörte.

The men about him and Packard withdrew this way and
that leaving empty floor space

**[Abbildung: Die Männer um ihn und Packard zogen sich
hin und her zurück und hinterließen leere Bodenfläche.]**

Packards Angriff war schnell und sicher gewesen und nicht ohne ein
gewisses Geschick; dagegen stellte Woods alles auf, was er hatte:
schwerfällige Kraft, langsame, brutale Kraft, breitrückige, tiefbrüstige
Ausdauer. Aber von Anfang an war allen Zuschauern klar und Woods selbst
vermutete, dass er sich für den falschen Mann entschieden hatte.

Steve war größer, hatte eine größere Reichweite und wurde von den
Göttern mit einer geschmeidigen Kraft gesegnet, die nicht weniger als die
bärische Kraft des Holzbosses war. Mit zehn Schlägen, bei denen beide
Männer schwindlig hin und her schaukelten, war es eindeutig Steve Packards

Kampf. Aber in Joe Woods' Augen lag eine dumpfe, verbissene Beharrlichkeit, als er erneut den Kopf schüttelte und zum Angriff überging.

Steve schlug auf den Bauch und landete – hart. Woods verdoppelte sich; der Schweiß lief ihm in Tropfen auf die Stirn; Sein Gesicht wurde plötzlich krankweiß. Aber das Leuchten in seinen Augen, als er erneut den Kopf hob, war unverändert.

„Er kann mich lecken – ich weiß es! Er kann mich lecken – ich weiß es!" Er murmelte und murmelte weiter. „Aber, bei Gott, er muss es tun!"

Und Steve tat es und die Männer sahen seltsam zu und beurteilten ihn erneut. Er ertrug Woods' Schläge, wenn er musste, und spürte, wie der Schmerz durch seinen Körper fuhr; aber er stand auf und schlug zurück und forcierte den Kampf stetig, drängte seinen Gegner unerbittlich zusammen und schien immer schneller und härter zuzuschlagen.

Es war eine blutende Faust, die in Joe Woods' pochende Kehle getrieben wurde, gefolgt von der anderen Faust, die kolbenartig in Joe Woods' Bauch schlug, was den Kampf beendete.

Der größere Mann brach zusammen und sank langsam zu Boden wie einer seiner eigenen Bäume, der gerade umstürzte, und lag da und blickte mit trüben Augen in Packards Gesicht. Steve stieg über ihn hinweg und ging zur Tür.

„Wir sehen uns morgen früh, Woods", keuchte er.

Aber wieder schlurften Stiefel über den Boden und schon standen mehrere Männer, darunter Dan Hodges, zwischen ihm und der Tür. Ihm wurde klar, dass Blenham nachdrückliche Befehle gegeben haben musste und dass Blenham die Kunst hatte, Gehorsam zu fordern.

„Halten Sie ihn hier fest", schrie Hodges, und da er ein kleingeistiger Mann war, zog er sich hastig unter Steves Augen zurück und schob einen anderen Mann vor sich her. „Behalten Sie ihn für den Sheriff. Ich beginne einen Streit an meiner Stelle – das stört den Frieden, das ist es! Ich werde es nicht ertragen!"

Packard zog sich zwei oder drei Schritte zurück, seine Augen wurden schmal. In diesem Moment war er sich sicher, was er in den Gesichtern von mindestens drei der Männer sah, die ihm gegenüberstanden; Sie würden ihn zusammen angreifen.

Aber jetzt war Joe Woods wieder auf den Beinen. Packard zog sich noch weiter zurück und erreichte die Wand hinter sich. Und dann kam eine Ablenkung. Es war Joe Woods, der lautstark sprach:

„Ich habe fair gegen ihn gekämpft und er hat mich geleckt. Glaubst du, ich bin die Art She-Man, die dafür steht, dass ihr euch in meinen Kampf einmischt? Haltet euch zurück und lasst ihn gehen!“

„Blenham hat gesagt –“, schrie Hodges.

„Verdammter Blenham und du auch“, knurrte Woods. „Es ist mein und seiner Kampf. Lass ihn gehen!“

Sie ließen ihn los und lösten sich langsam voneinander. Mit wachsamen Augen ging Steve die kleine Gasse entlang, die sie bildeten. An der Tür drehte er sich um und sagte kurz:

„Wir sehen uns morgen früh, Woods!“

Dann ging er raus.

KAPITEL X

EINE FAHRT MIT TERRY

Als Steve Packard sofort zum Old Trusty zurückkehrte und an Terrys Auto vorbeikam, das immer noch vor dem Laden stand, bat er um die Benutzung eines Telefons. Whitey nickte in Richtung des Büros, einem kleinen Raum, der kaum vom größeren Raum abgetrennt war. Einen Moment später antwortete Barbees Stimme von Ranch Nummer zehn.

„Er ist unterwegs, Barbee", sagte Steve schnell. „Ich habe Red Creek erst vor ein paar Minuten verlassen. Ich werde ihn verfolgen. Geben Sie ihm die Chance, ein wenig umherzustreifen; versuchen Sie herauszufinden, was er sucht. Aber lassen Sie ihn nicht ungeschoren davonkommen! Verstanden? Schießen Sie ihm die Beine raus." Wenn es sein muss, ziehst du ihn unter ihm weg. Ich gebe dir einen Monatslohn für die Nachtarbeit, wenn du ihn mit der Ware festnagelst."

Er legte den Hörer auf und ging wieder auf die Straße, ohne auf die vielen Blicke zu achten, die ihm folgten. Sie wussten, wer er war; sie spekulierten über ihn. „Der Großvater des alten Packard", hörte er einen Mann sagen.

In der dichten Dunkelheit unter der Pappel dauerte es mehrere Minuten, bis er sicher war, dass sein Pferd verschwunden war. Er hatte das Tier selbst angebunden; Es gab kein herabhängendes Seilstück, das auf einen Bruch des Spannseils hindeutete. Blenham, der Praktiker, hatte einfach auf Details geachtet.

„Blenham hat keine einzige Wette verpasst", dachte er wütend.

Er drehte sich um und betrat den Saloon erneut. Das Stimmengewirr im langen Raum verstummte sofort, als die Blicke vieler Männer erneut über ihn wanderten. Es fiel ihm auf, dass sie alle über ihn gesprochen hatten; er wusste, dass sie die Zeichen markiert haben mussten, die Joe Woods' Fäuste auf seinem Gesicht hinterlassen hatten; Er stand einen Moment da und schaute zu ihnen hinein, wobei er sich zum ersten Mal bewusst wurde, dass sein rechtes Auge schnell anschwoll, und versuchte abzuschätzen, was diese Männer aus ihm machten.

Ihm schien, dass das einzige Gefühl, das er an allen Händen und in unterschiedlichem Ausmaß wahrnahm, Misstrauen war. Kein Grund zur Überraschung: Er war ein Packard und dies war nicht die Packard-Seite von Red Creek.

„Jemand hat mich zu Fuß geschickt“, verkündete er knapp. „Ich habe mein Pferd angebunden draußen gelassen. Es ist jetzt weg. Weiß jemand von euch Jungs etwas darüber?“

Sie zeigten ihr Interesse. Hier spielte ein Mann nicht leichtfertig mit dem Pferd eines anderen. Aber auf seine direkte Frage gab es keine Antwort.

„Ich muss reiten“, fuhr er leise fort. „Wer kann mir für die Nacht ein Reitpferd leihen? Ich zahle das Doppelte dessen, was es wert ist.“

Whitey Wimble wischte mit seinem nassen Handtuch lange über seine Bar.

„Wenn du um einen Gefallen bittest, scheint es mir, dass du auf der falschen Straßenseite bist, nicht wahr, Fremder?“

„Das heißt, ich bin ein Packard?“

„Du hast mir die erste Zeit verschafft. Das da drüben ist Packard's Town. Deine Leute —“

„Schau mir ins Auge!“ dann sagte Steve schnell.

Ein großer Mann mit dünner kleiner Stimme am anderen Ende des Raumes kicherte.

„Ich habe es bereits gesehen“, sagte Wimble.

„Kennst du Joe Woods? Nun, er hat genau so einen. Kennst du Blenham? Blenham hat ihn mir angetan! Kennst du den alten Packard? Er macht Blenham an mich krank. Willst du wissen, wofür ich ein Pferd will? Ich möchte ihn überholen! Ihm sagen, dass er ein Gauner und Dieb ist. Ist diese Seite von Red Creek nun für mich offen oder geschlossen? Was ist die Antwort, Whitey Wimble?“

Wimble schien sowohl beeindruckt als auch zögerlich zu sein. Hier musste es sich um einen Packard handeln, und als Whitey Wimble die Geschicke des Old Trusty übernahm, war klar geworden, dass er eine reife, alte Fehde aufrechtzuerhalten hatte; Und doch, andersherum betrachtet, war hier ein Mann, der das Zeichen von Joe Woods' Faust auf seinem verletzten Gesicht trug, der verkündete, dass er es auf Blenham abgesehen hatte, dass es offene Probleme zwischen ihm und dem alten Mann Packard gäbe.

Whitey Wimble blickte zunächst verwirrt drein, drehte sich dann aber mit verzweifeltem Gesicht zu Steve um.

„Das ist schon ein guter Punkt“, meinte er schließlich. „Jetzt kommen wir mal auf den Punkt, für mich sieht es irgendwie so aus —“

„Guter Punkt!" rief Steve hitzig, und eine plötzliche Wut wuchs in ihm, als er darüber nachdachte, wie Blenham das Spiel auf der ganzen Linie gespielt hatte, wie sich Blenham für einen Jungen wie Barbee als zu schlau erweisen könnte, wie eine Gruppe voreingenommener Narren hier im Old Trusty leugnen Für ihn könnte die Leihgabe eines Pferdes ernsthaft Blenham helfen, für den keiner von ihnen etwas übrig hatte. „Warum, verdammt noch mal, Mann, habe ich dir nicht gesagt, dass Blenham mir gerade ein schlechtes Geschäft gemacht hat, dass er kurz davor ist, damit durchzukommen, dass ich nur ein Pferd verlange, das ihn zur Strecke bringt? Wer geht mit? um mir eins zu geben? Ich habe es eilig!"

Noch nie war ihm klar geworden, wie stark die Vorurteile gegen sein Blut im Leben der Gemeinschaft eine Rolle spielten. Überall sah er Zweifel, trübe Augen, Misstrauen. Offensichtlich hielten ihn viele dort für einen Lügner; sogar so weit gehen könnte, dass man später vermuten könnte, dass Steve Packard vorgehabt hatte, das Pferd zu stehlen, um das er gebeten hatte. Steve blickte sich einen Moment lang um, sein Rücken versteifte sich. Dann schritt er mit einem leisen, angewiderten Grunzen durch den Raum.

„Wenigstens", warf er Whitey Wimble über die Schulter zu, „werde ich wieder Ihr Telefon benutzen!"

Ohne eine Antwort abzuwarten und sich nicht um ein Fingerschnippen zu scheren, ging er zum Telefon, legte den Hörer auf und sagte brüsk zur Vermittlung:

„Ranch Nummer zehn, bitte. Beeilen Sie sich."

Er wartete ungeduldig und, wie es ihm schien, unentschuldbar lange. Schließlich sagte die Telefonistin in der distanzierten Art von Telefonmädchen:

„Ich rufe sie an."

Und wieder--

„Ich rufe sie an."

Und dann--

„Sie antworten nicht."

Und schließlich, und auch nur dann, als Steve nachdrücklich betonte, dass um diese Zeit jemand in der Schlafhütte Nummer Zehn sein müsse, sagte das Mädchen:

"Warten Sie eine Minute."

Und danach:

„Mit der Leitung scheint etwas nicht in Ordnung zu sein. Ich kann auf diese Weise keines der Ranchhäuser errichten. Wir werden morgen früh einen Mann hinausschicken.“

Daher konnte er Barbee nicht einmal warnen, dass Blenham seinen Vorsprung gutgemacht hatte; dass Blenham heute Abend eindeutig einer Meinung war; dass es an dem jungen Barbee lag, die Augen offen und die Waffe gespannt zu halten. Er begann zu verstehen, warum sein Großvater Blenham zu einer seiner rechten Männer gemacht hatte; Er hatte den kühlen Kopf und die Art, schnell zu handeln, die den Erfolg ausmachen.

„Ich habe ein Pferd für dich, Partner“, sagte eine langsame Stimme, als Packard das Büro verließ. „Ein Cayuse, der an Beinen und Lungen nicht zu schlagen ist. Kommen Sie voran.“

Steve sah ihn gespannt an. Er war ein kleiner Kerl mit Lederwangen, scharfen Augen und gemächlich; ein Fremder, offensichtlich ein Cowboy.

„Ich arbeite für Brocky Lane“, bot der Fremde an, als sie zusammen hinausgingen. „Kennen Sie ihn, nicht wahr?“

„Das habe ich vor einem Dutzend Jahren getan“, antwortete Steve abwesend. „Wo ist dein Pferd?“

„Du bist Steve Packard, nicht wahr? Du hast Brocky als Kind einen Gefallen getan, nicht wahr? Brocky hat es mir erzählt. Brocky hat mir einen Gefallen getan. Ich tue dir einen Gefallen. Das bringt uns in Ordnung rundherum aufstehen. Wie ein Kreis, alles in einem Ring, sozusagen; verstehst du mich?“

„Ja“, stimmte Steve zu und hatte vage das Gefühl, dass der Kuhhirte unwissentlich ein Problem der höheren Mathematik angesprochen hatte. Er steckte eine Hand in die Tasche.

Aber der Freund, den eine alte, längst vergessene Freundlichkeit ihm nun in seiner Not entgegenbrachte, schüttelte den Kopf, wollte nichts von Packards Geld haben und ging voran zu einem Schuppen hinter dem Saloon. Aus der Dunkelheit holte er einen großen, schimmeläugigen Rotschimmel, sattelte und zügelte ihn schnell und übergab ihn Steve.

„Auf Absätzen?“ kam besorgt von dem kleinen Mann, als Steve sich in den Sattel schwang.

"NEIN."

„Nun, das ist Blenham. Er geht immer so. Und er ist ein richtig guter Schütze, sagen die Jungs. Wenn zwischen ihm und dir richtig saures Blut aufgewühlt wird, hat es doch keinen Sinn, ein Dummkopf zu sein, oder? „Der Laden dürfte noch geöffnet sein. Im Schaufenster liegt eine erstklassige doppelläufige Schrotflinte, gebraucht, aber so gut wie neu. Nur sieneneinhalb Dollar."

„Ich werde das Pferd morgen zu Brocky schicken", rief Steve. „Und was die Ehrlichkeit angeht – rufen Sie mich jederzeit um den nächsten Gefallen an. Bis dann."

„Bis dann", antwortete der Mann mit der langsamen Stimme.

Steve schwenkte nach Osten, zügelte den Eifer seines Reittiers und ließ sich für ein paar Stunden harten Ritts im Sattel nieder. Langsam würde er den großen Rotschimmel aufwärmen und ihn allmählich und stetig herauslassen. Er spürte bereits, dass es sich hier in Wahrheit um „einen Cayuse handelte, der an Beinen und Lungen kaum zu schlagen war". Und Blenhams Vorsprung betrug nur wenige Minuten, höchstens eine halbe Stunde.

Aber bevor er fünfzig Meter geritten war, wirbelte Steve sein Pferd herum, ritt zurück und ging direkt zum Laden. Schließlich spielte Blenham ein Spiel, bei dem nicht weniger als zehntausend Dollar auf dem Spiel standen, da Blenham zweifellos der Mann war, der vor sechs Monaten für genau dasselbe Geld versucht hatte, Bill Royce zu töten, da Blenham immer „auf Fersen blieb". und war ein wirklich guter Schütze", warum es dann, wie der Cowboy von Brocky Lane es ausdrückte, „keinen Sinn hatte, ein Dummkopf zu sein." Und um etwa hundert Meter zu fahren und einen Colt .45 und eine Schachtel Patronen zu kaufen, dauerte es nur einen Moment.

Im Laden befanden sich auf den langen Regalen auf der einen Seite Trockenwaren, während auf den gegenüberliegenden Regalen verschiedene Lebensmittel ausgestellt waren; Im hinteren Bereich befand sich das Eisenwarensortiment des Ladenbesitzers in der Nähe einer Theke, auf der sich Pullover, Stiefel und Chaparejos stapelten, alles hoffnungslos durcheinander. An der Seite dieses Durcheinanders befand sich eine Vitrine mit einer recht stattlichen Reihe von Seitenwaffen. Steve, dessen Auge fand, was es suchte, ging direkt zur Rückseite des Hauses. Und dann, als er durch eine offene Tür blickte, die zum Wohnzimmer der Familie des Ladenbesitzers führte, traf sein Blick den von Terry. Sie stand auf und zog ihre Handschuhe an.

„Das ist jetzt dein Zug", sagte eine Frauenstimme.

Packard hörte das Pfeifen eines fernen Motors. Er hob seinen Hut, sie wirbelte sofort herum und gab ihm den Rücken, damit er ihn ansehen konnte.

„Das ist, was ich will", sagte Steve, als der Ladenbesitzer an seine Seite trat. „Diese .45 und eine Schachtel Patronen."

Terry drehte sich schnell wieder um und er überraschte einen kleinen, interessierten Ausdruck in ihren leicht geweiteten Augen. Ein Mann kauft zu dieser Nachtzeit keine Waffe und keine Patronenschachtel, es sei denn, er hat eine Verwendung dafür. Packard nahm seine neuen Einkäufe entgegen, ging hinaus, schwang sich wieder in den Sattel und klapperte die Straße entlang.

Die Nacht war hell mit Sternen, klar und süß. Plötzlich, nur ein paar Meilen hinter ihm, erhob sich der Mond in vollem, herrlichem und großzügigem Licht über dem fernen Bergrücken. Er lockerte ein wenig seine Zügel, gab dem großen Rotschimmel seinen Kopf und sauste weiter durch das gespenstisch erleuchtete Land.

Ab und zu fiel ihm ein altes Wahrzeichen auf, an das er sich erinnerte, und blickte von dort auf seine Uhr. Nachdem er seine Uhr wieder in die Tasche gesteckt hatte, beugte er sich mehr als einmal vor und tätschelte den Hals des Pferdes.

Dann – er hatte etwas mehr als die Hälfte der Strecke zurückgelegt und ritt durch die dichten Schatten von Laurel Cañon, das den Beginn des langen Anstiegs markiert – geschah das Unvorhergesehene; das Unerwartete – womit er, wie er jetzt wusste, durchaus gerechnet hätte, wenn er nicht immer damit gerechnet hätte, dass Blenham eine Einzelspielerin sein würde.

In der Mitte des Tintenflecks, der von den Lorbeerbäumen gebildet wurde, die sich vor dem Mond abhoben, befand sich eine Stelle, durch die die Mondstrahlen ihren Weg fanden und einen Lichtfleck bildeten. Als Packard in diese helle Gegend ritt, hörte er einen Gewehrschuss, erschreckend laut; sah den Flammenstrahl von dort drüben, vielleicht zehn Fuß, sicherlich nicht mehr als zwanzig Fuß entfernt; spürte, wie der große Rotschimmel unter ihm stürzte, unsicher weiterraste und sank.

Er glitt aus dem Sattel, als das Pferd in die Büsche am Straßenrand stürzte, und warf dabei seinen Revolver in die Dunkelheit, aus der der Gewehrschuss gekommen war. Aber er wusste, dass es ein Narr war, auf einen Treffer zu hoffen; Der Mann hatte Zeit gehabt, seinen Platz auszuwählen, seinen eigenen Körper mit einem Felsbrocken oder einem umgestürzten Baumstamm abzuschirmen und einen Weg in Sicherheit und Dunkelheit hinter sich zu lassen.

„Das war nicht Blenham selbst, sondern einer aus seiner Truppe", murmelte Packard, als er sich wieder dem gefallenen Pferd zuwandte. „Nur um mich wieder auf die Beine zu bringen. Er ist nicht zum Morden bereit, wenn er einen anderen Weg sieht. Und für zehn Dollar könnte er einen seiner Mitläufer anheuern, um ein Pferd zu töten."

Nun, es war nur ein weiterer Trick für Blenham. Jetzt musste er zu Fuß, so lange er konnte, zur Pinchot-Farm gehen, etwa drei oder vier Meilen weiter, dort ein Pferd verlangen und beten, dass Barbee seiner Aufgabe gewachsen war. Aber zunächst darf er den großen Schimmel nicht unnötig und hoffnungslos leiden lassen.

Er zündete ein Streichholz an und machte aus einem kleinen trockenen Grasbüschel eine brennende Fackel. Da er ein gutes Pferd liebte, spürte er, wie ihm plötzlich ein völlig neuer Hass auf Blenham ins Blut stieg.

Mit einem tiefen Seufzer der Erleichterung richtete er sich auf, als er sah, dass entweder ein Zufall oder eine bemerkenswerte Geschicklichkeit im Umgang mit einem Gewehr Brocky Lanes Rotschimmel vor den anhaltenden Schmerzen bewahrt hatte.

Packard drängte weiter und versuchte, die Zeit zu gewinnen, die er konnte, indem er bergab immer wieder in Trab verfiel, Wind und Kraft für die Anstiege sparte, sich die meiste Zeit im Schatten aufhielt, aber seine Chance nutzte immer und immer wieder im mondbeschienenen Licht.

Doch es wurde ihm klar, dass es jetzt keinen Sinn hatte, sich zu beeilen; dass Blenham seinen Vorteil zu einem sicheren Vorsprung gemacht hatte; dass er genauso gut langsamer fahren, sich eine Zigarette machen und sich Zeit lassen könnte. Und dennoch machte er als Mensch, der er war, hartnäckig weiter und redete sich ein, dass ein Rennen jedermanns Rennen sei, bis das Band zerrissen sei; dass Blenham irgendwo vor sich seine eigenen Probleme haben könnte; dass das Aufgeben nichts gebracht hat und dass es nicht gut ist, ein „Aufgebender" zu sein. Aber er hatte wenig Hoffnung, in dieser Nacht wieder mit Blenham zusammenzukommen.

Und dann, als er noch nicht länger als zwanzig Minuten zu Fuß unterwegs war, versetzte irgendwo hinter ihm ein leises, gleichmäßiges Trommelgeräusch, das stetig durch die Nacht schwoll, eine neue, schnelle Bewegung in sein Blut. Er hielt inne, stand einen Moment fast atemlos da und lauschte.

Das sanfte Trommeln wurde lauter; Als er plötzlich eine Anhöhe erreichte, blitzten ihm die beiden Scheinwerfer eines Autos in die Augen. Terry Temple, die ihren Auftrag in Red Creek erledigt hatte, raste heimwärts.

„Und ich werde Blenham noch schlagen!" rief Steve.

Dort, wo das Mondlicht am hellsten und weißesten über die Straße strömte, sprang er heraus, so dass sie ihn nicht übersehen konnte, und warf beide Arme in die Höhe, um ihr zu signalisieren, anzuhalten. Ihre Scheinwerfer blendeten ihn einen Moment lang; er hörte den warnenden

Klang ihres Horns; Er hegte kurz den Verdacht, dass sie sich weigern würde aufzuhören.

Unglaublich – und doch hatte er nicht an ihre eigenen wahrscheinlichen Gefühle gedacht. Zu sehen, wie ein Mann ganz unerwartet vor ihr auf die Straße sprang, mit den Armen wedelte und sie aufrief, anzuhalten – Na ja, sie würde denken, sie wäre einem Straßenräuber in die Hände gefallen!

Sie kam geradeaus, und ihre Hupe stieß einen langen, anhaltenden, drohenden Schrei aus. Packard knirschte mit den Zähnen; Entweder erkannte sie ihn nicht und musste unbedingt an ihm vorbeikommen, oder sie erkannte ihn und nutzte die Gelegenheit, um ihre Haltung ihm gegenüber zu betonen.

Auf jeden Fall ging sie vorbei, sie, in der seine einzige Hoffnung lag, Blenham in den Griff zu bekommen. Wenn er sie ausweichen ließe, könnte er genauso gut aufgeben, aus völliger Abscheu vor der Welt.

Mit der Welt? Abscheu vor sich selbst, dass er sich von Blenham hatte schlagen lassen, dass er kein besonders guter Mann war, dass sein alter Großvater recht hatte, was ihn betraf. Ihr Auto raste auf ihn zu; Wenn er es passieren ließe, dann würde er nicht nur zulassen, dass ein Mädchen über ihn lacht, sondern er würde auch seine Chance an sich vorbeiziehen lassen. Seine Chance schien größer und realer zu sein als die entgegenkommende Maschine; Seine Chance ist nicht nur für heute Nacht, sondern für immer danach.

Denn wenn Blenham ihn heute Abend schlagen würde und sein Großvater ihn später erneut schlagen würde, wüsste er, dass er das Land um Ranch Nummer Zehn verlassen würde, dass er alle anhaltenden Anstrengungen aufgeben würde, um etwas aus seinem Leben zu machen, das würde er tun Er widmet sich wieder dem Treiben und rundet seine Tage nach der Mode der letzten zwölf Jahre ab. Während Terrys Auto auf ihn zuraste, ging ihm das alles durch den Kopf.

Es bestand die Möglichkeit, dass Terry, da er wusste, wer er war, versuchen würde, ihn von der Straße abzuhalten, und darauf vertrauen würde, dass er sich im letzten Moment in Sicherheit bringen würde; Es bestand auch die Möglichkeit, dass sie seine Motive verwechselte und ihn in einer Art Panik der Selbstverteidigung überfallen würde.

Packard, der sich an seiner eher klaren Vorstellung vom Charakter des Mädchens orientieren musste, sah den einzigen Weg, die Situation zu meistern. Er wirbelte herum, ihr jetzt den Rücken zugewandt, begann zu rennen und raste vor ihr die Straße entlang. Während er lief, wurden die harten Falten um seinen Mund zu einem seltenen Grinsen weicher: Er würde sie sowieso eine Minute lang raten lassen. Und als sie mit dem Raten fertig war –

Er hatte seine Leistung vom Nachmittag auf der Brücke in Red Creek wiederholt. Terry war zunächst erstaunt darüber, dass der Mann sich umdrehen und direkt vor ihr herlaufen sollte, und verlangsamte ihr Tempo. Was hatte er vor? Dann tauchten plötzlich Schatten auf einem schmalen Teil der Straße auf, eine scharfe Kurve, die absolute Notwendigkeit, noch ein bisschen langsamer zu fahren, und dann –

„Es ist alles in Ordnung; machen Sie weiter!" rief Packard leichthin. Er stand auf ihrem Trittbrett.

Sie hatte den Hut vor der Kühle des Abends abgeworfen. Als sie aus dem Schatten traten, konnte er ihre Augen sehen. Er schob seinen eigenen Hut zurück und Terry sah seine Augen. Einen Moment lang, während das Auto weiterfuhr, sagte keiner von ihnen ein Wort.

Als er sie ansah, hatte er einen flüchtigen Blick auf Verwunderung gespürt, einen Ärger, der sich schnell in Wut steigerte, und eine gewisse Gewissheit, dass Miss Terry Temple fest entschlossen war, sich an diesen Tag zu erinnern und mit Stephen Packard abzurechnen.

Als er seinen Blick erwiderte, hatte Terry in seinen Augen nur ein Gefühl gesehen: puren Triumph. Sie konnte sich nicht vorstellen, wie der Mann von ihm, nachdem er gerade erst die erste Aufgabe, die er sich gestellt hatte, erfolgreich erfüllt hatte, plötzlich Zuversicht in die Zukunft verspürte.

„Wenn ich dich hätte passieren lassen", sagte Packard ruhig, „hätte ich das Gefühl gehabt, dass ich mein Schicksal an mir vorbeigehen ließ!"

„Fangen Sie nicht an, sich frisch zu machen, nur weil es Mondlicht ist!"

Steve sah verwirrt aus, verstand, legte den Kopf zurück und lachte fröhlich. Dann wurde sein Gesicht plötzlich wieder ernst und er betrachtete sie nachdenklich. Jetzt wurde ihm zum ersten Mal bewusst, dass Terry bereits einen Passagier an Bord hatte. Ein kleiner Mann, Japaner, makellos und so verängstigt, dass seine Zähne klapperten.

Es war Iki, der heute Abend mit dem Zug nach Red Creek gekommen war und für die Temple Ranch kochen sollte. Gerade war er an seinem Platz verwirrt, bereit zu springen, wenn Steve sich in seine Richtung bewegte, die Handtasche umklammert in seiner dicken Hand, die er bereits zur Hälfte angeboten hatte. Steve strahlte ihn an, dann richtete er seinen immer noch nachdenklichen Blick auf Terry.

„Möchten Sie mir sagen", sagte Terry säuerlich, „warum Sie mir immer im Weg stehen? Halten Sie es für schlau, wie ein Affe an Bord zu klettern?

Sie haben den Trick zweimal gemacht. Muss ich aufpassen?" für dich jedes Mal, wenn ich mit dem Auto rausfahre?

„Ich habe es einfach eilig", sagte Packard. „Und geh deinen Weg. Jemand hat mein Pferd dort hinten für mich erschossen."

Ihre Augen wurden tatsächlich rund; Iki zitterte hörbar. Aber im Fall des Mädchens war die Emotion, die Packards Worte hervorriefen, nur von kurzer Dauer. Warum sollte ein Mann unter Steve Packard das Pferd erschießen? Ungläubigkeit formte ihre Augen; Sie schrie ihn an, als sie aufs Gaspedal trat:

„Denkst du, ich bin jemand, der alles glaubt, was du erzählen kannst? Wenn du wissen willst, was ich denke, Steve Packard – du bist ein Lügner!"

Er lachte, sehr zufrieden mit dem Moment und der Situation, sehr zufrieden mit seiner unwilligen Begleiterin, genau wie sie war.

„Und wissen Sie, dass das, was ich Ihnen heute Nachmittag gesagt habe, wahr ist?" er konterte fröhlich. „Du bist genau wie mein toller alter Grandy! Anstatt mein Großvater zu sein, sollte er deiner sein. Mein Gott, Miss Terry Pert", während er mit seinem Lachen das Blut in ihre Wangen trieb, „das könnte auch arrangiert werden! Vielleicht." nicht wahr? Du und ich –"

"Oh!" rief Terry und er hatte keinen Zweifel daran, dass sie meinte, was sie sagte. „Oh, ich hasse dich! Ja, schlimmer als ich den alten Höllenfeuer hasse: Er geht mir sowieso aus dem Weg. Und du, du großer Tyrann, du Kämpferin, du – du –"

Gerade noch rechtzeitig ahnte er, was sie vorhatte, streckte seine Hand über ihr Lenkrad aus und ergriff ihre rechte Hand. Das Auto geriet einen Moment lang gefährlich ins Schleudern und nahm dann wieder seinen gleichmäßigen Kurs ein, als Steves andere Hand sich über Terrys linker Hand schloss. Langsam, seine größere Kraft sanft gegen die ihre richtend, nahm er ihr die Automatik ab.

„Kaliber achtunddreißig?" sagte er kühl. „An deiner Art, Dinge zu tun, ist doch nichts Geringes, oder? Und du wolltest ein Loch in mich bohren, ich bin mir sicher!"

Terrys Gesicht schimmerte weiß im blassen Licht; Und er erkannte an dem Blick in ihren Augen, der mit den seinen völlig zu konfrontieren schien, dass es sich um das Weiß purer Wut handelte.

„Ich würde dir genauso gerne den Kopf wegblasen, wie eine Klapperschlange erschießen", verkündete sie knapp.

„Ich glaube dir", grunzte er. „Trotzdem, wenn du nur –"

"Ach halt den Mund!" „‚‚ schrie sie, schüttelte seine Hand ab und fuhr rücksichtslos weiter.

„Ich möchte erwähnen", kam eine unsichere Stimme aus einem sehr blassen Japaner, „dass ich auf meinen Füßen gehen muss. Es tut mir sehr leid _"

"Ach halt den Mund!" rief Terry. "Den Mund halten!"

Und für den Rest der Fahrt schwiegen sowohl Iki als auch Steve Packard.

KAPITEL XI

DIE VERFÜHRUNG DES GELBEN BARBEE

„Hier steige ich ein", sagte Steve nach einem sehr langen Schweigen, in dem er Terrys hübsches, runzliges Gesicht beobachtete, während Terry, ihr Lenkrad umklammert, rücksichtslos die Verantwortung für ihr drei Leben auf sich nahm und das Auto durch die mondhelle Nacht schleuderte.

Iki, der hin und wieder einen langen, zitternden Seufzer ausstieß und zwischendurch vergaß zu atmen, hielt ihn mit beiden Händen fest.

„Hier steige ich ein", sagte Steve noch einmal. Hier folgte die Straße der Linie seines Nordzauns; Weniger als eine Meile weiter südlich konnte er ein Licht sehen, das einem gefallenen Stern glich und fröhlich durch die Bäume schimmerte.

Er spürte eher als dass er sah, wie Terrys ohnehin schon angespannter kleiner Körper sich schnell versteifte; Als er glaubte, dass das Auto immer schneller wurde, erkannte er Terrys Absicht blitzschnell. Wenn er sie zwang, ihn zu tragen, warum würde sie ihn dann so weit wie möglich aus dem Weg räumen?

„Terry Temple!" Er weinte scharf und beugte sich ein wenig zu ihr vor. „Was ist eigentlich los mit dir? Was ist, wenn wir nicht wirklich Freunde sind? Ich habe dir nie etwas getan, oder? Warum, mein Gott, Mädchen, wenn dir ein Mann erzählt, dass sein Pferd unter ihm erschossen wurde, wenn er es ist Ich versuche, den Gauner am Ende des ganzen Schlamassels zu überreden, den du genauso hasst wie ich – Oh, ich meine Blenham, und du weißt es –"

"Lügner!" rief Terry, blitzte ihn an und kehrte zur Straße zurück, abwechselnd weiß vom Mond und schwarz von Schatten. „Lügner in zweifacher Hinsicht! Habe ich Ihr Pferd heute Nachmittag nicht gesehen? Gefesselt vor Wimbles Whiskey-Laden? Oh, dort würde ich ihn erwarten! Naja – und Sie brauchen nicht zu glauben, dass ich es gesehen habe oder mich darum gekümmert habe – Als ich gerade vorbeikam und die Stadt verließ, sah ich Ihr Pferd noch dort stehen. Sie brauchen also nicht –"

„Das kann nicht sein", murmelte Steve. „Und doch – Wie auch immer, ich muss hier aussteigen. Könnten Sie bitte anhalten?"

„Nein, ich höre bitte nicht auf! Soweit ich weiß, hat dich niemand gebeten, mitzufahren. Steige genauso aus, wie du eingestiegen bist!"

Packard erkannte damals zwei Dinge sehr deutlich:

Wenn er mit der aktuellen Geschwindigkeit des Wagens sprang, würde er sich wahrscheinlich das Genick brechen; Wenn er sich genügend Zeit ließe, die Angelegenheit mit ihr zu besprechen, würde er in fünf Minuten so weit getragen werden, wie er in einer Stunde laufen könnte.

„Ich meine es heute Abend ernst", sagte er ihr unverblümt. „Wenn du nicht langsamer wirst, bevor ich zehn zähle, werde ich mich ein wenig nach vorne beugen – so – und ein Loch in deinen Reifen schießen. Wenn du dann weitermachst, werde ich ein Loch in den anderen Reifen schießen." Verstehen?"

Terry lachte spöttisch.

„Das würdest du nicht wagen!" sagte sie ihm gelassen. „Das wäre eine Art Verbrechen. Sie könnten dich dafür ins Gefängnis stecken. Du hättest Angst davor."

„Eins, zwei, drei, vier, fünf", zählte er zügig.

„Ich würde versuchen, Sie zu unterbrechen, um Ihnen einen Rat zu geben: Oh, Miss Lady!" plapperte Iki. „Seine Stimme hat den Klang von Blutrünstigkeit."

„Sechs, sieben, acht, neun – zehn", zählte Packard.

Terry schniefte. Er lehnte sich hinaus, sie sah das Glitzern des Mondes auf seinem Revolver.

Sie löste die Kupplung und trat mit voller Kraft auf beide Bremsen. Steve schwang sich hinaus und ließ sich auf den Boden fallen. Der Wagen schoss vorwärts, als ob er durch die Befreiung von seinem Gewicht neue Kraft gewonnen hätte, und hielt wieder an.

„Nicht gerade Freunde?" rief Terry und er bemerkte ein neues Zittern in ihrer Stimme. „Ich sollte nicht sagen. Du – du verdammte Schlange, du!"

Und sie war verschwunden, wirbelte in die Nacht hinein, vor ihm verborgen durch den ersten Hügel, um dessen Fuß sich die Straße schlängelte. Er starrte ihr einen Moment lang nach, zuckte mit den Schultern, drehte sich um und schritt schnell auf die Pferche der Ranch Nummer zehn zu.

Er hatte richtig geplant; er hatte Blenhams Impulse und Wünsche richtig eingeschätzt. Außerdem war er rechtzeitig gekommen, gerade rechtzeitig.

Das Licht war im Ranchhaus. Obwohl es kurz nach elf Uhr schon dunkel im Schlafhaus war, schliefen die Männer längst. Aber Barbee war wach, sein Verstand war bei ihm; Seine Stimme und die von Blenham, beide leise, trafen Steves Ohren, als er um die Ecke des Hauses schlüpfte und unter das Fenster kam, wo das Licht war.

Blenham redete jetzt. Er saß locker auf einem Stuhl, die Hände übereinander, träge in seinem Schoß. Barbee stand mit zusammengekniffenen und wachsamen Augen am anderen Ende des Raumes. Auf dem Boden, neben seinen Füßen, lag ein Revolver; Von seiner Position aus vermutete Steve, dass Barbee es gerade sicher aus Blenhams Reichweite geworfen hatte. Barbees eigene Waffe befand sich in der Hand des Jungen.

„Du bist ein ziemlich kluger Junge, Barbee", sagte Blenham tonlos. „Du hast mich erwischt; du bist der Mann der ersten Stunde, wie immer du diesen kleinen Trick gemacht hast. Ja, du bist ein ziemlich schlaues Kind!"

Barbee zuckte mit den Schultern, spuckte aus und antwortete Blenham mit einem Fluch und einem Grunzen:

„Niemand fragt dich nach deiner Meinung, Blenham."

Aber Steve sah es, und Blenham musste den triumphalen Glanz in Barbees Augen gesehen haben.

„Was wirst du mit mir machen?" fragte Blenham plötzlich.

„Nichts", antwortete Barbee. „Bleib einfach da, wo ich dich her habe, bis Steve Packard zurückkommt. Das sollte jetzt jederzeit unser Bestes sein."

„Er wird zu spät kommen", sagte Blenham. „Er wird erst in zwei oder drei Stunden hier sein. Angenommen, während wir warten, lassen Sie mich und Sie reden!" sagte er scharf und setzte sich in seinem Stuhl nach vorne.

"Also?" sagte Barbee. „Reden Sie und seien Sie verdammt, Blenham. Nur reden Sie sich nicht aus dem Loch heraus, in dem Sie gerade stecken. Ich werde dich erschießen.

„Ich weiß", Blenham nickte. „Du würdest es tun. Aber ich werde so etwas Dummes nicht versuchen. Ich werde einfach – wie ich schon sagte, lass uns reden. Was bezahlt dir Packard für die Arbeit dieser Nacht?"

„Er ist kein Geizhals, wenn du das meinst. Ich hatte meine Arbeit heute Abend erledigt und war froh über die Chance, und du weißt es, Blenham, und habe nie eine Bezahlung dafür verlangt. Aber das bin ich." Ich ziehe dir einen ganzen Monatslohn extra ab, wenn ich dich so habe, wie du bist, wenn er hereinkommt.

Blenham lachte leise. Dann bewegte er die Hände, die in seinem Schoß lagen. Packard sah, dass sie lose um eine alte Lederbrieftasche gefaltet waren.

„Er wird dich bestimmt großzügig bezahlen, Barbee", spottete Blenham. „Du weißt es! Schauen Sie mal hier: Das gehört Ihnen und Sie können es besser verfolgen, wenn Sie einfach Ihre Waffe einstecken und mich gehen lassen! Ich verlange nicht viel und bezahle auf meine Weise. Schauen Sie Es ist vorbei, Junge!"

Packard sah, wie er eine Banknote aus einem dünnen Bündel ihrer Gegenstücke riss; wie er es Barbee zuwarf. Es fiel zu Boden; ein kleiner Luftzug ließ es treiben; Blenham setzte seinen Fuß darauf.

„Schau es dir an!" „, schnappte er und gab damit zum ersten Mal zu erkennen, unter welcher Belastung er litt. „Es gehört dir – wenn du kein Narr bist."

Barbee, ließ sich nicht täuschen, wenn das eine List wäre, um seine Aufmerksamkeit zu erregen, sagte knapp:

„Steh auf, solange ich es bekomme!"

Blenham gehorchte; Barbee bückte sich schnell, während er die ganze Zeit den Blick auf seinen Gefangenen richtete. Dann hob er die Mündung seiner Waffe noch einen Zentimeter und blickte auf das, was er in der Hand hielt. Als er Blenham ansah, waren seine Augen rund, sein Mund stand ein wenig offen.

"Mein Gott!" Er hat tief eingeatmet. „Es sind tausend Dollar!"

„Ja", sagte Blenham leise. „Es sind tausend Dollar. Das ist ziemlich viel Geld, Barbee; es ist jedenfalls mehr als ein zusätzlicher Monatslohn, nicht wahr? Und es gehört dir, wenn du es willst! Denk an die Zeiten, in denen du weitermachen kannst, denke nach." Wie du Red Creek dazu bringen könntest, die Augen zu öffnen! Und es kommt noch mehr, wenn du das nimmst und mich gehen lässt und einfach mein Spiel ansiehst und ein Risiko mit mir eingibst, wenn ich es sage. Wie heißt das? Barbee?"

Packard, der sich so lange zurückgehalten hatte, blieb regungslos stehen und erblickte unerwartet etwas von Barbees Seele; Sehen Sie sich ein kleines menschliches Drama an und werden Sie Zuschauer des Battle Royale der beiden konkurrierenden Fraktionen, aus denen das Selbst eines Mannes besteht.

Es kam ihm vor, als wäre die junge Barbee blass und immer blasser; dass ein Schauer ihn durchlief; dass er im Moment wie jemand war, der unter Drogen stand. Und nebeneinander blickten zwei Gefühle, sowohl ursprünglich als auch unverkennbar, aus seinen Augen: ein wilder Hass auf Blenham, eine sprunghafte Gier nach Gold.

Packard vergaß also ein wenig sein eigenes Interesse an dieser Szene, schaute zu und fragte sich, wie das Ergebnis aussehen würde. Blenham war in Versuchung. Barbee zögerte.

„Hier in meiner Hand", sagte Blenham kalt, „sind neun weitere solcher Art, Barbee „Sind ein schlaues Kind. Mal sehen, ob du es bist. Verbinde dich mit einem Mann wie mir, der darauf aus ist, einen Haufen zu machen, einen verdammt großen Haufen, Barbee – oder hänge dich an einen Idioten wie Steve Packard und kassiere seinen Lohn in Tropfen und" Lass ihn derjenige sein, der den ganzen großen Grünkohl einsammelt. Er und ich, wenn alles richtig läuft; er und ich mit dir, nur um die Reste zu holen. Welches ist es? Äh, Junge? In welche Richtung du gehst rein'?"

Barbee hielt die Banknote in seiner linken Hand; Langsam schlossen sich seine schwieligen Finger fest um ihn, zerknüllten ihn und umklammerten ihn, als würden sie ihn niemals loslassen. Und dann öffneten sich langsam die Finger, so dass das zerknitterte Stück Papier in seiner Handfläche unter seinen Augen lag. Barbee ließ seine Zunge zwischen seinen trockenen Lippen hin und her gleiten. Steve, der ihn durch das Fenster anstarrte, sah in seinen Augen die beiden Lichter, das des Hasses, das der Begierde; Sie brannten nebeneinander, wie eine gelbe und eine rote Kerze es getan hätten.

Welchen Weg würde Barbee gehen? Wusste Barbee es? Blenham tat es nicht; Steve tat es nicht. Als Steve plötzlich sah, wie die beiden Feuer in Barbees Augen flackerten, schrie er in sich selbst:

„Es ist unfair! Es verlangt zu viel von Barbee!"

Und laut schob er die Nase eines Colt .45 durch die Fensterscheibe, die laut splitterte:

„Hände hoch, Blenham! Braver Junge, Barbee. Du hast ihn, in Ordnung! Pass auf ihn auf, während ich hineinschlüpfe."

Blenham sprang auf, streckte die Arme aus und fluchte heftig. Dann wurde er plötzlich still und ließ sich in seinen Stuhl zurückfallen, seine beiden großen Hände lockerten die darunter verborgene Brieftasche. Steve warf ein Bein über das Fensterbrett und kam herein, die Waffe bereit, seine Augen musterten Barbee, während sie scheinbar nur auf Blenham gerichtet waren. Und Barbee, so weiß wie nie zuvor, zitterte, seufzte tief in seiner Lunge und wich ein paar Schritte zurück, während er Steve und Blenham anstarrte, vor allem aber das Ding in seiner Hand.

„Du hast es rübergebracht, Barbee!" rief Steve herzlich.

Er streckte die Hand aus und riss Blenham die Brieftasche vom Knie. Blenhams große Hände, die sich langsam ballten, fielen zu seinen Seiten; Blenhams Augen, mürrisch und böse, hefteten sich fest an Packards.

„Du hast mir heute Abend mein Erbe gerettet; du hast mir geholfen, meine Ranch zu retten. Du hast mir geholfen, das Spiel mit einem schmutzigen Hund namens Blenham in Einklang zu bringen!"

Wie ein Hund zeigte Blenham seine Zähne. Sein gezeichnetes Gesicht war vom Bild der Wut geprägt.

„Du bist ein süßes Abbild einer toten Sportart", knurrte er und rutschte nervös auf seinem Stuhl hin und her. „Ich habe keine Waffe; Sie und Barbee haben eine; machen Sie weiter und beschimpfen Sie mich mit allen Namen, die Sie wollen!"

Steve zählte die Geldscheine in der Brieftasche. Blenham hatte die Wahrheit gesagt; Es gab neun Tausend-Dollar-Scheine. Zum zehnten Mal reichte er Barbee die Hand. Barbee starrte ihn seltsam an, als wäre er aus dem Schlaf erwacht und sich seiner Umgebung noch nicht sicher, und ließ die Banknote los. Seine Augen, die er endlich fest auf Blenham ruhen ließ, sahen rot und hässlich aus. Packard steckte die Brieftasche in sein Hemd.

„Barbee", sagte er leise, während er seine Augen mit Blenhams kleinster Bewegung beschäftigte, „dieses Geld hat mir mein Vater hinterlassen. Er hat es Bill Royce gegeben, damit er es für mich behält. Du weißt alles, was Bill von Blenham aus gesehen hat; Jetzt wissen Sie, warum. An Blenhams Tür wird eine ganze Menge Schurken abgeladen. Und dank Ihnen haben wir ihn endlich im Griff!"

„Was wirst du mit ihm machen?" Barbee sprach zum ersten Mal seit Steves Auftritt mit heiserer Stimme. Blenham rutschte erneut auf seinem Stuhl hin und her; Jetzt lag im Blick des Jungen nur noch kalter Hass. „Wir sollten in der Lage sein, ihn für eine lange Zeit in den Stall zu stecken."

Blenham lachte höhnisch.

"Versuch es!" er tobte. „Sehen Sie, was Sie beweisen können, und zwar tatsächlich vor einer Jury und einem Richter! Versuchen Sie es! Sie gehen zum Anwalt und sehen –"

„Zum Teufel mit dem Gesetz!" unterbrach ihn Steve, und obwohl seine Stimme wegen der Verwünschung nicht lauter wurde, warf Blenham ihm einen kurzen, erschrockenen Blick zu.

Und sowohl Blenham als auch Barbee, die verwundert zuhörten, verstanden, dass hier ein Packard sprach; dass in den Fußstapfen des Enkels auch jetzt noch die große Masse des kompromisslosen Großvaters stehen könnte.

„Was will ich jetzt mit dem Gesetz? Ich nehme an, Blenham würde sich da rauswinden, oder er würde eine milde Strafe bekommen und diese durch gutes Benehmen auf Null reduzieren. Nein, Blenham, wenn du jemals ins Gefängnis gehst, wird es jemand anders sein." Tun; nicht meins. Ist es nur Gefängnis für den Mann, der kaltblütig meinen alten Partner erschossen hat, nur um einer Handvoll Geld willen? Soll es nur Gefängnis für den Mann sein, der Bill Royce das Leben zur Hölle gemacht hat? Sechs Monate? Nur Gefängnis für den Unmenschen, der heute Nacht unter meinen Füßen ein Pferd erschossen hat? Warum, verdammt noch mal –" und schließlich durchbrach seine Stimme das Eis der Zurückhaltung und erklang wütend und voller Drohungen: „Glaubst du, ich? „Ich werde dich nach allem, was du getan hast, aus meinen Händen in die Hände von Richtern und Geschworenen übergehen lassen?"

Blenham sprang auf und zog sich zurück. Die Mündung von Steves .45er folgte ihm drohend.

„Barbee", sagte Packard, seine Stimme wieder unter Kontrolle, „geh zum Schlafhaus und schick Bill Royce hierher. Wecke die anderen Jungs nicht. Dann kommst du mit ihm hierher zurück. Und nimm eine Peitsche mit." "

"Eine Peitsche?" wiederholte Barbee.

„Ja, eine Peitsche. Jede Art, die man schnell in die Finger bekommen kann; Quirt oder Buggy-Peitsche oder Bullenpeitsche!"

Blenham sah Barbee nach. Dann zog er sich mürrisch und wachsam in eine Ecke des Zimmers zurück und biss nervös in eine große, geballte, haarige Faust.

KAPITEL XII

IN EINEM DUNKLEN RAUM

Bill Royce, hastig und nur halb angezogen, kam sofort zum Haus und stolperte hinter Barbees Fersen her. Blenham, sein Schweigen und seine Wachsamkeit ungebrochen, kaute immer noch an seiner Faust. Barbee brachte eine schwere schwarze Schlange in der Hand.

„Barbee sagt, dass du mich willst, Steve?" sagte Royce von der Schwelle. „Und dass Blenham hier ist?"

„Ja, Bill", antwortete Steve. Und zu Barbee: „Schließen Sie die Tür hinter sich. Verriegeln Sie sie. Geben Sie mir den Schlüssel. Befestigen Sie nun die Fensterläden an beiden Fenstern."

Barbee gehorchte schweigend. Blenhams Blick folgte ihm und schien von der Peitsche in Barbees Hand fasziniert zu sein.

„Hör mal zu, Bill", sagte Steve, als Barbee fertig war. "Ich möchte dir etwas sagen."

Und so kurz wie möglich erzählte er Royce von den Zehn-Dollar-Scheinen, die das echte Erbe ersetzten, von den Ergebnissen seines Abends in Red Creek, von Barbees Gefangennahme von Blenham, von der Wiederbeschaffung der zehntausend Dollar und von einem Pferdeschuss tot auf der Red Creek Road.

„Dann", sagte Royce am Ende, während seine Gedanken eifrig eine herausragende Tatsache erfassten, „habe ich recht gehabt, Steve? Und es war Blenham, der mir beide Läufe von Johnny Mills' Schrotflinte gegeben hat? Es war ganz sicher Blenham." nicht wahr, Steve?"

„Ja, Bill. Es war Blenham."

„Ein – ein Blenham ist jetzt da drüben? Ich kann ihn atmen hören, Steve?"

„Ja, Bill."

„Und warum hast du nach mir geschickt, Steve? Was wirst du mit ihm machen?"

Packard winkte Barbee. Der Junge kam schnell an seine Seite und reichte ihm die schwarze Schlange. Steve legte es Bill Royce auf die Hand.

„Ich werde ihm eine Kostprobe davon geben, Bill", sagte er. „Und ich wollte dich hier haben. Du kannst es nicht sehen; aber bevor ich mit ihm fertig bin, kannst du es hören!"

„Wirst du ihn fesseln und auspeitschen, Steve? Ist es das?"

„Rudel minderwertiger Mischlingswelpen!" rief Blenham zornig und brach zum ersten Mal sein Schweigen. „Schleichende, niederträchtige Kerle und Feiglinge!"

„Ist es das, Steve?" beharrte Royce. „Wirst du ihn fesseln und mit einer schwarzen Schlange auspeitschen?"

„Ich werde ihn auspeitschen – um deinetwillen, Bill", antwortete Steve streng.

Er warf seinen Mantel aus und warf ihn hinter sich.

„Schaff die Stühle und den Tisch aus dem Weg, Barbee! Nein, ich werde ihn nicht fesseln; das ist nicht nötig, Bill. Ich kann ihn mit meinen Händen anfassen, ohne ihn zu fesseln; ich werde es tun." Und dann werde ich die Peitsche nehmen und sie auf ihn legen, bis seine Haut in Streifen ist – oder bis er darum bettelt, losgelassen zu werden. Bereit, Blenham?"

"Meinen, dass?" knurrte Blenham mit einem neuen Ausdruck in seinen Augen. „Das heißt, du gibst mir eine ausgeglichene Pause?"

Aber Bill Royce, ziemlich zitternd und mit einem für ihn fremden Eifer, hatte Steves Arm gepackt, ihn gefunden, hielt ihn zurück und schrie aufgeregt:

„Du bist ein guter Kumpel, Stevie; du bist der beste Kumpel überhaupt, und das weiß ich! Wusste ich nicht schon immer, dass du so sein würdest? Aber siehst du das nicht, Stevie, kannst du nicht." Du siehst, es ist nicht genug, dass ein anderer Mann ihn leckt, selbst wenn dieser Mann mein Partner ist, selbst wenn es Stevie selbst ist, der es tut! Habe ich nicht ewig darauf gewartet, ihn in die Hände zu bekommen!"

Blenham, der durch Steves Worte ein wenig getröstet war, spottete jetzt offen.

„Komm schon, blinder Billy", spottete er. „Und wenn ich dich auf den Müllhaufen geworfen habe, werde ich es mit deinen Freunden aufnehmen! Einer nach dem anderen – du weißt ja, wie man das sagt!"

Steve schüttelte Royces Hand von seinem Arm.

„Lass mich das für dich tun, Bill", sagte er bestimmt. „Es ist nur fair. Wenn du sehen könntest, wäre es anders."

Doch Royce klammerte sich verzweifelt fest und rief eindringlich:

„So blind ich auch bin, ich kann ihn lecken! Ich weiß, dass ich ihn lecken kann! Habe ich es nicht ein Dutzend Mal im Schlaf gemacht, auf ein

Dutzend Arten? Habe ich mir nicht immer geschworen, dass ich ihn irgendwann in meinem Bett kriege." Hände, ich würde fühlen, wie er sich windet und windet? Das ist mein Kampf, Steve, und – Blenham, wo bist du?"

"Hier!" rief Blenham. „Ich habe das Warten satt!"

Royce stürzte auf ihn zu. Aber Steve Packard erwischte seinen alten Freund wegen der Leiche und hielt ihn einen Moment zurück.

„Ganz einfach, Bill", sagte er sanft. „Einfach. Ich habe mich geirrt, du hast Recht. Es ist dein Kampf. Aber nimm dir Zeit. Zieh deinen Mantel aus. Barbee, stell dich an das Fenster dort; wenn Blenham versucht rauszukommen, halte ihn auf. Ich werde hier stehen. Alles bereit , Rechnung?"

"Bereit!" rief Royce, seine Stimme brüllte vor Eifer.

„Alles bereit, Blenham?"

„Habe ich es nicht gesagt?" spottete Blenham.

„Dann –" und plötzlich schnappte sich Steve die Lampe, blies sie in den Schornstein und tauchte den Raum in tiefe Dunkelheit – „geh hin! Das Licht ist aus, Bill! Der Raum ist pechschwarz. Dir geht es genauso gut." wie er ist. Und nun, alter Partner. Jetzt!"

Es war plötzlich sehr still im Raum; die dichte, undurchdringliche Dunkelheit schien fast ein greifbarer Vorhang zu sein, der das Vorwärtsschreiten verbarg; Die Stille war für einen Moment buchstäblich atemlos.

Dann ertönte das erste leise, verräterische Geräusch, das langsame, gequälte Knarren eines Brettes, wenn ein Mann sein Gewicht darauf legte. Durch die Dunkelheit ging Bill Royce langsam durch den Raum und suchte nach dem Mann, der, überrascht von Steves Verhalten, das seinen Vorteil gegenüber einem Blinden verringert hatte, in seiner Ecke blieb. Und dann ertönte Bill Royces leises Lachen, ein noch seltsamerer Klang in dieser angespannten Stille.

„Guter Junge, Steve", sagte er leise. „Daran hätte ich nie gedacht! Im Dunkeln ist Blenham genauso blind wie ich! Wie gefällt es dir, Blenham? Wie würdest du es gerne immer so haben?"

Blenhams einzige Antwort bestand darin, dass er aus seiner Ecke nach vorne sprang und zuschlug; Royces Antwort darauf war ein weiteres leises Lachen. Er war zur Seite gerutscht; Blenham hatte mit der dünnen Luft um sich geschlagen; Royce, der wieder still geworden war, erlebte einen der Momente purer Freude, die er in diesen letzten anstrengenden Monaten erlebt hatte.

Packard und Barbee runzelten vergeblich die Stirn bei jedem kleinen Geräusch und konnten nur vermuten, was nur wenige Zentimeter von ihnen entfernt vor sich ging. Ein kratzender Fuß könnte entweder von Royce oder Blenham stammen; Ein langer, tiefer Seufzer oder ein schneller Atemzug, mal hier, mal da, könnte von jedem Mann ausgehen. Das Seltsame war, dachten sowohl Barbee als auch Packard, dass sogar zehn Sekunden vergehen konnten, ohne dass sich diese beiden Männer gegenseitig an die Gurgel gingen.

Doch als Bill Royce endlich einen überragenden Moment hatte, war er in seinen Ausgaben geizig geworden; Er würde die goldenen Sekunden durch seine Finger träufeln, er würde das Erlebnis in die Länge ziehen und seine Freude voll auskosten.

Im Moment war seine Blindheit nicht größer als die von Blenham; denn ein kleiner Blenham tastete und wunderte sich und zögerte und wurde angespannt auf die Art und Weise, die der Blinde so gut kannte. Und dann, am Ende, wenn das Ende nicht länger aufgeschoben werden konnte, würde Bill Royce die lange hinausgezögerte Strafe verhängen.

Aber da die Naturen beider Männer ausgesprochen waren, da ihr Hass unverblümt war, da bei beiden wenig Finesse vorhanden war und beide von großer Ungeduld erfüllt waren, war Royces Spiel mit Blenham nur von kurzer Dauer.

Plötzlich ertönte ein Schlurfen der Füße – und Royces Lachen; ein Schlag landete hart – und Royces Lachen; ein weiterer Schlag, ein Grunzen und ein keuchender Fluch von Blenham – und Royces Lachen.

Und dann nur noch das Scharren der Füße auf dem nackten Boden, das Auf und Ab, das Auf und Ab der Füße, das Aufprallen schwerer Schultern gegen eine unerwartete Wand, der Aufprall der Faust auf den Körper. In der völligen Dunkelheit umklammerten die beiden Männer einander, schlugen zu, schwankten gemeinsam, taumelten auseinander, nur um dann wieder zusammenzukommen, um härtere, gnadenlosere Schläge auszuführen.

Packard und Barbee hielten nun den Atem an, während die anderen laut keuchten; Sowohl Packard als auch Barbee gingen schnell hin und her, während die kämpfenden Gestalten auf und ab schwankten, und versuchten anhand der Geräusche, die an ihre Ohren drangen, abzuschätzen, was geschah.

Gemurmelte Verwünschungen, scharrende Füße in einem rohen Tanz der Wut, ein weiterer schwerer, dumpfer Schlag, ein hustender Fluch. Wessen? Blenhams, denn danach kam Bill Royces Lachen. Ein weiterer

Schlag, erneutes Stampfen und Kratzen der Stiefel – Schlag auf Schlag, Fluch auf Fluch – ein Mann fällt schwer – –

Wer war unten? Royce von Blenham?

"Rechnung!" namens Packard. "Rechnung!"

Keine Antwort außer der von zwei großen Körpern, die zusammen auf dem Boden rollen. Beide waren am Boden, Royce und Blenham. Beide kämpften, wortlos und wütend. Wer war oben?

Kein Mann länger oben, kein Mann länger als eine Sekunde unter dem anderen. Die rollenden Körper prallten gegen Packards Bein und er zog sich zurück, um ihnen Platz zu geben. Der Staub, der vom Boden aufstieg, füllte seine Nase. Der Raum wurde unerträglich eng, widerlich eng. Der Schweiß muss inzwischen von beiden Männern strömen. Packard schnupperte und stellte sich den beißenden Geruch von frischem Blut vor. Die großen Massen rollten und droschen und peitschten hier und da –

"Hölle!"

Es war ein Schrei voller Wut und Schmerz; es kam explosionsartig aus Blenhams Lippen. Royces Lachen folgte ihm; Packard zitterte.

"Rechnung!" er weinte. "Rechnung!"

Royce antwortete nicht; vielleicht aus dem sehr guten Grund, dass er es nicht hörte. Es gab andere Dinge, die jetzt einzig und allein seine Aufmerksamkeit fesselten. Die Kampfwut, der Hasswahn trieben ihn und er wiederum ritt seinen Feind. Kühle Vernunft und heiße Blutgier finden nicht nebeneinander im selben Gehirn Platz. Ein zweites Mal ertönte der schreckliche Schrei aus Blenham. Packard zündete hastig ein Streichholz an und zündete die Lampe an.

Packard und Barbee zerrten Royce gemeinsam weg und ließen Blenham dort liegen. Beide Männer waren bis zur Taille nackt, ihre Hemden und Unterhemden waren in Lumpen und Streifen gekleidet und hingen grotesk um ihre Hüften; Royce sah aus wie eine grässlich gemalte Burleske einer Balletttänzerin in einem komischen Rock. Nur war in seinem Gesicht nichts von Burleske oder Komik zu erkennen.

Packard blickte von ihm auf den gequälten Körper von Blenham, der ruckartig und geräuschvoll atmete, drehte sich mit einem plötzlichen Gefühlsabstoß um und schleuderte die schwere schwarze Schlange von sich weg. Er hatte sich den scharfen Geruch von frischem Blut nicht vorgestellt.

"Ich hab ihn!" sagte Royce zitternd. „Mit meinen beiden Händen habe ich ihn erwischt! Nicht wahr, Stevie?“

„Besser als du denkst, Bill!" murmelte Packard. „Besser als du denkst."

Die Sache war ein Unfall gewesen, zumindest was Bill Royces Absicht betraf. Packard wusste das; Er wusste, dass sein alter Partner hart kämpfte, gnadenlos, aber fair kämpfte. Aber war es im weiteren Sinne ein Unfall? Oder eher eine bloße Vergeltungsstrafe, die von einer ewigen Gerechtigkeit verhängt wurde? Dort, in stockfinsterer Dunkelheit, war vielleicht Folgendes passiert:

An der Wand hing der alte, langwellige mexikanische Sporn; Royces Schulter oder Blenhams Schulter hatte es niedergeschlagen; Ihre Füße hatten es bis zur Mitte des Bodens hinausgeschoben. Sie waren zusammen schwer gefallen; sie waren gerollt. Blenham war auf das Gesicht gefallen, Royces Hände machten ihm Sorgen. Der Sporn——

Aber es spielte keine Rolle, wie es zustande gekommen war. Das Ergebnis war das Richtige. Blenham würde nie wieder mit dem rechten Auge sehen.

KAPITEL XIII

IM HOLZLAGER

Sie taten für Blenham, was sie konnten – und das war nicht viel – und ließen ihn gehen, als er dazu bereit war. Noch vor Tagesanbruch war er weggeritten, totenbleich, krank aussehend und wortlos, abgesehen von seinen Abschiedsworten mit seltsam leiser Stimme –

„Dafür kriege ich euch alle drei, helft mir!"

Sie hatten seinen Kopf mit einem aus einem alten Laken gerissenen Streifen zusammengebunden; Das Letzte, was sie in dem unsicheren Licht von ihm sahen, war dieser Verband, der sich langsam hob und senkte, während sein Pferd ihn davontrug.

Als Blenham weg war, gingen Barbee und Bill Royce wieder hinunter zum Schlafhaus und schlüpften leise hinein. Steve Packard, allein im Ranchhaus, saß eine halbe Stunde lang da und rauchte seine Pfeife. Dann ging er zu Bett, die Geldscheine noch im Hemd, die Waffe unter dem Kissen.

Gestern Abend hatte er zweimal zu Joe Woods, dem Leiter des Holzfällerlagers, gesagt: „Wir sehen uns morgen früh."

Als der Morgen kam, frühstückte Steve früh, sattelte sein Pferd und machte sich auf den Weg über die Felder, um der aufgehenden Sonne zu begegnen. Und es schien seinen Fantasien, die in der Frische des frühen Morgengrauens prickelten, als käme ihm die aufgehende Sonne entgegen, ein uraltes Symbol der Jugend, der Kraft und der Hoffnung mit den Flügeln des Triumphs.

Zu dieser Tageszeit, besonders wenn er reitet und allein ist und die Wälder um ihn herum immer dichter werden, ist der Mensch anfällig für Selbstvertrauen. Es war eine einfache Sache gewesen, und so betrachtete er es jetzt, gestern Abend die Wahrheit über die ersetzten Rechnungen herausgefunden zu haben; Eine ebenso einfache Sache war sein Sieg bei siebeneinhalb oder sein überragender Joe Woods oder seine Wiedererlangung des verlorenen Erbes gewesen.

Blenham, oder vielmehr ein Agent von Blenham, hatte sein Pferd getötet; was dann? Sein Schicksal war vorangekommen; Terry war gekommen; Er war pünktlich in ihrem Auto zur Ranch zurückgekehrt.

Was wäre, wenn die Ranch mit einer Hypothek an den härtesten Mann in sieben Landkreisen verpfändet wäre? Was wäre, wenn sein Großvater angesichts der verlockenden Sünde des alten Mannes, der Geiz, offensichtlich auf den Rücken gefallen wäre und ihn zwangsläufig brechen würde? Spielte ihn das Schicksal nicht zu ihrem Liebling?

Für Steve Packard, der der Sonne entgegenritt und sein Versprechen gegenüber dem Holzfäller einlöste, war die Welt gerade ein überaus heller und schöner Ort; In dieser Stunde des sprunghaften Optimismus konnte er sich Terry Temple sogar in geselliger Lachstimmung vorstellen.

So früh stieg er in den Sattel, dass das trübe Ende der Morgendämmerung noch süß in der Luft lag, als er unter den mächtigen Ästen der Nachzügler der Wälder hindurchging, die seine östlichen Hügelhänge bedeckten. Er bemerkte, dass das Gras zwischen den weit voneinander entfernten Stämmen dicht und üppig und unberührt war; für die Zeit der Not reserviert. Hier gab es noch keinen Bestand.

Er ging weiter, bog in den wenig genutzten Pfad ein, der ihn zunächst zur McKittrick-Hütte führte, wo Bill Royce vor sechs Monaten durch eine doppelläufige Schrotflinte erblindet war; dann zum Holzfällerlager eine Meile weiter. Beide lagen am Ufer des Packard's Creek; Die von Joe Woods' Männern errichtete Wasserrinne folgte der Linie des Baches.

Mit der neuen Sonne in seinen Augen zog Steve seinen Hut tief in die Stirn und sah sich neugierig um. Die Holzfäller waren erst vor kurzem gekommen; so viel war offensichtlich. Sie waren gekommen, um zu bleiben; das war ebenso deutlich zu sehen. Rohe Platten aus grünem Holz, die immer noch trockneten und sich dabei verzogen und splitterten, waren grob zusammengeschlagen worden, um ein langes, niedriges Gebäude zu bilden, in dem Koch und Kochherd sowie ein Tisch aus zwei Brettern sowohl Küche als auch Esszimmer anzeigten.

Ein halbes Dutzend weiterer Hütten und Unterstände, die hier und da zwischen den Bäumen zu sehen waren, vervollständigten das Lager. Große umgestürzte Bäume – sie nahmen nur das ausgewachsene Holz –, die hilflos und hoffnungslos aussahen, lagen hin und her wie zerbrochene Riesen, majestätisch der Axt des Eroberers ergeben.

Hier, in der Ruhe und Stille des rosigen Tages, kam Steve dieser Vorstoß des Kommerzials plötzlich sowohl als Gemetzel als auch als Sakrileg vor; Zwischen den tapferen Patriarchen und ihren gebeugten Brüdern saß er auf seinem Pferd und starrte stirnrunzelnd auf das kleine hässliche Durcheinander von Gebäuden, in denen die Eindringlinge untergebracht waren.

„Mein geliebter alter Opa hatte die Nerven", grunzte er, als er weiter in die winzige Siedlung ritt. "Wie gewöhnlich!"

Der Koch, gähnend, mit trüben Augen, unvorstellbar zerzaust, rührte sich nur. Steve sah seinen Rücken und einen hängenden Hosenträger, als er mit etwas Anzündholz in der einen und einem Eimer Wasser in der anderen Hand in den Kochschuppen ging. Erst als Packard, nachdem er zu seiner Tür geritten war, hineingeschaut hatte und den Koch aufschreckte und herumwirbelte, zeigten sich im Gesicht des anderen die trüben Augen, die auf eine Nacht der Ausschweifung schließen ließen.

„Ich wette, letzte Nacht war ich spät dran", lachte Steve und ließ sich im Sattel nieder. Der Koch machte ein Gesicht, das unverkennbar einen schlechten Geschmack im Mund verriet, und kniete vor dem Herd nieder, um sich langsam niederzulassen wie ein Mann mit steifen, rheumatischen Gelenken oder einem Kopf, den er nicht stoßen wollte.

„Lass Nacht betrunken", knurrte er und setzte sich wieder auf die Hocke, als sein Feuer fing. „Ein Mann, der sich betrinkt, ist ein verdammter Idiot. Ich habe es satt."

„Wo ist Woods?" fragte Steve. "Schon wach?"

„Ja, verrotte ihn, er ist wach. Er ist immer wach. Er ist – heiliger Himmel, ich habe einen Kopf!"

"Wo ist er?" forderte Packard.

Der Koch erhob sich sanft und umfasste einen Moment lang seinen Kopf mit beiden Händen. Dann tauchte er es nach und nach in seinen Eimer mit eiskaltem Wasser. Danach trocknete er sich mit einem schmutzigen Handtuch ab, stellte den Eimer Wasser auf seinen Herd und blickte Steve mit seinen rotgeränderten Augen an.

„Du bist der Typ, den ich neulich Morgen gefüttert habe, nicht wahr?" er hat gefragt.

Steve nickte.

„Mehr noch", fuhr der Koch fort, „sind Sie der Typ, der Woodsy gestern Abend in Red Crick geleckt hat?"

Wieder nickte Steve.

„Und du behauptest schon wieder, die Ranch hier zu leiten? Und sie zu besitzen? Und der Enkel des alten Hell-Fire zu sein?"

„Ich habe dich gefragt, wo Woods ist", erinnerte Packard ihn scharf. Der Koch hob die Hand, als wollte er einen Schlag abwehren.

„Warum schreist du mir ins Ohr?" er stöhnte düster. „Willst du mir den Kopf abspalten? Woodsy ist da drüben und redet mit einem Mann namens Blenham. Schon mal von ihm gehört?"

„Dort drüben" bedeutete eindeutig genau auf der anderen Seite des Baches, wo es zwischen den Bäumen eine kleine flache, offene Fläche gab, auf der eine der größeren Hütten stand. Steve sah ein Ofenrohr, das schief durch das Schuppendach ragte; bemerkte eine dünne Rauchsäule. Er spurtete über den Bach und zum Quartier des Holzboss.

Woods hörte ihn, kam in den heller werdenden Morgen hinaus und zog die Tür hinter sich zu. Seine Augen zeigten, wie die des Kochs, wenn auch in geringerem Maße, Anzeichen einer wilden Nacht in der Stadt. Steve vermutete, dass er sich die ganze Nacht nicht ausgezogen hatte; dass er gerade nicht ganz nüchtern war, obwohl er sich ruhig bewegte und gut genug sprach.

„Ich dachte, du würdest es sehen", sagte Woods leise, die großen Hände in den Taschen, die Schultern an der Wand.

„Was macht Blenham hier?" fragte Steve.

Woods kniff nachdenklich die Augen zusammen.

„Er ist fast tot. Er wartet darauf, dass ich einen der Jungs dazu bringe, ihn zu einem Arzt zu schleppen. Er sagt, du und zwei andere Jungs hätten ihm für ihn das Auge ausgestochen."

„Er ist ein Lügner", verkündete Packard wütend. „Die Sache war ein Unfall. Es war ein fairer Kampf zwischen ihm und Bill Royce. Blenham fiel auf einen alten Sporn. Ich habe dir versprochen, dass ich heute Morgen hier sein würde, Woods."

„Ja", sagte Woods. „Ich habe dich erwartet."

„Du warst letzte Nacht ehrlich zu mir", fuhr Packard leise fort. „Ich schätze die Tatsache. Wenn ich Ihnen jemals einen Gefallen tun kann, sagen Sie es einfach. So viel zu diesem Teil. Als nächstes: Vielleicht haben Sie gehört, dass ich der Besitzer von Ranch Number Ten bin? Und dass ich kandidiere Ich bin heute Morgen vorbeigekommen, um Ihnen mitzuteilen, dass wir hier mit der Arbeit Schluss machen. Ich möchte kein weiteres Holz mehr herunterfallen lassen."

Es gab ein leichtes Zucken in Woods' breitem Mundwinkel. Er gab keine Antwort.

"Hör mich?" schnappte Steve.

„Sicher verstehe ich dich", sagte Woods unverschämt. „Das gilt auch für Blenham. Er ist direkt drinnen, wo er es hören kann. Ich schätze, er ist es, mit dem du reden willst. Ich nehme meine Befehle von Blenham und sonst niemandem entgegen."

„Ich habe bereits mit Blenham gesprochen. Ich habe ihm gesagt, er solle seine Hufe nach heute nicht mehr auf meine Ranch setzen. Da er ziemlich schwer verletzt ist, lasse ich Sie ihn zum Arzt bringen, aber ich will ihn nicht." zurückgeschleppt. Außerdem möchte ich, dass die Arbeit hier sofort eingestellt wird. Die Männer werden in ein paar Minuten frühstücken. Nach dem Frühstück können Sie es ihnen erklären und sie gehen lassen.

Woods zuckte mit den Schultern.

„Mein direkter Befehl aus Blenhams Mund ist, hier weiterzumachen und Holz zu sägen", sagte er farblos. „Ich nehme mein Gehalt von ihm und ich tue, was er sagt."

Es schien nur eine nachlässige Gleichgültigkeit in seiner Geste zu sein, als er ihm teilweise den Rücken zuwandte und stromaufwärts blickte; Aber die leichte Bewegung zeigte Packard, dass Woods deutlich sichtbar eine Waffe an der Hüfte trug. Nun, Woods selbst hatte gesagt: „Ich habe dich erwartet!"

Letzte Nacht hatte Steve sich aus einem bestimmten Grund bewaffnet; Als er sich heute Morgen auf den Weg zu dieser Besorgung machte, hatte er den Revolver in eine Tischschublade im Ranchhaus geworfen. Er war nie ein Schütze gewesen; Wenn die Umstände es erforderten, dass er bewaffnet sein musste, dann war das gut und schön. Aber seine Brauen zogen sich wütend zusammen, als er Woods' Bereitschaft zu einer Schießerei zur Schau stellte.

„Schau her, du Joe Woods!" er schrie auf. „Und hör auch zu, du Blenham! Ich bin kein Unruhestifter. Ich weiß, dass es kinderleicht ist, einen Streit zu beginnen, bei dem mehr als ein Mann ums Leben kommt, bevor er zu Ende ist, und was nützt das? Aber ich meine, es zu haben Was gehört mir, trotz dir und Höllenfeuer-Packard und dem Teufel! Das Recht des ganzen Deals ist so klar wie eins und eins: Dies ist mein Outfit, wenn es verpfändet ist; niemand außer mir hat ein Recht darauf, meinen Holzschnitt anzuordnen . Und ich sage, dass es nicht gekürzt wird. Wenn es irgendwelche Probleme gibt, liegt es an euch Jungs."

Von Blenham in der Hütte war kein Laut zu hören; Nachdem Woods einen schnellen Blick auf Packards wütendes Gesicht geworfen hatte, starrte er erneut stromaufwärts.

Eine Weile kaute Steve Packard an seiner Lippe, gefangen in einem Strudel hilfloser Wut. Nie eine Antwort von Blenham, nie eine Antwort von Woods; schon wütend, ihr Schweigen machte ihn wütend. Auf der anderen Seite des Baches sah er den Koch in seiner Küchentür stehen, zuhören und kränklich lächeln; Zwei oder drei der Männer, die zum Frühstück herauskamen, beobachteten ihn.

Sie waren ein hässlicher, rotäugiger Haufen, dachte er, während er sie mit seinen blitzenden Augen musterte; Sie kämpften wie Hunde aus Freude am Kämpfen; Früher oder später, wenn Blenham hartnäckig blieb, würde er die Aufgabe haben, sie von seinem Land zu vertreiben. Natürlich könnte er auch „höher hinauf" gehen; er konnte sich an seinen Großvater wenden.

Er könnte es, aber in seiner gegenwärtigen Stimmung hatte er nicht die Absicht, so etwas zu tun. Sein Großvater hätte diese Männer schon früher abziehen sollen.

„Bitten Sie mich nicht, meine Hand zu halten!" der alte Mann hatte ihn angeschrien. „Ich bin hinter deinem Zahn und deinem großen Zehennagel her!"

Nun, wenn der alte Mann Ärger und einen Fernkampf wollte –

Sein Blut strömte schnell und heiß durch seine Adern; Sein Verstand arbeitete fieberhaft. Ein Mann allein konnte gegen die Menge nichts ausrichten. Aber er könnte zurück zur Ranch reiten, ein Dutzend Männer versammeln, ihnen Waffen in die Hand geben und innerhalb weniger Stunden wieder hier sein.

Er sah die Holzfäller, wie sie einer nach dem anderen auf die Lichtung neben der Hütte des Kochs kamen; zählte sie, als sie hineingingen. Der Gedanke an eine morgendliche Tasse Kaffee lockte sie an; Unter den Gesichtern, die sich kurz in seine Richtung drehten, erkannte er mehrere, die er letzte Nacht im Ace of Diamonds-Saloon gesehen hatte. Er sah, wie zwei von ihnen den großen Wagen anspannten, offensichtlich das einzige Transportmittel im Lager. Sie bereiteten sich darauf vor, Blenham einzunehmen.

Plötzlich blitzte ein neues Licht in Steves Augen auf; Er drehte abrupt den Kopf, damit Joe Woods es nicht sehen sollte.

„Wie viele Männer haben Sie hier, Woods?" er hat gefragt.

Woods wunderte sich über die Frage, die er beantwortete:

„Vierzehn; ein neues Lager auf der anderen Seite des Bergrückens eröffnen."

Steve hatte gezählt, dass neun Männer in den Schuppen des Kochs gingen; beim Koch waren es zehn; die zwei mit den Pferden machten zwölf. Es sollten noch zwei weitere sein. Er wartete. In der Zwischenzeit lockerte er heimlich, damit Woods nicht erriet, was er tat, oder die geschäftige Hand sah, seinen Latigo und schien nur lässig im Sattel zu liegen; Während er ein halbes Dutzend zufälliger Bemerkungen machte, die Woods noch mehr ins

Grübeln brachten, löste er seinen Entschluss. Ein anderer Mann war in die Küche gegangen. Dreizehn.

„Mit vierzehn?" fragte er Woods.

"Ja."

Dann wurden sie alle abgerechnet; zwei mit den Pferden; elf im Schuppen; Joe Woods vor ihm.

„Mein Gurt ist locker", sagte Packard und stieg ab, warf den Steigbügel quer über den Sattel, um ihm aus dem Weg zu gehen, und seine Finger wanderten zum Latigo, den er gerade gelockert hatte.

Woods beobachtete ihn tatenlos. Dann blickten beide Männer plötzlich in Richtung Küche. Die Tür war zugeschlagen worden; Es gab einen ziemlich schrecklichen Lärm, als alle Töpfe und Pfannen des Kochs zusammenfielen. danach ertönte lautes Gelächter, und schließlich wurde die Stimme des Kochs mürrisch. Woods grinste. Unbeeindruckt von Packards Anwesenheit sagte er beiläufig:

„Cookie Mos' hat nach einer Nacht wie der letzten normalerweise einen verdammt guten Kopf. Die Jungs wissen es und haben ein bisschen Spaß mit ihm!"

Die beiden Männer, die die Pferde anspannten, hatten offensichtlich ebenso wie Woods erraten, was im Reich des Kochs vor sich ging; Jedenfalls banden sie eilig die Pferde fest und beeilten sich, nachzusehen. Packard, der immer noch mit seinem Latigo beschäftigt war, sah sie und beobachtete sie, bis sich die Tür hinter ihnen geschlossen hatte.

Sein Pferd stand zwischen ihm und Woods. Er kitzelte das Tier an der Flanke; es wirbelte herum, zog sich zurück, stürzte hinab und zog Woods' Blick auf sich. Und das nächste, was Woods klar verstand, war, dass Steve Packard ihn verfolgt hatte, dass eine von Packards Händen an seiner Kehle lag, dass die andere nach der Waffe an Woods' Hüfte gegriffen und sie erwischt hatte.

„Zurück in deine Hütte!" befahl Packard und stieß die Mündung von Woods' großer Automatik fest in Woods' Rippen. "Schnell!"

Gerade hatte Steve zu sich selbst gesagt: „Ein Mann gegen die Menge, er konnte nichts ausrichten!" Genau das, was Woods denken würde; was Blenham drinnen denken würde; Genau das, was die übrigen Männer dachten, seit sie ihm den Rücken gekehrt und ihn bei ihrem Sport, den Koch zu belästigen, vergessen hatten.

Was er jetzt tat, würde er, wenn er hörte, dass ein anderer Mann es versuchte, als „Eine dumme Sache!" bezeichnen. Und doch hatte er sich oft gesagt, dass ein Mann eine gute Chance hatte, mit dem Unerwarteten davonzukommen, wenn er schnell und hart zuschlug und seinen Verstand beibehielt.

Woods war völlig verblüfft und ließ sich erneut in seine Kabine fahren. Packard folgte ihm und schloss die Tür. Drinnen lag Blenham auf Woods' Koje, den Kopf immer noch umhüllt, neben sich eine halbleere Whiskeyflasche auf dem Boden. Mit einem wässrigen Auge blickte er von einem zum anderen der beiden Männer, die auf ihn zustürmten.

„Blenham", rief Packard und stellte sich neben ihn, während er darauf achtete, Joe Woods' Arbeitsgesicht nicht aus den Augen zu verlieren, „ich möchte, dass die Arbeit hier eingestellt wird und diese Menschenmenge von der Ranch verschwindet. Sie haben gehört, was ich draußen gesagt habe, nicht wahr? ?"

Blenham antwortete schwerfällig:

„Woods, achten Sie doch nicht darauf, was dieser Mann sagt. Sie behalten Ihre Männer bei der Arbeit. Und wenn Sie noch einen Tropfen Whiskey bekommen …"

„Die Flasche ist dort, wo Sie sie hingelegt haben", erwiderte Woods. „Unter deinem Kissen."

Blenham rollte sich auf die Seite und schob seine Hand unter sein Kissen. Die ganze Zeit über leuchtete sein einziges rotes Auge böse auf Steve, der, ganz bei Verstand, in die Ecke zurücktrat, von wo aus er gleichzeitig Woods und Blenhams Hand beobachten konnte, die ihr dummes kleines Spiel machte und nach einer Flasche suchte.

„Nimm es am Hals raus, Blenham", sagte Steve streng. „Nimm es am Hals heraus und gib es mir, mit dem Hintern voran! *Sabe* ? Ich schätze, was für ein Getränk du gerne zubereiten würdest."

Blenhams ein Auge und Steves zwei kollidierten; Woods sah interessiert zu. Er lachte sogar, als Blenham schließlich mit einem Ausruf, der sowohl einem Stöhnen als auch einem Fluch ähnelte, seine Waffe hervorzog und sie auf seine Steppdecke warf. Steve nahm es und steckte es in seine Tasche.

„Es sind nur ein paar Männer im Kochhaus", sagte Woods humorvoll. „Nachdem du mich und Blenham überfallen hast, solltest du da drüben keine Probleme haben!"

"Wieviele Männer?" forderte Steve leise. „Dreizehn, wenn ich richtig gezählt habe, nicht wahr, Woods? Das ist keine Zahl, auf die man seine Hoffnungen setzt! Dass dies mein Land ist, dass ihr Jaspis unbefugt eindringt, dass ich lediglich mein Eigentum verteidige. Mit anderen Worten, ihr habt Unrecht. Ihr werdet auf ziemlich dünnem Eis laufen, wenn ihr später nur behauptet, dass ihr Befehlen Folge geleistet habt Von Blenham aus; folgen Sie Blenham lange genug, dann gelangen Sie zum Pferch. Jetzt gehe ich nach draußen. Sie und Blenham bleiben hier, bis ich nach Ihnen rufe. Ich schließe die Tür, Sie lassen sie geschlossen. Nehmen Sie sich Zeit Machen Sie sich eine Zigarette und denken Sie darüber nach, bevor Sie etwas anfangen, Joe Woods.

Dann riss er schnell die Tür auf, trat hinaus und ließ sie hinter sich zuschnappen.

„Ich gehe das Risiko ein", murmelte er, sein Blick war hart, sein Kiefer vorgepreßt und vorgestreckt. „Eine gute Fernchance. Aber so spielt sich das Spiel nun einmal ab!"

Die Tür der Hütte des Kochs, die ihm von der anderen Seite des Baches zugewandt war, war immer noch geschlossen. Steve ging ein Dutzend Schritte flussabwärts; Jetzt konnte er Woods' Hütte aus dem Augenwinkel befehligen, direkt in die Küche blicken, als sich die Tür öffnete, und das einzige kleine quadratische Fenster im Auge behalten.

„Es ist alles möglich", sagte er sich grimmig. „Ein Mann kann mit einem Paar Zweien einen Jackpot gewinnen, wenn er das Spiel richtig spielt!"

An dieser Stelle ist Packard's Creek schmal; Die Entfernung zwischen der Stelle, an der er stand, und der Tür des Küchenschuppens betrug nicht mehr als vierzig Fuß. Er nahm Woods' Waffe in die linke Hand und nahm in die rechte Blenhams altmodischen Revolver, der ihm besser gefiel. Um die Sache so nachdrücklich in Gang zu bringen, wie er nur konnte, ließ er eine Kugel durch das Dach des Kochs schießen.

Das Stimmengemurmel verstummte plötzlich; es war einen Moment lang äußerst still; Dann gab es ein Gedränge, ein Kratzen schwerer Stiefel und schleifender Bänke, und die Tür des Kochs schlug gegen die Außenwand zurück, und die Öffnung füllte sich mit massigen Gestalten, während sich Männer drängten, um zu sehen, was los war. Was sie sahen, war die Spitze von Blenhams Waffe in Steves Hand.

„Zurück da oben", rief Packard. „Steh still, während du mir zuhörst."

Sie zögerten und fragten sich. Ein Mann knurrte etwas, seine Stimme war tief und widerspenstig. Ein anderer Mann lachte. Die Gestalten, die den Türrahmen füllten, begannen sich langsam nach außen zu wölben, während andere Gestalten hinter ihnen auf sie drängten.

In Woods' Hütte gab es ein wenig Lärm.

„Ihr Männer geht heute", sagte Steve hastig. „Genau so schnell, wie Sie Ihre Fracht ziehen können. Blenham und Woods gehen mit Ihnen. Alles in allem sind es mehr als ein Dutzend von Ihnen und nur einer von mir. Aber ich habe Woods' Waffe und die von Blenham und ich meine es zufällig ernst." Das ist mein Outfit. Wenn ihr Jungs irgendetwas anfängt und es Ärger gibt, warum steht ihr dann auf der falschen Seite des Zauns? Außerdem besteht die Gefahr, dass ihr verletzt werdet. Blenham und Woods sind völlig kalt, soweit ich das beurteilen kann Ihr Jungs wärt ein Haufen Idioten, wenn ihr stärker Stellung beziehen würdet, als sie es tun.

Der Mann, der gelacht hatte und nun sein Gesicht durch seine Gefährten hindurchschob, grinste breit und verkündete:

„Wir machen uns vielleicht keine Sorgen darüber, wo Blenham und Joe aussteigen. Aber wir haben noch nicht gefrühstückt!"

„Auf meinem Land bekommt man kein Frühstück!" sagte Steve scharf, im Moment hatte er mehr Angst davor, mit Gutmütigkeit zu tun zu haben als mit Wut.

Denn wenn das Dutzend Männer dort einfach lachten und hinausgehen und sich zerstreuen würden, wären ihm die Hände gebunden; Er konnte nicht viele scherzhafte Männer abschießen, und das wusste er. Und sie würden es wissen.

„Du bist gerade auf dem Weg! Du, da!" Dies ist ein großer, krummschultriger junger Riese im Vordergrund, blauäugig, strohhaarig, nordisch aussehend. „Geh hier entlang, Sandy! Und geh energisch."

Der Nordländer zuckte mit den Schultern und sah kriegerisch aus. Steve befeuchtete seine Lippen.

„Du kannst mich nicht bluffen –", begann der Nordländer.

Und Steve wusste, dass er, nachdem er so weit gegangen war, nicht mehr mit dem Bluffen aufhören konnte. Und er wusste, dass er nicht zögern durfte.

„Ich kann genauso gerade schießen wie die meisten Männer", sagte er sanft. „Aber manchmal verfehle ich auf diese Distanz ein oder zwei Zentimeter. Ihr Männer, die kein unnötiges Risiko eingehen wollen, solltet Sandy besser etwas mehr Bewegungsfreiheit geben!"

Der Mann mit den gebeugten Schultern richtete sich ein wenig auf, hob den Kopf und nahm eine frische, trotzige Miene an. Langsam hob Steve die Mündung seiner Waffe – langsam zog sich ein Mann vom Nordhang zurück, ein Mann wich nach rechts ab, ein Mann machte einen hastigen Schritt nach links. Er blieb mitten in der offenen Tür stehen. Er bewegte sich ein wenig, ballte die Fäuste an den Seiten und drehte den Kopf.

Wieder ein Geräusch aus Woods' Hütte. Steve sah, dass sich die Tür leise fünfzehn Zentimeter geöffnet hatte. Es gab eine schnelle Bewegung in mir; die Tür wurde weit aufgerissen. Woods stand in der Öffnung, ein Gewehr in der Hand, den Lauf auf Steves Brust gerichtet. Steve sah den Ausdruck in Woods' Augen, wirbelte herum und feuerte als Erster. Die Gewehrkugel schnitt pfeifend hoch durch die Luft; Woods ließ das Gewehr fallen, taumelte und ging unter dem Aufprall einer bleiernen Rakete aus einem Revolver vom Kaliber 45 zu Boden. Das Gewehr lag jetzt direkt draußen.

Der untersetzte junge Riese mit den blauen Augen und dem schockierten Haar hatte sich nicht gerührt. Sein Mund war offen; sein Gesicht war dummerweise ausdruckslos.

„Wirf deine Hände hoch und geh raus!" Steve rief ihm grob zu.

Der Mann zuckte zusammen, sah sich schnell um, trat vor und hob seine großen Hände. Sie waren immer noch fest verschlossen, öffneten sich aber langsam und locker, als sie über seinen Kopf gingen.

„Dreh dir hier den Rücken zu", befahl Steve, der spürte, wie er den Moment beherrschte und wusste, dass er seinen Vorteil schnell ausbauen musste. „Mit dem Bauch an die Wand. Das ist es. Als nächstes!"

Ein Mann, der Mann, der zweimal gelacht hatte, trat eifrig vor. Er brauchte keine Aufforderung, seine Hände zu heben, noch musste er sich auf die Seite des anderen begeben, mit dem Gesicht zur Wand. Seine Augen traten ein wenig hervor; Sie waren nicht auf Steve Packard gerichtet, sondern auf die Leiche von Joe Woods. Der Holzboss lag halb drinnen, halb draußen auf der Schwelle und drehte sich ein wenig, wo er lag.

Nun traten die Holzfäller, einer nach dem anderen, leise oder gar nicht sprechend, in die Stille des neuen Tages hinaus. Steve zählte sie, sobald sie auftauchten, hielt den Blick immer auf Woods' Tür gerichtet, war sich immer bewusst, dass Blenham noch zu erledigen war, und achtete immer auf das kleine quadratische Fenster im Schuppen des Kochs. Einmal sah er dort ein Gesicht; rief er warnend und das Gesicht zog sich hastig zurück.

Endlich waren sie draußen, dreizehn Männer mit dem Rücken zu ihm und erhobenen Händen. Steve trat einen Schritt zurück und ging zu Woods' Hütte.

„Komm raus, Blenham", rief er knapp.

Blenham verfluchte ihn, kam aber. Er stieg über Woods' Leiche und sagte drohend:

„Du hast ihn umgebracht, nicht wahr? Du wirst dafür dankbar sein."

„Bleiben Sie, wo Sie sind, Blenham." Er fragte sich dumpf, ob er Woods getötet hatte. Er betrachtete die Angelegenheit gerade fast unpersönlich; Das Spiel war noch nicht gespielt, die Karten waren aus, der Geist musste kühl sein, das Auge schnell. „Ihr beiden Jungs kommt am Ende her und hilft mir bei Woods."

Wieder verdrehte sich Woods' großer Körper; es drehte sich jetzt sogar halb um, und Woods setzte sich auf. Seine Hand wanderte zu seiner Schulter; Steve sah, wie die Hand rot wurde. Woods' Gesicht war weiß und schmerzerfüllt. Sein Blick wanderte zu dem Gewehr zu seinen Füßen. Steve trat vor, nahm das Ding hoch und warf es zurück in die Kabine. Woods schwankte, kippte ein wenig nach vorne, fing sich auf, stützte sich mit einer Hand am Türpfosten ab und stand zitternd auf. Steve staunte über ihn.

„Wenn Sie möchten, Woods", sagte er leise, „lasse ich Sie zu mir nach Hause bringen und schicke einen Arzt für Sie."

„Ach, verdammt, ich bin nicht schlimm verletzt", sagte Woods.

Steve sah, wie sich seine Brauen beim Sprechen zusammenzogen. Die rote Hand wurde ziemlich hastig auf die Schulter eines der beiden Männer gelegt, die Steve über den Bach gerufen hatte.

Blenham wandte sich ab und ging flussabwärts auf den großen Wagen zu. Woods folgte ihm, ging langsam und mühsam und stützte sich ab und zu auf seine Stütze.

Als Steve ihnen zurief, stellten sich die Männer an der Wand des Kochschuppens auf, drehten sich um und gingen mit immer noch erhobenen Händen flussabwärts. Einer nach dem anderen stiegen sie in den Wagen. Zwei oder drei lachten; Größtenteils gab es nur schwarze Gesichter und wachsende Wut. Viele von ihnen hatten letzte Nacht viel getrunken und wenig geschlafen; Keiner von ihnen hat seinen Kaffee vermisst.

Packard ergriff die Zügel seines Pferdes, schwang sich in den Sattel und rief:

„Ich weiß nicht, worauf Sie warten. Steigen Sie auf den Sitz, jemand. Fangen Sie an. Blenham und Woods brauchen beide einen Arzt. Und Sie müssen nicht für alles zurückkommen, was Sie übriggelassen haben; ich werde Ihren ganzen Müll haben." verpackt und heute Nachmittag nach Red Creek geschleppt.

Ein Mann nahm die vier Zügel und kletterte auf den Hochsitz. Die Bremse wurde zurückgezogen, die Pferde tanzten, steckten ihre Hälse in ihre Halsbänder und die Räder drehten sich. Hinter ihnen ritt Steve Packard, immer noch wachsam, um sie in ausreichender Entfernung über die Grenze seines Grundstücks hinaus zu eskortieren.

Terry Temple vergnügte sich vor dem heruntergekommenen Temple-Haus mit einem Feldstecher. Ihr großer Wolfshund hatte gerade vorübergehend seine gewohnte Würde aufgegeben und jagte ein Kaninchen. Terry hatte ihr Fernglas auf ein entferntes Feld gerichtet und war neugierig auf das Ergebnis.

Plötzlich verlor sie dieses Interesse. Weit unten auf der Straße erblickte sie einen großen Wagen; es war voller stehender Männer. Sie änderte ihren Fokus.
"Papa!" sie rief schnell an. „Oh, Papa! Komm her!"
Ihr Vater kam auf die Veranda.
"Was willst du?" fragte er gereizt.
Terry rannte auf ihn zu, errötete vor Aufregung, und schob ihm die Brille vor die Augen. Temple wich aus, beschäftigte sich mit dem Fokussiergerät, senkte die Brille und blinzelte die Straße entlang.
„Es ist nur ein Wagen, nicht wahr?" er forderte an. "Sieht aus wie--"
Wieder schnappte sie sich das Fernglas.
„Viele Männer stehen auf", verkündete sie. „Das ist das Team vom Packard-Holzfällerlager. Auf dem Vordersitz sitzt ein Mann beim Fahrer und er hat einen Lappen um den Kopf. Unten im Wagen ist eine Art Bett; da liegt ein Mann. Ich glaube tatsächlich, Dad Temple —"

Sie brach mit einem seltsamen kleinen Keuchen ab. Hinter dem Wagen ritt ein Mann zu Pferd; Die Sonne glitzerte auf einem Revolver in seiner Hand. Sie kamen näher.

„Es ist Blenham auf dem Vordersitz mit einem Verband um den Kopf!" Sie weinte. „Er ist verletzt! Und – Papa, dieser Mann da hinten ist Steve Packard! Und er vertreibt diese Menge von seiner Ranch, so sicher wie du Jim Temple bist und ich Teresa Arriega Temple!"

Der Tempel begann.

"Was ist das?" fragte er mit einem echten Zeichen des Interesses.

Gemeinsam starrten sie die Straße entlang. Da kam der Wagen und der Reiter dahinter. Langsam veränderte sich der Ausdruck in Terrys Augen. Im nächsten Moment tanzten sie förmlich. Und dann brach sie in schallendes, köstliches Gelächter aus, was ihren Vater dazu veranlasste, sie neugierig anzustarren.

„Steve Packard", schrie sie, ihr Ausruf galt nur ihren eigenen Ohren und reichte nicht weiter als die ihres frisch importierten japanischen Kochs, der direkt hinter ihr aus seinem Küchenfenster spähte, „Ich glaube, du bist ein weißer Mann." Immerhin! Und ein Gentleman und ein Sport! Papa, er hat die ganze Menge von ihnen geschnappt und in die Flucht geschlagen. Bei Gott, es sieht für mich so aus, als wäre ein Mann aufgetaucht! Vielleicht hat er mir letzte Nacht die Wahrheit gesagt. "

Der Wagen kam näher, näherte sich dem Tempeltor und fuhr vorbei. Temple starrte ihn scheinbar bestürzt an. Steve folgte dem Wagen, näherte sich dem Tor, blieb stehen, sah zu, wie die vier Pferde ihre Fracht um die nächste Straßenbiegung zogen, verbuchte seine Arbeit als erledigt und wandte sich den Tempeln zu.

„Guten Morgen", rief er fröhlich, hochzufrieden mit dem Leben in diesem Moment. „Schöner Tag, nicht wahr?"

Terry sah ihn kühl an. Dann drehte sie sich um und ging ins Haus. Iki, die neue Köchin, sah sie verwundert an.

„Mir erscheint es höchstwahrscheinlich sicher", sagte der scharfsinnige Orientale in seiner Seele, „dass die Bewohner dieser Wildnisgebiete viel Wahnsinn in ihrem Gehirn haben."

Steve lenkte sein Pferd zurück auf die Straße und richtete sein Gesicht auf seine eigene Ranch.

„Verdammtes Mädchen", murmelte er.

KAPITEL XIV

DER MENSCHBRECHER ZU HAUSE

In kurzer Zeit hatte das Viehland viel von Steve Packard kennengelernt, dem Sohn des verstorbenen Philip Packard, dem Enkel des Old Man Packard, der vielfach bekannt ist. Red Creek schwatzte im Rahmen seiner Möglichkeiten und verbreitete die Nachricht von einem Streit mit Blenham, einem Siegerspiel mit siebeneinhalb Spielen und einem Kampf mit dem großen Joe Woods. Red Creek war geneigt, diesem neuen Packard das Gütesiegel aufzudrücken, denn Red Creek stand auf beiden Seiten seiner streitsüchtigen Straße bereit zu sagen, dass ein Mann ein Mann sei, auch wenn es auf ihn losgehen könnte.

Mit der Zeit wuchs Packards Ruhm. Es gab Gerüchte, dass er in einem wilden Handgemenge mit Blenham das rechte Auge dieses fähigen Individuums zerstört hatte; Und obwohl es Leute gab, die von einigen der Ranch-Nummer-Zehn-Jungen wussten, dass Blenhams Verlust die Folge eines Unfalls war, blieb es unbestritten, dass Blenham auf Packards Ranch eine Verletzung erlitten hatte und von dort vertrieben worden war.

Dann war Packard Blenham zum Holzfällerlager gefolgt; er hatte die von Joe Woods angeführte Menge angegriffen; er war bemerkenswert nahe daran gewesen, Woods zu töten; Er hatte das Lager aufgelöst und die Holzfäller auf den Weg geschickt. Unter ihm war ein Pferd getötet worden; er hatte sich mit seinem Großvater gestritten; er stand auf eigenen Füßen. In Kürze-

„Er ist ganz sicher ein echter Packard!" sie sagten von ihm.

Sicherlich gab es zwar Männer, die gut über ihn sprachen, aber es gab auch andere, vielleicht genauso viele, die schlecht über ihn sprachen. Da waren der Barkeeper des Ace of Diamonds, Joe Woods, Blenham; Sie hatten ihre Freunde und Mitläufer. Andererseits gab es alte Freunde, die Steve zwölf oder mehr Jahre lang nicht gesehen hatte.

So war Brocky Lane, dessen Cowboy Steve ein Pferd geliehen hatte, das auf der Straße nach Red Creek getötet worden war. Der junge Packard bezahlte das Tier umgehend und nahm seine alte Freundschaft mit dem herzlichen, großzügigen Brocky Lane wieder auf.

Was Männer über ihn zu sagen hatten, kam Steve zuletzt. Aber etwa fünfzig Meilen nördlich von Ranch Nummer zehn, auf den weitläufigen Hektar der größten Viehfarm des Staates, gab es einen anderen Packard, über den sich schnell Gerüchte verbreiteten. Und das lag daran, dass der alte

Großvater bei jeder Gelegenheit, etwas über die Aktivitäten seines Enkels zu erfahren, alles daransetzte.

„Was für ein Mann ist er überhaupt geworden?" war es, was Hell-Fire Packard herausfinden wollte.

Als der alte Mann irgendwohin wollte, bestellte er sein Auto und Guy Little. Als er Informationen brauchte, ließ er Guy Little rufen. Der unterdimensionierte Mechaniker hatte Augen, die sehen konnten, Ohren, die hören konnten, und eine Zunge, die Dinge klarstellen konnte; Es muss ihm außerordentlich daran gelegen haben, seine Position im Haushalt des alten Mannes fünf oder sechs Jahre lang zu behalten.

Zu seinem Arbeitgeber war er einmal gekommen, halb verhungert und müde, mit einem Ausdruck der Angst in seinen Augen, der die Art hatte, sich schnell über die Schulter zu drehen; Der alte Mann hatte von Anfang an den Verdacht gehabt, dass der kleine Kerl ein Flüchtling vor dem Gesetz war und es noch dazu eilig hatte.

Er hatte ihn sofort aufgenommen und ihm Beistand und Trost gegeben. Der arme Teufel suchte nach einem Namen und machte sich so offensichtlich einen neuen Namen, dass Packard ihn auf der Stelle „Guy Little" nannte, einfach weil er, wie er erklärte, so ein kleiner Kerl sei. Und danach wuchs die Freundschaft zwischen den beiden.

Guy Littles erstes Kommen war eine günstige Gelegenheit gewesen. Der alte Mann hatte erst kürzlich seinen ersten Tourenwagen gekauft; In der Eile, irgendwohin zu gehen, reagierte sein Motor nicht auf sein erstes Überreden und die darauf folgenden Ausbrüche heftiger Wut. Während er es verfluchte, beschimpfte, mit der Faust darauf drohte und schwor, er würde ein Fass mit riesigem Pulver unter das Ding stellen und es zu blauen Flammen aufblasen, strich Guy Little mit seiner liebevollen Hand darüber, streichelte seine Mähne, sozusagen, flüsterte ihm ins Ohr und brachte den Motor zum Schnurren. Der alte Packard nickte; Die beiden, ein stämmiger Millionär und ein kleiner Waisenkind, brauchten einander.

„Steig auf das Trittbrett, Guy Little", sagte er sofort. „Du gehst, wohin ich auch gehe." Und später sagte er über seinen Mechaniker: „Er? Warum, Mann, er kann vier alte Wagenräder und einen Kanister Benzin nehmen und das verdammte Ding zum Laufen bringen. Er ist ein Autogehirn, das ist Guy Little." !"

Auf der Big Bend-Ranch, dem größten des alten Mannes und Lieblingsgrundstück von mehreren verwandten Besitztümern, einem Betrieb, der seine zwanzigtausend Hektar hin und her zwischen den Little Hills und auf beiden Seiten des Oberwassers des Baches verteilte, der ihm schließlich seinen Namen gab Red Creek, der Älteste namens Packard, hatte Guy Little gerufen.

Es war etwa zehn Tage nach der Einstellung aller Aktivitäten im Holzfällerlager Ranch Number Ten. Er hatte allein in seiner Bibliothek gesessen, eine Pfeife geraucht und aus seinem Fenster auf seine Felder gestarrt. Plötzlich sprang er auf, ging zur Tür und rief durch den langen Flur:

„Ho, da! Guy Little!"

Das Haus war groß; In den letzten dreißig oder vierzig Jahren waren hin und wieder Räume hinzugefügt worden; Die Bibliothek des Meisters war großzügig dimensioniert und hätte eine Herde von fünfzig Pferden unterbringen können. Diese Kammer befand sich in der südwestlichen Ecke des weitläufigen Gebäudes; Die Quartiere von Guy Little befanden sich schräg gegenüber dem Gebäude. Aber Packard verlangte keine klingelnde elektrische Klingel; Wie immer begnügte er sich damit, seinen Kopf in die Halle hinauszustrecken und mit seiner großen, dröhnenden Stimme zu schreien:

„Ho, da! Guy Little, komm her!"

Nachdem er seinen Befehl ausgesprochen hatte, ging er zurück zu seinem tiefen Ledersessel und füllte seine Pfeife nach. Es war die Zeit der frühen Dämmerung; die Öllampen waren noch nicht angezündet; Die Schatten wurden länger und verschmolzen in den sanften Feldern. Packards Augen, von der Natur abgewandt, wanderten über seine hohen und selten genutzten Bücherregale, fielen auf den einen abgenutzten Band auf dem Tisch neben ihm und gingen hastig zur Tür. Den Flur entlang war das Geräusch schneller Stiefelabsätze zu hören. Er nahm den einzelnen Band und schob ihn unter dem Lederkissen seines Stuhls außer Sichtweite. Der Mechaniker war im Zimmer, bevor er seine Pfeife anzünden konnte.

„Sie haben angerufen, Mylord?"

Guy Little stand aufrecht da, um seine sehr geringe Größe optimal auszunutzen, den Blick geradeaus gerichtet, die Hände an den Seiten, das Kinn erhoben und bewegungslos. Nichts war offensichtlicher, als dass er den burlesken englischen Butler nachäffte – es sei denn, es wäre noch offensichtlicher, dass er in der von ihm gewählten Rolle ein lächerlicher Versager war. Es gab nie einen Mann, der von Natur aus weniger für diese Rolle geschaffen war als Guy Little.

Und doch bestand er darauf; Zu Beginn seiner Beziehung zu seinem Arbeitgeber war seine Seele vor Dankbarkeit geschwollen, seine Fantasie berührt von dem Glanz, zu dem sein Schicksal ihn geführt hatte, und voller

Ehrfurcht vor dem dominanten Packard hatte er bei einer Gelegenheit wie dieser immer den Wunsch geäußert, steif zu fordern:

„Sie haben geklingelt, Majestät?"

Packard hatte ihn beschimpft, gedroht und unter Druck gesetzt, bis …

„Sie haben angerufen, Mylord?"

Aber nicht einmal der alte Höllenfeuer-Packard konnte ihn weiterbringen.

„Ja, ich habe angerufen", grunzte der alte Mann. „Ich habe dich lauthals angeschrien. Ich möchte wissen, was du herausgefunden hast. Lass es uns haben."

Guy Little machte seine kleine Butler-Verbeugung.

„Dein Wort ist Gesetz, Mylord", sagte er erneut starr und unbeugsam.

Obwohl Packard dies sehr gut wusste, ohne dass es ihm gesagt wurde, und es schon viele Jahre vor Guy Littles Geburt gewusst hatte, und obwohl Guy Little den Satz „Zeit ohne Zahl" wiederholt hatte, akzeptierte der alte Mann ihn friedlich als eine notwendige, wenn auch absolut verwerfliche Einführung.

„Es ist so", fuhr der Mechaniker fort. „Da ich nicht wusste, was du gedacht hast, und nicht einmal wusste, was du denken wolltest, und weil ich nur auf Nummer sicher gegangen bin, habe ich überall Drogen genommen. Das heißt, ich habe auf beiden Seiten der Straße Getränke gekauft, Whisky bei Whitey Wimble und noch mehr davon bei Dan Hodges. Und ich habe mehrere Dinge herausgefunden, Mylord. Wenn es Ihr Wunsch ist –"

„Spuck sie aus, Guy Little! Was für ein Mann ist er?"

„Firs", sagte Guy Little und bewegte seine Füße um den Bruchteil eines Zolls, so dass sein Kinn direkt auf Packard gerichtet war, „er ist ein Schläger. Er hat Joe Woods verprügelt, einen größeren Mann als er; später nahm er an irgendeiner Art teil." von einer Party, bei der, wie Sie wissen, jemand Blenham das Auge ausgestochen hat; danach hat er im Alleingang Ihr Holzfällerlager ausgeräumt, Blenham zählt fünfzehn Männer. Tatsächlich ist er ein Raufbold.

Für einen Moment schien es, als hätte sich das gesamte Licht in dem sich schnell verdunkelnden Raum auf die blauen Augen unter den buschigen weißen Brauen des alten Mannes konzentriert. Er zog tief an seiner Pfeife.

„Mach weiter, Guy Little", befahl er. „Was noch? Spuck es aus, Mann."

„Nex", berichtete der kleine Mann, „er ist ein geborener Spieler. Wenn er das nicht wäre, hätte er sich nicht auf eine Partie „Bocking you" eingelassen; er hätte nicht „Siebeneinhalb" gespielt." Er hat beim Karo-Ass mitgespielt; er hätte ihnen nicht das Risiko eingehen wollen, Woodsys Timberjacks vor dem Frühstück zu bekämpfen. Raubvogel und Zocker. Das ist die Bilanz eins zu zwei."

Der alte Mann runzelte schwer die Stirn, seine Zähne blieben fest auf seinem Pfeifenstiel festgeklemmt, während er scharf rief:

„Das ist es! Du hast es gesagt: Spieler! Verdammter Junge, ich wusste, dass er es im Blut hat. Und es wird ihn ruinieren, ruinieren. Guy Little, wie es jeden Mann ruinieren würde. Wir müssen es schaffen Dieser dumme Spielergeist übertrifft ihn. Ein Mann, der immer Risiken eingeht, kommt nie irgendwohin; geh ein Risiko ein, und du hast keine Chance! So ist das nun mal, Guy Little! Aber mach weiter. Was sonst über ihn?"

„Er ist ein guter Kerl", fuhr der Nachrichtensammler fort, „und er bittet niemanden um Hilfe. Er steht auf beiden Beinen wie ein Mann, Mylord. Wenn er eine Reihe vor sich sieht, tut er das nicht. Ich werde damit nicht zum Gesetz gehen. Nein, Mylord. Nein, in der Tat, Mylord. Er sagt: „Zur Hölle mit dem Gesetz!" So wie es ein Mann tun würde, so wie ich und du … und er selbst seine eigenen Ratten tötet."

„Das ist der Packard von ihm! Denn, bei Gott, Guy Little, er ist ein Packard, auch wenn er einen falschen Start hat! Der Sohn eines reichen Mannes – Silberlöffel-Zeug – nun, das würde einen besseren Mann verderben, als du ihn jemals gesehen hast!" Habe ich meinen Sohn Phil nicht auf diese Weise verwöhnt? Hat Phil nicht angefangen, seinen Sohn Stephen auf die gleiche Weise zu verwöhnen? Aber er ist ein Packard – und – und –_"

„Und was, Mylord?"

Die Faust des alten Mannes fiel schwer auf die Armlehne seines Stuhls.

„Und ich hoffe immer noch, dass er ein verdammt guter Packard wird! Aber mach weiter, Guy Little. Was noch?"

„Irgendwie rücksichtslos, das ist er", resümierte Guy Little. „Aber das ist fast das Gleiche, als hätte man den Geist des Glücksspiels, nicht wahr? Schließlich, Mylord, hat er das, was man ein Auge für ein gutaussehendes Mädchen nennen könnte."

„Der Teufel, den du sagst, Guy Little!" Der alte Mann begann sich in seinem Stuhl niederzulassen und richtete sich kerzengerade auf. „Versucht irgendeine Frau schon, meinen Enkel in den Haken zu bekommen? Nennen Sie sie mir, Sir!"

„Name des Tempels", sagte Little. „Terry Temple, wie man sie nennt, eine wirklich gutaussehende Party, wenn du mich fragst! Klasse von den Augen bis zu den Knöcheln und wenn es darum geht –"

„Warte, Guy Little!" explodierte der alte Mann Packard, sprang auf und überragte den kleinen Mann, der ihn mit ernster und ruhiger Miene ansah. „Dieses Weib, diese Teufelin, diese Isebel! Sie stellt doch Fallen für meinen Jungen Stephen, nicht wahr? Warum, Mann am Leben, sie ist nicht in der Lage, den Pferchschlamm von seinen Stiefeln zu kratzen. Sie ist eine niedrige-" niedergeschlagen, hinterlistige Jade, das ist sie, gezeugt von einem Schafe stehlenden, die Kehle durchschneidenden, widerspenstigen, nicht zählenden, wertlosen Fluch! Die ganze Meute von Tempeln, er und sie von ihnen, groß und groß „Die wenigsten davon sollten am Tannenbaum aufgehängt werden! Die niederträchtige Gruppe kleiner Präriekerle, die versuchen, einen Packard in die Falle zu locken, indem sie ihnen ein kitschiges, dummes Mädchen in die Falle locken. Ich sage, Guy." Kleiner, ich werde die ganze Menge dazu bringen, ihre Löcher zu jagen!"

Und er schleuderte seine Pfeife von sich, so dass sie auf dem Herdstein in viele Stücke zersprang.

Das war eine lange Rede für den alten Packard, und Guy Little hörte interessiert zu. Als der alte Mann am Ende knurrend zu seinem Stuhl zurückkehrte, nahm der Mechaniker seine Geschichte auf.

„Aber sie ist sauber", behauptete er. „Wie ein Bild!"

„Puppengesichtig", schnaubte der alte Mann, der nicht die geringste Ahnung hatte, wie Terry Temple aussah, da er sie seit Jahren nicht mehr gesehen hatte. „Der pummelige, pummelige, kleine Idiot mit der kleinen Nase. Ich werde sowohl sie als auch ihren Dieb von Vater außer Landes vertreiben."

„Und", fuhr Guy Little fort, „ich habe nicht genau gesagt, Mylord, wie diese Terry-Temple-Gruppe hinter ihm her war. Ich habe gesagt, wie er hinter ihr her war! Das heißt, wie, Roundin." „Nach allem, was ich über ihn weiß, hat er ein Gespür für eine gutaussehende Dame. Und entgegen aller Argumente behaupte ich, dass das Mädchen aus Terry Temple das auch ist."

„Guy Little", schrie Packard scharf, „du bist ein Idiot! Vielleicht weißt du alles über Autos und Benzin. Wenn es um Frauen geht, bist du ein Idiot."

„Ah, Mylord, nicht so!" protestierte Guy Little, ein Glanz in seinen Augen wie das schwache Flackern eines erloschenen Feuers. „Es gab eine Zeit – bevor ich meine Hufe auf den Wanderpfad setzte – als –"

Den Rest sollte man am besten ganz der Fantasie überlassen, und dabei beließ er es. Aber der alte Mann blieb von der Äußerung und der angedeuteten Prahlerei seines Handlangers völlig unberührt, aus dem einfachen Grund, weil er nichts davon gehört hatte.

„Diese Tempelhunde", murmelte er und starrte Guy Little an, der ihn wie einen Butler anstarrte, „sind Blutegel, Parasiten, verfluchte Blutsauger und Mitläufer. Sie denken, ich werde diesen Jungen aufnehmen und ihm alles geben, was ich habe." ; Sie glauben, dass sie eine Chance sehen, ihn in ihre miese Menge einzuheiraten und mir auf diese Weise einen Streich zu spielen! Dieser alberne, kichernde Idiot von einem Mädchen versucht, meinen Enkel an den Haken zu nehmen! Ich werde es ihnen zeigen, Guy Little, ich werde sie der ganzen verfluchten Meute zeigen! Ich werde sie ausrotten, Wurzel, Zweig und verwelktes Blatt! Beim Herrn, aber ich werde sie holen!"

„Er wird es tun", nickte Guy Little und wandte sich an den unsichtbaren Dritten, um den Wortfluss seines Gönners nicht direkt zu unterbrechen.

Aber eine Weile schwieg der alte Mann, fuhr sich nervös mit den schwieligen Fingern durch den Bart und blickte stirnrunzelnd in die Dämmerung, die sich über der Welt draußen verdichtete. Als er erneut sprach, klang es leise, nachdenklich, fast zärtlich. Und die Worte waren diese:

„Machen Sie einen Narren kaputt und machen Sie einen Mann, Guy Little! Das werden wir für Stephen Packard tun. Er hatte immer zu viel Geld, hatte das Leben zu einfach. Wir werden ihn einfach in Stücke reißen; „Wir werden ihm die große Lektion des Lebens beibringen; wir werden noch einen Mann aus ihm machen. Und wenn das erledigt ist, Guy Little, wenn diese Zeit gekommen ist – schick Blenham hierher", brach er mit scharfer Abruptheit ab.

Guy Little verbeugte sich vor der Bühne und ging. Die Tür schloss sich hinter ihm nur halb, er schrie mit voller Stimme:

„Hey, Blenham! Oh, Blenham! Auf dem Sprung. Packard will dich!"

Die Tür schlug hinter ihm zu. Nachdem Guy Little „m'lord" den Rücken zugewandt hatte, wartete er nicht darauf, außer Hörweite zu kommen, um weniger Butler als ein menschlicher Spatz zu werden.

Blenham brauchte nur eine Vorladung, und die hätte fast geflüstert werden können. Er zappelte in seinem eigenen Zimmer herum und wartete auf diesen Moment, wohlwissend, dass er konkrete Anweisungen bezüglich Stephen Packard erhalten würde. Über seinem rechten Auge befand sich eine Klappe; sein Gesicht war noch immer von kränklicher Blässe; Sein einziges gesundes Auge brannte mit einer düsteren Flamme, die niemals erlosch.

Guy Little war der einzige Mensch auf der Welt, mit dem der alte Mann frei redete und dem er seine Last abnahm. Gegenüber seinem Oberleutnant

Blenham war er wie andere Männer klein, wortgewandt und knapp. Nun schien er Blenhams Entstellung nicht zu bedenken und erteilte in einem Dutzend schnappender Sätze seine Befehle.

Ihr Kern war klar. Blenham wollte bis an die Grenzen gehen, um zwei Ziele zu erreichen: das kleinere Ziel, die Welt zu einem trostlosen Ort für bestimmte Schurken zu machen, nämlich Temple; der größte davon war, Steve Packard völlig zu brechen. Als Blenham hinausging und wieder in sein eigenes Zimmer ging, brannte das düstere Feuer in seinem guten Auge noch heller, als ob mit frischem Brennstoff.

Wenig später kam Guy Little zurück, zündete die Lampen an, machte ein kleines Feuer im großen Kamin und stellte sich, ohne auf die Anwesenheit seines Herrn zu achten, vor die hohen Bücherregale. Nach langer Zeit holte er die Trittleiter, stellte sie auf, kletterte nach oben und hockte sich dort vor seinem Lieblingsbereich nieder. Schließlich verfasste er einen Band mit vielen farbigen Abbildungen; Es war eine Liebesgeschichte, deren *Inszenierung* die Villen der Herren und Damen waren, deren Abenteuer sich in jener Atmosphäre der Romantik ereigneten, die die Seele von Guy Little gefangen genommen hatte.

Als er hinunterstieg und den großen Stuhl suchte, in dem er sich zusammenrollte, um zu lesen und unzählige Kaugummistreifen zu kauen, kaute er schnell, wenn die Handlung eilig war, langsam, wenn es eine dramatische Pause gab, und blieb oft mit weit geöffnetem Mund stehen, wenn er angespannt und atemlos interessiert war Als er ihn festhielt, stellte er fest, dass der alte Mann hinausgegangen war.

Guy Little schürzte die Lippen. Dann ging er zu dem kürzlich frei gewordenen Ledersessel. Nicht darin sitzen; lediglich um das kleine Volumen unter dem Kissen hervorzuholen.

„„Lyrics from Tennyson‘‘, las er laut vor. „Was zum Teufel sind das für Dinger?“

Er blätterte um.

„Pomes!“ er grunzte angewidert.

Daraufhin trug er sein eigenes Buch zu seinem eigenen Stuhl. Doch als er begann, die Seiten umzublättern, hielt er inne und blickte verwundert auf.

„Lustige alte Ente“, sinnierte er. „Hier kenne ich ihn all die Jahre und ich hätte nie gedacht, dass er Pomes liest!“

Er schüttelte den Kopf, gestand sich ein, dass die „alte Ente“ ein scharfer alter Fluch war, wandte sich wieder seinem Buch zu, fing an, das

Papier vom ersten Kaugummistreifen abzustreifen, und wusste nicht mehr,
was um ihn herum vorging.

Kapitel XV

Am gefallenen Baumstamm

Da die von den Temples betriebene Hill Ranch und die Packard Ranch Number Ten über eine gemeinsame Grenzlinie von mehr als zwei Meilen verfügten, war es unvermeidlich, dass Steve und Terry sich häufig trafen. Wirklich unvermeidlich, da sie beide jung waren, Terry so hübsch wie das sprichwörtliche Bild, Steve der Typ, der einem solchen Mädchen irgendwie im Gedächtnis bleibt. Sie rümpfte die Nase; sie gewährte ihm einen schönen Blick auf ihren Rücken; Aber als sie auf dem Schießstand ihres Vaters ritt, ließ sie ihren Blick neugierig über die Linie schweifen.

Als Steve seinerseits sah, wo einige seiner Kälber in das Tempelgelände eingedrungen waren, folgte er den umherirrenden Kälbern selbst, anstatt einen seiner Männer zu schicken. Und während er ritt, vergaß er oft sein verirrtes Vieh, während er durch die Bäume nach einem flatternden, farbenfrohen Schal Ausschau hielt.

Sicherlich war sie von den Mädchen und Frauen, die er kannte, die erfrischendste; Mit Sicherheit war sie die Hübscheste und hatte unbestreitbar einen frechen Stil. Und das Leben hier war in letzter Zeit eine ruhige, ereignislose Angelegenheit, nachdem Blenham und Woods verschwunden waren und niemand etwas von ihnen hörte.

Terry ihrerseits sagte sich selbst und allen anderen, die zuhören wollten, dass er ein Packard sei und man ihm daher misstrauen, ihn meiden und als unbeachtet der Aufmerksamkeit einer weißen Person betrachten sollte. Seine Rasse war alle krumm. Als Vater und Großvater wertvoller Schurken war er das, was man erwarten konnte. Und doch--

Denn „yets" und „wenns" und „jedoch" hatten bereits begonnen, sich einzumischen und so manche Überlegung zu verschleiern, die bisher so klar wie geschliffenes Glas war. Er hatte nicht gelogen, dass unter ihm ein Pferd erschossen worden sei; er war an Blenhams Abreise von der Ranch beteiligt gewesen; er war in Red Creek Manns genug gewesen, um Joe Woods auszupeitschen; und im Alleingang hatte er eine Truppe wilder Holzfäller von seinem Grundstück vertrieben.

Darüber hinaus war es unbestreitbar, dass er ein gutmütiges Grinsen hatte, dass seine Augen, obwohl sie entweder dazu neigten, streng zu sein oder sie auszulachen, offen und ruhig waren, dass er eine Figur machte, die gut in die Augen eines solchen Mädchens passte Terry-Tempel.

„Oh, die Packards sind Männer", sagte Terry widerwillig, „auch wenn sie Piraten sind!"

Dies für ihren Vater und vermutlich um ihres Vaters willen. Denn trotz der tapfer wiederholten Hoffnung des Mädchens, dass Temple „noch einmal zurückkommen" und wieder der Mann sein würde, der er einst war, schien er tatsächlich von Tag zu Tag labiler zu werden und lange am Kamin mit seinem Getränk zu plaudern, wobei er von einem Grad abstieg zu einem anderen der Unordnung. Er gab ihr zeitweise „das Gefühl, als würde sie schreien und durch das Haus rennen und Dinge kaputtmachen".

„Du bist ungeduldig, meine Liebe", sagte Temple, als er zu einem sehr kleinen Kind sprach. „Und es gibt Dinge, die du nicht verstehst; die ich nicht einmal mit dir besprechen kann. Aber", und er zwinkerte Terry sehr verschmitzt zu, weniger in Richtung von Terry als nur in einer allgemeinen Anerkennung seines eigenen Scharfsinns, „warte einfach einen Moment!" Ich habe etwas im Ärmel – etwas, das – Oh, warte nur, mein Lieber!"

Terry schniefte.

„Ich sollte inzwischen ziemlich gut im Warten sein können", sagte sie wenig beeindruckt. „Und wenn du außer dem schlaffen Arm eines Nichtstuns noch etwas im Ärmel hast, dann muss es eine weitere Flasche Whiskey sein! Du kannst mich nicht belästigen, Papa, und das solltest du wissen."

Sie huschte aus dem Haus, ihr Gesicht war vor Verärgerung gerötet, und plötzlich traten ihr Tränen in die Augen. Es erforderte ihre ganze Kraft, die sie in ihrem unerschrockenen kleinen Busen aufbringen konnte, um nach Tagen wie diesen zu behaupten, dass in ihrem Vater immer noch ein „Comeback" vorhanden war.

In einer Stunde, die von den harzigen Düften der Hochlandkiefern und den frisch freigesetzten Düften der kleinen weißen Abendblumen auf den Wiesen erfüllt war, sauste Terry auf ihrem Lieblingspferd durch die langen Schatten des späten Nachmittags und ritt, wie Terry immer ritt als ihre Brust turbulent war und ihre Wut stieg.

Der kürzlich importierte japanische Koch und Hausdiener spähte ihr aus seinem Küchenfenster nach, seine Augen verloren tatsächlich ihren orientalischen Schimmer und wurden größer; Das war ein Trick von Iki, wann immer Terry in sein Sichtfeld kam.

„Teils Vogel", sinnierte Iki, „teils Blume, großteils wildes Teufelsmädchen! Uff! Schön anzusehen, aber für Frau Japonee Girl besser. Denke schon."

Nach und nach, während sie ritt und ihr Pferd ausspannte, bis sie förmlich durch die Felder und in den dahinter liegenden Wald raste, verschwand das klägliche Bild ihres Vaters aus ihrem Kopf. Als die

Vorstellung von Temples schlechtem Aussehen in seinen abgetragenen Pantoffeln verblasste, formte sich in Terrys Kopf ein anderes Bild; ein Bild, das mehr da war, als das Mädchen bisher begriffen hatte.

Ja, als Typen waren die Packards in Ordnung; Wie oft hatte sie sich das eingestanden? Aber als Individuen ... Oh, wie sie sie hasste! Und heute fand sie es aus irgendeinem Grund, der in Terrys Bewusstsein nicht klar definiert war, angebracht, sich mit neuem Nachdruck zu versichern, dass sie die Packards mit wachsender Abneigung hasste und verachtete, und von diesem Punkt an weiterzumachen und Miss Teresa Temple genau darüber zu informieren warum sie diejenigen vom Packard-Blut genauso ansah wie sie.

Sie berief sich auf eine Vielzahl von Gründen, ordnete sie in Reihen auf wie so viele Soldaten, die für sie Krieg führten, stellte sie auf, stellte sie auf, überprüfte sie und führte sie in Uniform vor, und stellte fest, dass sie alle überaus zufriedenstellende Söldner waren.

Es gab einen Grund, den sie in den Hintergrund drängte und versuchte, ihn hinter den dichtgedrängten Reihen ihrer Waffenbrüder zu verbergen. Und doch beharrte es auf rebellische Weise darauf, in den Vordergrund zu drängen. Als sie versuchte, die Packards als Ganzes zu betrachten, als einen Fluch und nicht als Individuen, stellte sie fest, dass sie sich ziemlich lebhaft an Steve Packard erinnerte.

Nach außen hin war Steve Packard ein Gentleman; er hatte dieses vage Etwas, das man Kultur nannte; er ertrug sich mit der Sicherheit und Leichtigkeit eines Weltkenners; Er war auf dem College gewesen – und Terry wusste nicht mehr über die Schule, als man an einer High School auf dem Land lernen konnte. Steves Vater hatte ihren Vater finanziell „zerbrochen"; Wäre das nicht so gewesen, hätte Terry selbst ihr eigenes Hochschuldiplom an der Wand gehabt; Terry hätte mehr von der Welt gewusst, als sie jetzt wusste; sie wäre „eine Dame" gewesen.

„Oh, Gurken!" rief Terry laut und brachte ihre außer Kontrolle geratenen Gedanken abrupt zum Stillstand. „Welchen Unterschied macht es, wenn er Latein kann und ich nicht? Und ein heißes Exemplar einer ‚Lady' würde ich auf jeden Fall abgeben!"

Sie flog über einen Bergrücken, die tiefstehende Sonne glitzerte auf ihren Sporen und den polierten Oberflächen ihrer Stiefelstulpen, hinunter in den dämmerigen Duft einer waldigen Schlucht, in die Mündung eines stillen Pfades, um eine weite Kurve herum und weiter ihr persönlicher Lieblingsplatz in all diesen Wäldern. Ein Winkel von eindringlichem Charme mit seinem weitläufigen Bach, seinen großstämmigen und weit verstreuten Bäumen, seinem Gras und seinen Blumen. „Mossy Dell", nannte sie es, nachdem sie den Namen einem alten Liebesroman entlehnt hatte, den sie atemlos in ihrem Zimmer las.

Terry schlüpfte aus dem Sattel und ließ ihr Pferd zum Grasen zurück, wenn dieser Zeitvertreib ihm passte. Dann ging sie durch die Bäume und entlang des plätschernden Baches. Sie summte leise, ihre Stimme vermischte sich mit dem Gurgeln des rauschenden kleinen Baches, und ihre Augen wurden endlich zufriedener .

Sie lächelte halb über einen schattenhaften Gedanken, bevor sie zwanzig Schritte gegangen war; sie warf ihren Hut ab und ließ ihn liegen, um ihn später wieder zu holen; Sie löste den Schal um ihren Hals und entblößte der kühlen Einladung der Stunde ihren weißen Hals. Sie ließ ihr bronzebraunes Haar in zwei lockeren, gelockten Zöpfen über ihre Schultern fallen und spielte dabei mit den Enden.

In unruhigen Momenten hierher zu kommen, veränderte die Stimmung des Mädchens so sehr, wie eine Stunde in einer ruhigen Kathedrale die Seele eines Orthodoxen beruhigen kann.

Etwas weiter, auf der anderen Seite des Baches und gleich hinter einer weiteren Biegung, lag eine große umgestürzte Zeder, deren riesiger Stamm an der Basis acht bis zehn Fuß durchbohrte. Es markierte ungefähr die Grenzlinie zwischen der Temple Ranch und Ranch Number Ten; Es war, als hätte die Wildnis selbst den großen Baum über einen alten Pfad geworfen, um eine Linie anzuzeigen, die nicht überschritten werden durfte.

Auf dem Gipfel dieser auf dem Rücken liegenden Waldmonarchin saß Terry mit dem Rücken an einem der großen Äste und stieß mit den Absätzen gegen die moosigen Seiten, während sie zwischen Tempelgrundstück und Packard-Land hin und her blickte und sich sagte, wie viel schöner es sei ihre Seite als die andere.

Genau dort, wo der Baum umgestürzt war, war das Bachbett steinig und uneben; das Wasser wirbelte und wirbelte und stürzte geräuschvoll in seine Pfützen. Terry, die von ihrer Seite auf den großen Baumstamm kletterte, hörte nur das Rauschen des Baches. Sie packte die toten Äste, zog sich hoch, rutschte ein wenig aus, fand einen neuen Halt; Terrys Kopf, ihr Gesicht rosig gerötet, ihre Augen nie heller, tauchte gerade im Takt der Uhr ihres Schicksals auf einer Seite des Baumstamms auf.

**[Illustration: Terrys Kopf, ihr Gesicht rosig gerötet, ihre Augen nie strahlender,
tauchte auf einer Seite des Baumstamms auf.]**

Das heißt, gerade als Steve Packard von der anderen Seite heraufstieg und seinen Kopf über die Spitze streckte. Ein erstauntes Grunzen von Steve, der zu Beginn des Kampfes beinahe nach hinten gefallen wäre; ein kleiner erstickter Ausruf von Terry, dessen Augen sich wunderbar weiteten – und die beiden ließen sich schweigend auf ihren Plätzen auf der Zeder nieder und starrten einander an. Zwischen der Krempe von Steves Hut und Terrys nach oben gerichteter Nase lagen nur etwa einen Meter.

"Also?" forderte Terry steif.

"Also?" entgegnete Steve.

Er betrachtete sie sehr ernst. Er hatte noch nie erlebt, dass sich ein Mädchen auf diese Weise außerhalb des Weltraums und seiner eigenen Gedanken materialisierte. Diese plötzliche Konfrontation hatte etwas Übernatürliches; Einen Moment lang verwirrte es ihn, und er begnügte sich damit, verwundert in die süßen grauen Augen zu blicken, die seinen eigenen so nahe waren, und den Schwung ihrer Lippen zu bemerken, ihre Rötung, das Grübchen, das er spürte, obwohl es jetzt schon verschwunden war , im Versteck, hatte auf seiner hastigen Flucht einen Hauch von sich selbst hinterlassen.

„Wenn es eine Sache gibt, die ich noch schlimmer hasse als einen Kartoffelkäfer", sagte Terry, „dann ist es ein frischer Kerl! Du findest dich lustig, nicht wahr?"

„Frisch? Lustig?"

Er hob die Augenbrauen. Und dann, als ihm ihr Verdacht klar wurde, verschwand seine Ernsthaftigkeit in der Art und Weise, wie Terrys Grübchen verschwunden war, und er legte den Kopf zurück und lachte. Lachte, während das Mädchen ihn mit immer dunkler werdender Farbe und dunkler werdenden Augen empört ansah.

„Denken Sie, dass ich das mit Absicht getan habe?" Er weinte voller Gutmütigkeit. „Dass ich dich ausspioniert habe? Dass ich gewartet habe, bis du anfingst, hier hinaufzuklettern, und dass ich dann gleichzeitig meinen Kopf nach oben gesteckt habe? Alles mit Absicht?"

„Das ist genau das, was ich denke!" Terry erzählte es ihm hitzig. „Du – du großer Schlaumeier! Überall, wo ich hingehe, musst du ständig auftauchen?"

„Ich werde dir etwas sagen", sagte Steve. „Wenn ich nur hierher geklettert wäre, um dir eine kleine Überraschungsparty zu geben; wenn ich gewusst hätte, dass du da bist und dass ich meinen Kopf genauso hätte stecken können wie du – wüsste ich, was ich getan hätte?"

"Was?" Terry ließ sich in ihrer Neugier herab, zu fragen.

„Ich hätte das hübscheste Mädchen geküsst, das ich je gesehen habe!" er gluckste. „Ehrlich zu Oma! Genau das hätte ich getan. So wie es war, hast du mich halb zu Tode erschreckt; ich war so nah dran, wie du wolltest, nach hinten zu fallen und mir das Genick zu brechen."

„Nicht so nah, wie es mir gefällt. Und was mich angeht, Long Steve Packard, probier das einfach mal aus, wenn du willst, dass dir eine kräftige Ohrfeige verpasst wird und außerdem eine Kugel in dich hineingepumpt wird!"

„Meinst du es ernst?" grinste Steve.

„Das tue ich auf jeden Fall", erwiderte sie mit Nachdruck.

„Nur als Information angeboten?" er wollte wissen. „Oder als Herausforderung? Oder als Einladung?"

Als sie nicht sofort antwortete, sondern sich damit begnügte, ihrem Blick eine gehörige Portion Beredsamkeit zu verleihen – was übrigens keinen sichtbaren Einfluss auf seine zunehmende gute Laune hatte –, fuhr er fort:

„Wenn du mir nur eine Ohrfeige geben würdest, wäre es das wert. Wenn du mir einfach durch den Fingernagel schießen würdest oder so etwas in der Art, wäre es das immer noch wert." Er untersuchte sie kritisch. „Selbst wenn du mich mitten durch den Daumen geschlagen hättest –"

„Wenn du es nicht weißt", informierte sie ihn distanziert, „dann betrittst du jetzt unerwünscht Bereiche, in denen du nicht erwünscht bist. Je früher du mit deinen großen Füßen das Tempelland verlässt, desto besser wird es mir gefallen!"

„Tempelland? Seit wann gilt ein Baum als Land, Miss Teresa Arriega Temple?"

„Findest du das lustig?" sie spottete.

„Und außerdem", fuhr er fort, „steht der Baum auf dem Grundstück von Packard. Sehen Sie den alten Kiefernstumpf dort drüben? Und den großen Felsen dort? Diese Dinger markieren die Grenzlinie und Sie werden merken, dass wir auf meiner Seite sind!"

Terrys Wut stieg in ihren Augen auf, glühte noch heißer in ihren Wangen.

„Das sind wir nicht! Und du weißt, dass wir es nicht sind! Die Linie verläuft dort drüben, direkt hinter dem großen weißen Felsen am Bachufer. Und du bist gut drei Meter auf meiner Seite. Wo du, bitteschön, unerwünscht bist ."

„Das ist kein schöner Gedanke, um eine Wiederholung zu ertragen", meinte er freundlich. „Sehen Sie, Terry Temple, was nützt das –"

„Gehst du? Oder hast du vor, einfach wie eine Kröte da zu hocken und mir die Aussicht zu verderben?"

„Kröten sind dicke Tiere", korrigierte er sie. „Bin ich nicht. Eher wie ein Ochsenfrosch, wenn Sie so wollen. Was soll ich tun? Warum, einfach in die Hocke gehen, schätze ich."

Während er sich gegen den Ast lehnte, der seinen Schultern Halt bot, bemerkte Terry, dass er gut sichtbar den schweren Colt an seiner Seite trug, den er neulich Nacht in Red Creek gekauft hatte. Eine neue Gewohnheit, mit Steve Packard.

„Gunman, bist du?" sie spottete. „Ich hätte es wissen können. Bewaffnete Männer sind alle Feiglinge."

Er seufzte.

„Du kannst die nervigste junge Dame sein, die ich je getroffen habe. Und warum? Was habe ich jemals mit dir gemacht – außer dich vor dem Ertrinken zu retten? Da wir Nachbarn sind, warum nicht gute Freunde sein? Übrigens, wo trägst du deine Pistole?"

„Bei einem Mädchen ist das anders", sagte sie unverblümt. „Es gibt irgendeine Ausrede für sie. Bei der Art, die in letzter Zeit die Wälder füllt, wird sie sie wahrscheinlich brauchen."

„Und du hättest keine Angst davor, es zu benutzen?"

„Ich bin nicht den ganzen Tag hier, um dich zu belästigen", bemerkte Terry kühl. „Und du hast mir nicht gesagt, was du auf meinem Land tust."

„Dein Land?" er forderte an.

„Dann also auf meiner Seite."

Er dachte über die Frage nach.

„Ich bin hier, um jemanden zu treffen", antwortete er schließlich.

„Ich mag deine Nerven! Du verabredest dich hier mit deinen Freunden! Steve Packard, du bist der – der – der –"

„Mach weiter", forderte er ihn auf. „Jetzt brauchen Sie ein Schimpfwort; jeder andere Schluss wird langweilig klingen."

„– der *Packardest* Packard, von dem ich je gehört habe!" sie schloss. "Du und dein Freund--"

„So wenig wie er mein Freund ist, unterbrach er sie. „Eine Person namens Blenham. Und ich bin nicht so sehr hier, um ihn zu treffen, sondern – sagen wir mal, um ihn abzuwehren."

Terry führte aus, dass es für einen Packard zu keinem Zeitpunkt nahezu unmöglich sei, die Wahrheit zu sagen, und dass er sie nur aus Gründen der hinterhältigen Übung angelogen habe. Wie sie gerade mit Nachdruck sagen wollte, als Steve „Sch!" sagte. und spitz. Sie hörte das Brechen des Unterholzes und sah die Hörner eines Ochsen; Das Tier kam von der Packard-Seite in die Spur.

„Sieh nur zu", flüsterte Steve. „Und sitzen Sie ganz still. Es wird Ihnen nicht schaden zu wissen, was los ist."

Der große Ochse drang in den Weg ein, blieb stehen, schnüffelte und kam dann den Bach hinauf. Dahinter kam noch einer und noch einer, trat aus den Schatten hervor, ging durch das schnell verblassende Licht des offenen Raums und verschwand wieder in den Schatten, die über dem bewaldeten Tempelgrundstück lagen. Insgesamt neun große, fette Ochsen. Und hinter ihnen kam Blenham, locker in seinem Sattel sitzend.

Erst als das letzte Stier die Ziellinie überschritten hatte, erhob sich Steve plötzlich und stand aufrecht auf dem großen Baumstamm, die Hände in die Hüften gestemmt. Als Terry ihm ins Gesicht blickte, erkannte er, dass die ganze gute Laune verschwunden war und dass in der Verdunkelung seiner Augen etwas Unheilvolles lag.

„Warte, Blenham!" er hat angerufen.

Blenham zog schnell die Zügel.

„Das bist du, Packard?" fragte er leise.

„Das ist es", antwortete Steve kurz. „Auch bei der Arbeit, Blenham. Ständig."

Blenham lachte.

„So scheint es", sagte er, sein Blick erinnerte an den beredten Tonfall einer Anspielung, die Terry böse umarmte. „Wenn du mich zu deiner kleinen Party einlädst, habe ich keine Zeit. Danke trotzdem."

Da das Bewusstsein eines Menschen mehrere eindeutige Eindrücke gleichzeitig beherbergen kann, hatte Steve Packard, während er über andere Dinge nachdachte, das Gefühl, dass er Blenham bis zu diesem Moment noch nie richtig gehasst hatte; Nein, und respektierte ihn auch nicht, wie es weise wäre.

Der Blick des Mannes, der über Terry Temples Mädchenhaftigkeit streifte, war wie das Kriechen einer Schnecke über eine wilde Blume und lieferte einen neuen und vielleicht den entscheidenden Grundton für Blenhams Hässlichkeit. Steve wurde klar, dass der Leutnant seines Großvaters schlecht war, absolut schlecht; dass es sich hier, ungeachtet gegenteiliger alter Sprichwörter, um einen Charakter handelte, der keinerlei Anzeichen von Erlösung enthielt; Nach Packards offener Art war dieser jüngste Packard bereit, ihn sofort zu verurteilen.

Und darüber hinaus fiel Steve auf, dass Blenham die Zügel schnell angezogen, aber kein Anzeichen von Unbehagen gezeigt hatte; hatte gedacht, dass der Mann, obwohl er völlig überrascht war, keinerlei Anzeichen von Erschrecken erkennen ließ, sondern dass er auf einen scharfen Ruf mit kühler, ruhiger Stimme reagiert hatte. Um es zusammenzufassen: Hier war einer, den man hassen und beobachten konnte.

„Was machst du auf meinem Land, Blenham?" fragte Steve scharf. „Und wohin treibst du diese Ochsen?"

Blenham machte es sich in seinem Sattel bequem und zog seinen breiten Hut tiefer in die Augen; so versteckte er teilweise das Pflaster, das er seit seiner Geburt getragen hatte, vor den Händen des Arztes.

„Ich bin nicht mehr auf deinem Land", erwiderte er. „Und was die Ochsen betrifft – was geht dich das überhaupt an?"

Offener Trotz war etwas, wonach Steve nicht gesucht hatte.

„Sind Sie schon auf der Suche nach mehr Ärger, Blenham?" fragte er kurz.

Blenham zuckte mit den Schultern.

„Ich kümmere mich ums Geschäftliche", sagte er langsam. „Nein, ich bin noch nicht auf der Suche nach Ärger. Da du es wissen willst, schikaniere ich die Kuhhirten auf dem kürzeren Weg von Nummer zehn bis zum North Trail. Ich putte „Sie sind auf dem Weg zur Big Bend Ranch, wo sie zufällig hingehören."

Steve hob die Augenbrauen und wunderte sich für einen Moment. Blenham wartete nicht darauf, dass es völlig dunkel wurde, um diese Stiere zu bewegen; er zeigte keinerlei Beunruhigung darüber, entdeckt zu werden; Jetzt gab er ruhig zu, dass er sie zur Ranch des alten Packard fuhr, wo sie hingehörten. Es war möglich, dass er Recht hatte.

In den wenigen Wochen, seit er zurück war, hatte Steve nicht die Zeit gehabt, jeden Kopf auf seinem weit verstreuten Grundstück kennenzulernen; Als die Ochsen durch die Schatten und ins Freie getrottet waren, hatte er seine Augen weniger auf sie gerichtet als vielmehr auf das Kommen von Blenham, und er war sich der Marken nicht sicher.

Er hatte das Gefühl, dass Terrys Augen, während Terry ganz still auf ihrem Baumstamm saß, fest auf ihn gerichtet waren.

„Blenham", sagte er knapp, „ich weiß nicht, wessen Vieh das ist. Aber so viel weiß ich: Wenn sie mir gehören, werde ich sie zurückhaben; wenn sie nicht mir gehören, werde ich sie zurückhaben." nur das Gleiche."

„Wie kommst du darauf?" forderte Blenham.

„Ich habe herausgefunden, dass weder Sie noch irgendein anderer Mann ein Recht darauf hat, Bestände aus meinem Sortiment zu entfernen, ohne vorher mit mir Rücksprache zu halten."

„Das sind Big-Bend-Kühe", murmelte Blenham. „Die Befehle des alten Mannes –"

„Verfluche die Befehle des alten Mannes!" Steves Stimme klang wütend. „Wenn er nicht anständig zu mir sein kann, kann er mich dann nicht wenigstens in Ruhe lassen? alter Mann auf der Big Bend-Ranch und sag ihm, dass ich den Bestand auf meiner Ranch hier behalte, bis er beweisen kann, dass er ihm gehört! Verstehst du? Wenn er beweisen kann, dass diese Ochsen ihm gehören – und ich glaube nicht, dass er und du das können Ich kann ihm das auch sagen – warum soll er mir dann das Geld schicken, um ihr Weideland zu bezahlen, und er kann sie haben. Und in der Zwischenzeit, Mr. Blenham, verschwinden Sie und seien Sie verdammt!"

Für einen Moment verlor Steve jeglichen Gedanken daran, dass Terry ganz still neben ihm saß und seine Gedanken mit seinem Großvater und dem von diesem gewählten Werkzeug erfüllt waren. Als er also glaubte, den Verdacht eines unterdrückten Kicherns zu hören, eines äußerst amüsierten und überaus erfreuten kleinen Kicherns, war er für einen Moment der Meinung, dass Blenham ihn auslachte.

Aber der Eindringling meinte es ernst. Er saß regungslos da, sein Blick war versteinert, seine Gedanken waren verschleiert, und sein einziges gesundes Auge verriet nicht mehr, was er vorhatte, als die Klappe über dem anderen Auge. Am Ende zuckte er mit den Schultern.

„Mein Befehl", sagte er schließlich, „war einfach, die Steuerleute zurück zum Big Bend zu schicken. Der alte Mann hat nichts davon gesagt, dass man irgendetwas anfangen soll, wenn man unvernünftig wird." Wieder zuckte er ausführlich mit den Schultern. „Ich komme wieder, wenn er es sagt", schloss er, und Blenham ritt durch den Wald davon, während er seinem Pferd heftig die Sporen in die Flanken rammte, das einzige Zeichen seiner Verärgerung.

„Er hat zu leicht losgelassen", murmelte Terry. „Er hat noch eine Karte im Loch."

Ihr Blick folgte dem abfahrenden Reiter, sie schürzte die Lippen hinter ihm her.

Steve drehte sich um und sah auf sie herab.

„Ich hoffe, es macht Ihnen nichts aus, wenn ich so weit komme, diesen Ochsen nachzureiten?" er bot an. „Ich möchte sie zurückdrängen und gleichzeitig habe ich kein Problem damit, dafür zu sorgen, dass Blenham immer noch auf dem Weg ist."

Terry betrachtete ihn lange und forschend.

„Mach weiter", sagte sie schließlich. Und als ob eine Erklärung nötig wäre, fuhr sie fort: „Es gibt nur ein Tier, das ich noch schlimmer hasse als einen Packard! Ausnahmsweise ist der Zaun zwischen dir und dem Temple-Land niedergerissen, Steve Packard."

„Machen wir es ruhiger!" sagte er impulsiv. "Du und ich--"

"Nein danke!" Terry erhob sich schnell, balancierte auf ihrem Baumstamm und erinnerte ihn seltsamerweise an einen leuchtenden Vogel, der kurz vor dem Flug steht. „Denken Sie daran, dass es nur ein Tier gibt, das ich *fast* genauso sehr hasse wie Blenham; und das ist ein Packard."

Und so sprang sie vom Baumstamm herunter und verließ ihn.

Kapitel XVI

TERRY TROTZT BLENHAM

Blenham muss bis spät in die Nacht geritten sein. Denn am nächsten Morgen war er sehr früh auf der Big-Bend-Ranch, fünfzig Meilen nördlich, und meldete sich bei seinem Arbeitgeber. So früh es noch war, hatte der alte Mann gefrühstückt, und jetzt verrieten der breite schwarze Hut weit hinten auf dem Kopf und die Sporen an seinen großen Stiefeln, dass er bereit war, zu reiten.

Manchmal stand er stocksteif da, die Hände in die Hüften gestemmt, und starrte auf Blenhams kleinere Statur; zu anderen Zeiten schritt er in tiefem, nachdenklichem Schweigen in der großen, scheunenartigen Bibliothek auf und ab, seine Sporen klingelnd.

„Warum, verbrenn es, Mann", explodierte er einmal im ersten Teil des Interviews, „der Junge ist ein Packard! Ich bin stolz auf ihn. Wir werden aus Stephen noch einen richtigen Mann machen." t Ich habe die Worte ein Dutzend Mal gesagt: „Brich einen Narren und mache einen Mann!" Ich sage Ihnen, der letzte Packard, der durch zu viel leichtes Geld verwöhnt wurde, ist gelebt und gestorben. Alles, was wir mit Stephen zu tun haben, ist, ihn zu Fuß zu schicken und ihn auf die gute altmodische Weise abzusetzen Dreck, wo er für das arbeiten muss, was er bekommt, und er wird durchkommen. Das Gleiche wie ich. Ja, Sir!"

Blenham wartete auf sein Signal, um mit seinem Bericht fortzufahren, und als er es bekam, einen Blick und ein Nicken, fuhr er mit gleichem Gesichtsausdruck, gleicher Stimme und ausdruckslosem Blick fort, ohne jegliches persönliche Interesse an der Angelegenheit.

„Kennst du die neun großen Ochsen, die vor einiger Zeit von hier verirrt sind? Ich habe dir vor zwei oder drei Wochen von ihnen erzählt? Nun, ich habe sie gefunden, wie ich es versprochen hatte, alle neun, und zwar auf der Ranch." Nummer Zehn."

„Es ist eine ziemliche Art, dass Vieh verirrt wird", sagte der alte Mann scharf. Blenham zuckte nachlässig mit den Schultern.

„Oh, ich weiß nicht", erwiderte er leichthin. „Ich wusste, dass sie noch weiter gehen würden. Nun, ich habe einen Pass gemacht, um sie auf diese Weise in den Rücken zu drängen, und der junge Packard blockiert mein Spiel."

Die Augen des alten Mannes leuchteten.

"Was hat er gesagt?" fragte er eifrig.

„Er sagte", sagte Blenham und zupfte an seinem Hutband, „als ob die Aktien Ihnen gehörten, von denen er nicht glaubte, dass er sie behalten würde, bis Sie genug Münzen herüberschickten, um ihr Futter zu bezahlen. Er sagte als." Wie, wenn du nicht anständig sein könntest, lass ihn trotzdem besser in Ruhe. Er hat die Hölle mit uns beiden gesagt.

"Er hat?" rief der alte Packard. „Das hat er gesagt, Blenham?"

„Das hat er", antwortete Blenham mit einem kurzen, neugierigen Seitenblick.

Packards große Hand hob sich und ließ sich kraftvoll auf seinen Oberschenkel nieder, als plötzlich losgelassen die Stimme des alten Mannes in lautes Gelächter erklang.

„Ho!" schrie er und rief die Worte, die weit draußen auf der offenen Wiese zu hören waren. „Sag zum Teufel mit mir, nicht wahr? Er hält meine Aktien für Weidegeld, nicht wahr? Er fordert mich heraus, mein Schlimmstes zu tun, er ist ein junger, mittelloser Whippersnapper, ich ein Millionär und ein Menschenbrecher! Warum, verflucht, er ist es schon ein Mann, Blenham! Er ist ein Packard bis ins Mark, das sage ich dir! Bei Gott, ich habe die Idee, in mein Auto zu springen und den Jungen zu holen!"

Ein unruhiger Schatten kam und verschwand schnell über Blenhams Gesicht, ohne dass der alte Mann ihn sehen konnte, der aus seinem Fenster starrte. Alle Schiffe, die sich im Vorarbeiter der Ranch befanden, stiegen an die Oberfläche.

„Ja", stimmte er leise zu, „er hat das Zeug dazu. Er hat keine Angst vor dem Teufel selbst, was ein wirklich gutes Zeichen ist. Er ist unabhängig, was ein weiteres gutes Zeichen ist. Wenn ich ihm über den Weg laufe „Das Temple-Mädchen draußen im Wald –"

"Was ist das!" schnappte der alte Mann, obwohl er gut genug gehört hatte. „Wollen Sie mir sagen –"

„Sie saßen auf einem großen Baumstamm", sagte Blenham tonlos. „Ein vertraulicher Blick, wissen Sie. Ich werde nicht sagen, dass er ihre Hände gehalten hat, und gleichzeitig werde ich nicht sagen, dass er es nicht getan hat. Und ich werde nicht sagen, dass er sie einfach geküsst hat." , zwei Sekunden bevor ich um eine Kurve im Weg fuhr. Eines seiner schwerfälligen Schulterzucken und eine Grimasse vervollständigten seine Aussage. Dann lachte er. „Ich würde auch nicht sagen, dass er es nicht getan hat. Aber wie ich es dir schon gesagt habe –"

„Du hast mir erzählt", knurrte der alte Mann, „dass dieser Schurke von einem Templer-Narren versucht, meinen Enkel Stephen zu verzaubern! Der dreckige kleine Trottel – Schau her, Blenham; du" „Ich habe mehr Mut als die meisten anderen: Erzähl mir, wie weit es gekommen ist und was Temple vorhat. Guy Little hat mir das Gleiche erzählt."

„Es gibt nicht viel zu erzählen", antwortete Blenham. „Das heißt, dass ein Mann es nicht erraten kann, ohne es zu erfahren. Er ist dein Enkel; selbst wenn es zwischen dir und ihm zu einem Streit kommt, ist Blut immer noch dicker als Wasser, und eines Tages wirst du es vielleicht auch tun." Gib ihm alles, was du hast. Zumindest gibt es eine Chance, und außerdem sollte er ziemlich gut in die Augen eines Mädchens passen. Darüber hinaus ist es nur die gleiche alte Geschichte. Ein Kerl und ein Mädchen, und das Mädchen mit einem schönen Figürchen und einem schönen Paar Augen, die sie als She-Girl zu benutzen weiß. Wenn ich sehe, wie Sie die Frage stellen, könnte ich sie wohl damit beantworten, dass ich das sage Die Tempel unternehmen den einen Schritt, den sie mit Sicherheit tun würden.

Der finstere Blick des älteren Packard war schon vor fünfzig Jahren bekannt; Nie war es schwärzer als jetzt. Eine Weile stand er regungslos da und blickte wütend auf den Boden. Blenham beobachtete ihn heimlich, mit einem Ausdruck von List im einen guten Auge.

„Gehen Sie besser gleich rüber und sehen Sie sich Temple an", sagte Packard plötzlich. „Er wird nicht in der Lage sein, seine nächste Rate zu bezahlen. Sagen Sie ihm, dass ich ihn zwangsversteigern und vertreiben werde. Wenn Sie schon dabei sind, können Sie ihm zeigen, wie dumm es ist, Stephen sein idiotisches Mädchen anzustecken." . Dass es ihnen nichts nützen wird und mich nur glühend heiß auf seine Spur bringen wird. Er wird es verstehen. Und der strenge alte Mund verzog sich zu Zeilen, aus denen Blenham die volle und nachdrückliche Bedeutung erkannte. „Weiter: Gibt es sonst noch etwas zu berichten?"

Wie es in Geschäftsangelegenheiten üblich ist, hatte er tief, aber kurz über diese Einmischung von Terry nachgedacht, sie geplant, seinen Agenten instruiert und sich nun dem zugewandt, was als nächstes seine Aufmerksamkeit im Zusammenhang mit seinem Wahlkampf gegen und für Steve Packard erfordern würde. Und Blenham, der glaubte, einen bestimmten Punkt erzielt zu haben, ging direkt zu einem anderen über.

„Er sagte – und sie sah zu, hörte zu und kicherte –, wie er im Recht und du im Unrecht war; wie das Gesetz auf seiner Seite war und er durchhalten würde; wie er das ertragen konnte ganze Aufruhr vor Gericht und dich geschlagen; wie –"

Der alte Höllenfeuer-Packard starrte ihn an und murmelte schwerfällig:

„Er hat das gesagt? Stephen, mein Enkel hat das gesagt?"

„Ja", log Blenham leichthin. „Das waren seine Worte. Und ich weiß nicht viel über Recht und so –"

Damit endete er, wohlwissend, dass seine Worte unbeachtet blieben. Der Gesichtsausdruck des alten Mannes veränderte sich langsam von purer Verwunderung zu Schmerz, Trauer und Enttäuschung. Stephen, sein Enkel, drohte damit, vor Gericht zu gehen! Es war undenkbar, dass irgendjemand außer einem Dieb und einem völligen Schurken, wie es übrigens alle seine Geschäftskonkurrenten und die Männer waren, die sich weigerten, seinen Befehl zu befolgen, eine solche Drohung aussprechen sollte; Schlimmer als undenkbar, absolut verdorben, dass jemand aus dem Hause Packard zu solch hinterhältigen und verdammenswerten Praktiken greifen sollte. Einen Moment lang glaubte Blenham, dass sich tatsächlich Tränen in den müden alten Augen sammelten.

Aber die Emotionen, die zuerst aufkamen, verschwanden in einem flüchtigen Gefühl, bevor plötzlich eine windige Wut aufkam. Das von Demütigung und Kummer gezeichnete Gesicht wurde feuerrot; die großen Hände ballten sich und hoben sich; Die große dröhnende Stimme zitterte bei den geschrienen Worten:

„Lass ihn, verbrenne ihn, lass ihn! Ich kann den Narren auf diese Weise schneller brechen als alle anderen; weiß er nicht, dass es Geld erfordert, Geld ohne Ende, für die Meineidigen, betrügerischen, schlüpfrigen Gesetzeshaie, die einen bluten lassen? Mann, ja, saugen Sie ihm sein Lebensblut aus und spucken Sie ihn dann aus wie das Fruchtfleisch einer Orange? Höllischer junger Welpe! Sehen Sie, was es schon für ihn getan hat, diese Sache mit dem Sohn eines reichen Mannes. Wenn man daran denkt Mein Blut, mein eigener Enkel, sollte vor Gericht gehen! Beim Himmel, Blenham, die Sache ist geradezu eine Schande!"

Schnell, geschickt und mit einer Bemerkung wie mit der Lanzette eines Chirurgen bot Blenham an:

„Ich habe die Vermutung, dass das Temple-Mädchen es ihm in den Kopf gesetzt hat."

"Sie haben Recht!" Dieser neue Vorschlag erforderte kein Abwägen und Feinauswuchten. Sie könnten einem der Feinde des alten Mannes überhaupt keine Schurkerei zuschreiben, wenn er nicht die extreme Wahrscheinlichkeit anerkennen würde, dass Sie Recht haben. „Stephen ist nicht so einer. Sie hat ihn an der Nase, verdammt noch mal! Sie treibt ihn an, und es ist Temple, der sie antreibt. Und es liegt an dir und mir, ihn rauszutreiben Diese Ecke des Universums. Was wir tun können, ohne uns an das Gesetz zu wenden!" warf er verächtlich ein. „Ich denke, du verstehst es, nicht wahr, Blenham?"

Blenham nickte und setzte seinen Hut auf.

„Ich soll ihn von Anfang bis Ende verfolgen, bis wir ihn und sie aus dem Land vertreiben. Und ich soll gleichzeitig auch auf deinen Enkel einschlagen, bis wir ihn weit aufreißen." Stimmt das?"

„Gut und los geht's!" rief Packard.

Blenham salutierte, wie er es vielleicht getan hätte, wenn er noch Sergeant an der Grenze gewesen wäre, drehte sich um und ging hinaus. Fünf Minuten später ritt er wieder Richtung Süden. Und jetzt war sein Gesichtsausdruck beinahe triumphierend. Denn endlich war die Zeit gekommen, in der der alte Mann klare Anweisungen gegeben hatte, die vieles möglich machen konnten.

Am selben Tag, gegen Mittag, traf Terry Temple, die mit ihrem Auto quer durchs Land raste, Blenham auf der Landstraße. Sie war auf dem Weg nach Red Creek, ihre Besorgung war so dringend wie immer die Besorgungen von Terry. Eine halbe Meile entfernt erkannte sie ihn, erstens an dem weißen Strumpf seiner Lieblingsstute, zweitens an seiner großen Gestalt und der Art, wie sie im Sattel saß.

Also gab sie ihm, ganz wie der alte Packard, den sie so sehr verabscheute, die Hupe und keinen Zentimeter der Straße, der nicht allzu breit war. Blenham riss sein Pferd mit arbeitendem Mund aus dem Weg, über den Rand des Abhangs und fluchte ihr hinterher, als sie an ihm vorbeikam.

Terry aus Red Creek ging direkt zum Laden und zu einem Regal in einer fernen und staubigen Ecke, wo alle käuflichen Bücher des Dorfes standen. Mit einem Daumen im Mund und einem Stirnrunzeln in den Augen betrachtete sie sie lange und nüchtern.

Am Ende durchtrennte sie den gordischen Knoten, indem sie ein gerades Dutzend Bände nahm. Es gab eine Grammatik, eine alte Geschichte, einige Kompositionsbücher und vor allem eine Abhandlung über gesellschaftliche Gebräuche.

Wie man Briefe schreibt, was RSVP bedeutet, „Herr und Frau So-und-so bitten und so weiter", wie eine Dame einen Gentleman-Freund begrüßen sollte – kurz gesagt, eine Antwort auf alle möglichen Fragen nach richtigen und falschen Wegen Auftritt in einer höflichen Gesellschaft. Nachdem sie ihre Einkäufe in einer Keksdose verstaut hatte, wandte sich Terry wieder der Ranch zu.

Unter normalen Umständen hätte Terry weit vor Blenham in ihre Heimat zurückkehren müssen. Aber heute Nachmittag machte sie einen weiten Umweg, um kurz mit Rod Nortons junger Frau auf der Rancho de las

Flores zu plaudern, und kam so nach Einbruch der Dunkelheit unter die Temple-Eichen.

Als sie am Tor einbog, sah sie Blenhams Pferd angebunden am Stall stehen. Terrys Augen öffneten sich verwundert und ein wenig Röte stieg in ihre Wangen. Offensichtlich hielt sich Blenham mit ihrem Vater verschlossen. Terry biss sich auf die Lippe, nahm ihre Bücher in die Arme und eilte zum Haus.

Das Heulen einer Mutterkuh und eines Kälbchens, die durch einen Zaun getrennt waren, hatte das Schnurren ihres Motors völlig übertönt; Ihr Schritt auf der Veranda war wie immer leicht. Das erste, was Temple und Blenham von ihrem Kommen erfuhren, war ihre Gestalt im Türrahmen, ihr Gesicht war ihnen neugierig zugewandt.

Und in diesem Moment, während alle drei regungslos dastanden, sah und staunte Terry einen verständnisvollen Blick zwischen ihrem eigenen Vater und dem verachteten Vertreter einer verhassten Rasse. Außerdem bemerkte sie, dass das Glas in Temples Hand immer noch angehoben war, ebenso wie das Glas in Blenhams, während der Whisky noch nicht getrunken war und sie im blassen Lampenlicht zuzwinkerte.

„Ist dein ewiges Trinken nicht schon schlimm genug, ohne dass du darum bittest, mit dir zu trinken?" sie fragte leise. Sehr, sehr ruhig für Miss Terry Temple.

Ihr Vater bewegte sich ein wenig unruhig. Blenham beobachtete sie aufmerksam, bewundernd auf eine grobe Art und Weise und doch ein wenig verächtlich. Blenham könnte einen solchen Blick in seine Augen werfen; Für ihn war ein Mädchen etwas, das man sowohl verspotten als auch begehren konnte.

„Meine Liebe", sagte Temple und bemühte sich um eine klare Aussprache, was ihr am Ende aber mit großer Mühe gelang, „ich freue mich, dass Sie gekommen sind. Ich möchte, dass Sie zuhören. Wir müssen weise handeln. Wir dürfen Mr. Blenham nicht falsch einschätzen."

Während Terry schwieg, blickte er von einem zum anderen der beiden Männer. Temple trank hastig und verstohlen seinen Whisky und schnappte sich den zweiten, als ihr Blick zu Blenham gewandert war.

„Was ist das Spiel?" fragte Terry gleich.

Sie legte ihre Bücher auf den Tisch neben ihr, streckte ihre Hand nach einer Stuhllehne aus und blieb wie die Männer stehen.

Temple blickte zu Blenham, der lediglich mit den dicken Schultern zuckte und an seinem Whisky nippte, als wäre es ein leichter Wein gewesen, der sehr weich für einen anerkennenden Gaumen war. Auf eine vage Art und Weise war die Tat äußerst unverschämt. Temple wirkte unsicher, was für ihn keine Seltenheit war; Dann stellte er sein leeres Glas ab, stützte den Ellbogen auf den Kaminsims, senkte den Kopf und sprach mit leiser, murmelnder Stimme:

„Das Spiel? Es ist, was es immer war, Terry-Mädchen; was es immer sein wird. Das Spiel der Kornähre und der Mühlsteine; das Spiel der Unglücklichen unter der eisernen Ferse."

"Unglücklich!" rief Terry angewidert. „Puh!"

„Hör mir zu", befahl ihr Vater. „Sie fragen: Was ist das Spiel? Und ich sage es Ihnen." Sein Kopf war jetzt hoch; Terry bemerkte einen neuen Ausdruck in seinen Augen, als er weitereilte. „Es ist schließlich nur das Spiel des Lebens. Der Krieg derer, die alles haben, gegen diejenigen, die nichts haben; von Männern wie Old Hell-Fire Packard gegen Männer wie mich. Ein Spiel, das man meistens durch bloße Gewalt gewinnt." von angehäuftem Geld, das dem Unterlegenen das Leben auspresst – aber verloren zu sein, wenn der wohlhabende Narr, verfluche ihn, gegen ein Team wie Blenham und mich antritt!"

„Blenham und du?" sie wiederholte. „Du und Blenham? Willst du mir sagen, dass du dich bei ihm einmischst?"

Blenham drehte sein Whiskyglas langsam mit seinen großen, dicken Fingern. Sein Auge leuchtete mit seinem listigen Licht; Seine Lippen waren leicht geöffnet, als seien sie auf eine schnelle Unterbrechung vorbereitet, falls Temple das Falsche sagte oder zu weit ging.

„Sie haben Vorurteile", sagte Temple. „Das warst du schon immer. Nur weil Blenham hier Packard vertreten hat und Packard –"

„Ist ein alter Dieb!" sie weinte leidenschaftlich. „Und noch schlimmer! Als Packards *Mann am Freitag* kommt Blenham bei mir nicht gerade gut an!"

„Komm, komm", rief Temple. „Beherrsche deine Zunge, Teresa, meine Liebe. Wenn du nur zuhörst –"

„Dann schießen Sie und bringen Sie es hinter sich."

Terry ließ sich in ihren Stuhl sinken, umklammerte mit ihren behandschuhten Händen ihre dicken Knie, was Blenhams anerkennenden Blick auf sich zog, und knabberte mit ihren weißen Zähnen ungeduldig an ihrer Unterlippe, als wollte sie ihr einen Befehl zum Schweigen geben.

„Lass es uns haben, Papa."

„Das ist vernünftig", murmelte Temple. „Du warst immer ein kluges Mädchen, Teresa, wenn du es sein wolltest. Mal sehen, wo bin ich hingekommen?

"Mit *dir*!" korrigierte Terry kurz.

„Wir sind dem alten Mann Packard verpfändet", fuhr Temple fort, etwas voreilig, nachdem er sich jetzt ziemlich in den Strom seiner Worte vertieft hatte, als wäre das Wasser kalt und er wollte unbedingt auf die andere Seite hinausklettern Seite. „In gewisser Weise nicht viel; ein gutes Geschäft, wenn man bedenkt, wie knapp das Geld ist und wie wenig wir in den letzten Jahren davon gesehen haben. Jetzt schickt Packard Blenham mit einer Nachricht rüber: Er wird abschotten; er wird gehen." uns zu vertreiben, uns zu ruinieren. Das ist Packards Wort."

Terry versteifte sich in ihrem Stuhl; ihr Kinn hob sich ein wenig in die Luft; ihre Augen leuchteten; die Farbe in ihren Wangen vertiefte sich. Das war ihre einzige Antwort auf Packards Ultimatum, das Blenham ihrem Vater und Temple ihr gegenüber zitierte. Da sie wusste, dass noch mehr vor ihr lag, saß sie still da und schloss ihre verschränkten Hände fester um ihre Knie. Blenham nippte ebenso still wie sie an seinem Whiskey.

„Aber Blenham ist ein weißer Mann."

Temple versuchte, es mit der Kraft der Überzeugung auszusprechen, aber Terry schniefte nur und Temple selbst versäumte es etwas, sein Herz in seine Worte zu stecken. Er eilte weiter und wiederholte:

„Ja, ein weißer Mann. Und er hat ein wenig eigenes Geld, das er in all den Jahren, in denen er für Packard gearbeitet hat, versteckt hat. Er kommt heute Abend vorbei, Teresa, meine Liebe, und macht uns – verdammt, großzügig." Angebot. Sie sehen, wie die Dinge liegen, werden wir zwangsläufig das ganze Anwesen, Schloss, Schaft und Lauf, an Packard verlieren; das wollen Sie doch nicht tun, oder?"

„Mach weiter", sagte Terry. Ihr Gesicht war plötzlich so weiß wie die Hände, aus denen sie schnell und nervös ihre Handschuhe auszog. „Was genau ist Blenhams großzügiges Angebot, Dad?"

„Es ist eines von zwei Dingen."

Er zögerte und leckte sich die Lippen. Terrys Herz sank noch tiefer; Es hat so lange gedauert, bis er die Sache in Worte gefasst hatte! „Sehen Sie, als Vorarbeiter und Agent von Old Man Packard kommt er, um uns mitzuteilen, dass ihm die Zwangsvollstreckung befohlen wurde, um uns vollständig zu brechen. Als Freund von uns sagt er –"

"Um Gottes Willen!" rief Terry scharf. "Was sagt er?"

„Er wird uns tausend Dollar zahlen, damit er alles übernehmen kann! Er wird die Hypothek übernehmen; er wird sie mit dem alten Packard abbezahlen; er wird den Titel freimachen; und wenn wir irgendwann dort ankommen, wo wir die Ranch zurück haben wollen, Er wird zulassen, dass wir ihn für genau das auskaufen, was er hineingesteckt hat.

Terry sah ihn ernst an.

„In Worten mit einer Silbe", sagte sie leise, „Blenham plant, Ihnen tausend Dollar zu geben, dann dem alten Packard die siebentausend zu zahlen, die Sie ihm schulden, und für diesen Betrag von achttausend ein Outfit zu ergattern, das zwanzig wert ist." Tausend, wenn es einen Nickel wert ist! Das ist doch sein großzügiges Angebot, oder?"

"Mein Schatz--"

„Nicht mein Lieber!" sie schnappte ungeduldig. „Machen Sie einfach weiter und kriegen Sie das ganze idiotische Ding aus Ihrem System raus. Was noch?"

„Das ist alles. Wie ich bereits gesagt habe, werden wir unter den gegebenen Umständen zwangsläufig alles an Packard verlieren. Blenham tritt vor und bietet uns tausend …"

„Ich sollte denken, er würde auftauchen! Lebhaft! Nun ja, ich kann dich nicht aufhalten, oder? Du brauchst nicht mein Einverständnis, um dich lächerlich zu machen? Hast du dich schon bei Blenham angemeldet? "

Temple versuchte, eine Würde anzunehmen, die zu seinen zerlumpten Pantoffeln und seinen trüben Augen schlecht passte.

„Blenham hat sein Geld in einem Safe in Red Creek. Es müssen Papiere unterschrieben werden. Wir gehen jetzt dorthin. Es tut mir leid, dass du das so auffasst, Teresa."

Dann sprang sie auf, ihre beiden Hände geballt, ihre Augen leuchteten.

„Und mir", rief sie hitzig, „tut mir leid. Oh, ich schäme mich! dass einer mit dem Namen Temple so tief sinken sollte, dass er mit einem Köter und einem Schurken, einem Betrüger, einem Lügner und all dem, Blenham, in Berührung kommt." ist, und dass Sie und ich und das ganze Land wissen, dass er es ist! Ich würde lieber zusehen, wie der alte Höllenfeuer-Packard dich zerschmettert und unter deinen Füßen zermalmt, als dich da stehen zu sehen und mit diesem Ding zu trinken!"

Und dass es keinen Fehler geben sollte, schoss ihr Finger hervor und zeigte auf Blenham.

„Terry!" befahl ihrem Vater: „Sei still. Du weißt nicht, was du sagst!"

„Tue ich das aber nicht! Ich – ich –“

Blenham lachte, als sie aufhörte, und lachte erneut, als er dastand und beobachtete, wie sie schnell atmete.

„Hübscher Kater“, sagte er unverschämt, „du brauchst deine rosa-weißen Nägel, die du kürzen musst.“

„Wag es nicht, ein Wort zu mir zu sagen“, warf sie ihm entgegen. "Kein Wort."

„Kein einziges kleines Wort, was?“ Er kippte seinen Whisky weg, ließ das leere Glas hinter sich auf den Boden fallen und kam mit schnellen Schritten auf sie zu, ein hässliches Grinsen verzog sich aus seinem Mundwinkel, und sein Auge brannte. „Ich habe deinen alten Mann dort, wo ich ihn haben will. Er weiß es und ich und du weißt es. Und wenn ich will, kann ich dich auch dort haben, wo ich dich haben will. Verstanden?“

Er hatte einen weiteren Schritt auf sie zu gemacht. Plötzlich kam ihr der Gedanke, dass er und ihr Vater vor ihrer Ankunft viele Drinks zusammen getrunken hatten. Sie zog sich langsam zurück. Als Temple merkte, dass im Moment alle Aufmerksamkeit von ihm abgezogen war, griff er nach einer Flasche am anderen Ende des Kaminsimses.

Dann wurde Terry plötzlich und ohne ein weiteres Wort zum Handeln angeregt. Blenham kam auf sie zu und sie sah den Ausdruck in seinen Augen. Sie peitschte zurück; Ihr Atem blieb ihr im Hals stecken; Die Farbe lief ihr aus den Wangen. Sie warf einen wilden Blick auf ihren Vater. seine Finger schlossen sich um den Hals einer Flasche, obwohl sie eigentlich am Hals eines Mannes sein sollten.

Terry holte ein Buch vom Tisch – es war ein Band, der viele Fragen darüber beantwortete, wie man sich in der Gesellschaft verhält, ohne jedoch die Situation zu erwähnen, die jetzt eingetreten war – und warf es Blenham direkt ins hektische Gesicht. Dann schlüpfte sie durch die Tür hinter sich, schlug sie zu und rannte hinaus, die Veranda hinunter und in die Nacht. Hinter sich hörte sie Blenhams schwere Sporenstiefel und Blenhams Fluch.

„Wenn er kommt, werde ich ihn töten!“

Sie war an ihrem Auto; ihr Revolver war in ihrer Hand. Sie sah, wie Blenham nach draußen kam. Einen Moment schien er zu zögern, sein großer Körper zeichnete sich im Lichtrechteck der Tür ab. Dann hörte sie ihn lachen und sah ihn ins Zimmer zurückkehren. Sie kam langsam auf Zehenspitzen zurück und stellte sich unter das Fenster.

„Du kannst das Auto des Mädchens fahren, nicht wahr?“ Blenham fragte. Und als Temple zugab, dass er es könnte: „Lass uns weitermachen und uns auf den Weg machen. Wie ich schon sagte, schließe dich mir heute Abend an, sonst rühre ich das Ding nicht an."

Dann rannte Terry wieder zurück zu ihrem Auto. Sie sprang hinein, startete den Motor, gab Gas, während sie die Kupplung betätigte, und schoß in einem weiten Kreis die Straße hinauf, durch das Tor hinaus und in die Dunkelheit hinaus.

„Ich nehme diesen Topf noch, Mr. Cutthroat Blenham!" sie weinte innerlich.

Kapitel XVII

UND RUFT STEVE AN

Obwohl sich in ihrer Seele ein Sturm zusammenbraute und ihr Blut dadurch turbulent wurde, zögerte Terry nicht von der ersten Sekunde an. Erst neulich hätte sie in einem bestimmten historischen Protokoll nicht gesagt:

„Ich hasse Blenham mehr als einen Packard!"

Allerdings hatte sie weiter angedeutet, dass ihr der Jüngste aus dem Hause Packard kaum besser gefiel als der verhasste Vorarbeiter. Aber – Nun ja, wenn Steve nicht wusste, wusste zumindest Terry, dass diese Bemerkung nur wegen ihrer rhetorischen Wirkung geäußert wurde.

„Er war vom Sprung an ein ziemlich guter Späher", gab Terry gelassen zu, als sie ihr Auto auf Hochtouren brachte und durch das blasse Mondlicht raste. Dann lächelte sie, das erste schnelle Lächeln, das kam und ging, seit sie Blenham ein Buch ins Gesicht geschleudert hatte. „Ein ziemlich anständiger Späher vom Sprung aus!"

Er war buchstäblich in ihr Leben gesprungen und hatte sie verfolgt, als ob –

„Oh, scheiße!" lachte Terry. „Es ist das Mondlicht!"

Es gab eine gewisse scharfe Kurve auf der Straße, in der selbst sie langsamer fahren musste. Hier kam Terry zum Stillstand, nicht so sehr aus Zögern, sondern weil sie sich einer Abkehr von den alten Pfaden bewusst war und das tiefe Gefühl hatte, dass die Tat von Bedeutung sein könnte. Denn wenn sie die Wende geschafft hätte, hätte sie die alte Deadline überschritten, sie hätte die Grenze überschritten und wäre in das Packard-Grundstück eingedrungen.

„Nun", dachte Terry, „was wirst du tun, wenn du dich zwischen dem Teufel und der Tiefsee befindest?"

Also ließ sie die Kupplung los, gab den Gashebel auf, hupte rein aus Trotz, und als sie das nächste Mal anhielt, befand sie sich genau an der Tür des alten Ranchhauses, wo Steve Packard zu dieser frühen Abendstunde zu finden sein sollte .

Die Männer im Schlafhaus hatten sie kommen gehört und drängten bis zum letzten Mann zur Tür, um zu sehen, wer es sein könnte. Ihr erster Gedanke wäre natürlich, dass der alte Berglöwe, Steves Großvater, brüllend von seinem Platz im Norden herabgekommen sei. Terry warf den Kopf hoch, damit sie sehen und wissen und staunen und spekulieren und alles tun und sagen könnten, was ihnen gefiel. Nachdem sie ihren Rubikon überschritten hatte, war ihr das Schnippen ihrer hübschen Finger egal.

„Ich will Steve Packard", rief sie ihnen zu. "Wo ist er?"

Es war die junge Barbee, die antwortete: Barbee mit den unschuldigen blauen Augen.

„Im Ranchhaus, Miss Terry", sagte er. Und er trat vor, strich sich die Haare zurecht, zog seinen Gürtel hoch und lächelte sie nach seiner erfolgreichsten Frauentötungsart an. „Sicher, dass ich das nicht tun werde?"

"Du?" Terry lachte. „Wenn ich einen Mann suche, werde ich mich nicht für einen Jungen entscheiden, Barbee, mein Lieber!"

Und sie sprang herunter und klopfte laut an Steves Tür, während die Männer in der Schlafhütte freudig lachten und Barbee leise fluchte.

Steve, der annahm, dass es sich um einen seiner eigenen Männer handelte, der plötzlich formell geworden war, nahm weder seine bestrumpften Füße vom Tisch noch seine Pfeife von den Lippen, als er kurz rief:

"Komm herein!"

Und Terry bat um keine zweite Einladung. Sie ging hinein und schlug die Tür hinter sich zu, damit diejenigen, die zum Eingang des Schlafhauses starrten, vergebens starrten.

Und nun gelang es Steve Packard in einer blitzschnellen Sekunde, seine Füße vom Tisch zu entfernen, seine Pfeife von seinen Zähnen zu lösen und sein Hemd schnell vor der Brust zuzuknöpfen. Und als er sie anstarrte, keuchte er:

"Ich werde sein--"

"Sag es!" lachte Terry. „Nun, ich bin hier. Ich war geschäftlich hier. Da ist ein Loch in der Spitze deiner Socke", schloss sie mit einem Anflug von Bosheit, als sie bemerkte, wie er es zum ersten Mal, seit sie ihn kannte, verlegen versuchte um ein Paar mannsgroße Füße hinter seinem Tisch zu verstecken.

[Illustration: „Sag es!“ lachte Terry. „Nun, ich bin hier.
Kam geschäftlich.“]

Steve wurde heftig rot. Terry lachte köstlich.

„Ich – ich wusste es nicht –“

„Natürlich hast du das nicht getan“, stimmte sie zu. „Jetzt bin ich so
etwas wie ein roter Streifen im Rausch, aber in einem kleinen Buch von mir
habe ich gelesen, dass ein junger Herr, der nach Einbruch der Dunkelheit
einen Anruf einer jungen Dame empfängt, seine Haare kämmen, sein Hemd
zuknöpfen lassen sollte mindestens ein Paar Hausschuhe an. Ich gebe dir drei
Minuten.“

Packard sah sie verwundert an. Dann ging er ohne Antwort an ihr
vorbei und zum Fenster. Er klappte die Jalousie hoch, sodass jeder, der Lust
hatte, in den Raum schauen konnte. Als nächstes ging er zur Tür und rief:

„Bill, oh, Bill Royce. Komm her. Hier ist jemand, der mit dir reden will!"

Terry Temples Gesicht wurde brennend rot. Da kam der Impuls, beide Arme um diesen großen, hemdsärmeligen, zerzausten Packard-Mann zu legen und ihn fest zu drücken – und ihn am Ende noch fester zu kneifen. Denn in Terrys Seele war Verständnis, und er erfreute sie und beschämte sie gleichzeitig.

Aber als Steve zurückkam, seine Füße in seine Stiefel schlüpfte und sich ihr gegenüber an den Tisch setzte, verriet ihm Terrys Gesicht nichts.

„Du bist ein lustiger Typ, Steve Packard", gab sie nachdenklich zu.

„Das ist nichts", grinste Steve, inzwischen wieder ganz er selbst. "Also bist du!"

Sie war ohne Hut von der Temple-Ranch gekommen; Ihr Haar war schon vor langer Zeit heruntergefallen und umrahmte nun ihr lebhaftes Gesicht auf bezaubernde Weise. Entzückend, das heißt für den Geist eines Mannes; Andere Frauen sind sich in solchen Angelegenheiten nicht immer einig. Jedenfalls sah Steve mit Bewunderung und Bedauern in den Augen zu, wie Terry die losen Bronzesträhnen ausschüttelte und begann, Ordnung in das immer verwirrender werdende Chaos zu bringen. Ihr Mund war voller Nadeln, als Bill Royce hereinkam. Aber sie konnte immer noch verlockend flüstern:

„Wenn du Bill als Begleitperson ausgewählt hättest, weil er blind ist –"

Royce blieb im Türrahmen stehen.

„Das bist du, Terry Temple?" er hat gefragt. „Und du wolltest mich? Was ist los?"

„Ich bin gekommen, um mit Steve Packard zu reden", antwortete Terry prompt.

Sie stand auf, nahm Royces Hände zwischen ihre und führte ihn zu einem Stuhl, bevor sie sie losließ. Und bevor sie zu ihrem Haus zurückkehrte, hatte sie schnell gesagt:

„Ich habe dich nicht gesehen, seit du Blenham geleckt hast. Ich – ich bin froh, dass du deine Chance bekommen hast, Bill."

„Danke, Miss Terry", sagte Royce leise. „Ich habe die Sache irgendwie mit ihm geklärt. Nicht ganz. Aber irgendwie. Dann wolltest du mich nicht?"

„Nicht diese Reise, Bill. Es ist hier nur ein Stück von Mr. Packard. Er wollte nicht wissen, dass ich ihn ganz allein hier hatte, aus Angst, es könnte ihn kompromittieren, wissen Sie."

Sie kicherte.

„Oder ihn mit seinem Mädchen queer machen, höchstwahrscheinlich!" kicherte Royce.

Daraufhin starrte Steve finster und Terry sah erschrocken aus.

„Ihr redet beide Unsinn", sagte Packard. Er griff nach seiner Pfeife, ließ sie aber wieder auf den Tisch fallen, ohne sie anzuzünden. „Wenn ich irgendetwas für Sie tun kann, Miss Temple —"

Er sah, wie sich der Ausdruck in ihren Augen veränderte. Nichts Geringeres als ein Auftrag von überragender Bedeutung hätte sie hierherbringen können, und er wusste es. Und nun sagte sie ihm mit schnellen, eifrigen Worten:

„Blenham hat uns fast einen Strich durch die Rechnung gemacht. Unser Outfit ist für elende siebentausend Dollar an deinen alten Dieb von Großvater verpfändet. Der alte Packard hat Blenham rübergeschickt, um Papa zu sagen, dass er uns rausschmeißen wird. Blenham spielt sich schlau und bietet Papa an." tausend Dollar für die Hypothek. Oh, ich verstehe nicht, wie ich es sagen soll, aber Blenham hat ein paar tausend Dollar gespart und hier und da gestohlen, und er hat vor, sich die Temple-Ranch für insgesamt achttausend zu schnappen Dollar; siebentausend für den alten Packard, eintausend für Papa —"

"Aber sicher--"

„Sicherlich nichts! Papa ist wie immer halb voll Whisky und tausend Dollar erscheinen ihm so viel wie ein Vollmond. Außerdem ist er sicher, dass er früher oder später gegen den alten Hell-Fire verliert."

„Und du willst mich —"

„Wenn Sie Geld haben oder Geld aufbringen können", sagte Terry knapp, „mache ich Ihnen ein gutes Angebot. Das Gleiche, was Blenham sucht. Die Ranch ist viel mehr wert als zwanzigtausend Dollar. Mein Angebot ist." — Aber können Sie achttausend aufbringen?"

Steve betrachtete sie einen Moment nachdenklich. Dann, ganz nach der Art von Steve Packard, schob er seine Hand in sein Hemd, holte einen Stapel Banknoten heraus und warf sie ihr über den Tisch zu.

„Ich bin kein Blutsauger", sagte er leise. „Nimm, was du willst; ich stecke dich an den Pflock."

Terry schaute, zählte — und schnappte nach Luft.

"Zehntausend!" Sie weinte. „Mein Gott, Steve Packard! Zehntausend — und du würdest mir leihen —"

„Um eine Hypothek an meinen Großvater abzubezahlen, ja", antwortete er nüchtern, sich dessen bewusst, was er tat und wie rücksichtslos und vielleicht auch idiotisch es war. „Und Blenham zu schlagen."

Sie sprang auf und rannte um den Tisch herum, legte ihre beiden Hände auf seine Schultern und schüttelte ihn.

„Du bist ein von Gott gesegneter Baustein, Steve Packard!" sie weinte schallend. „Aber ich bin auch kein Blutsauger. Wenn Sie ein toter Wildsport sind – nun, das wäre ich lieber als alles andere, dem Sie einen Namen geben können. Schnüren Sie Ihre Stiefel, setzen Sie sich einen Hut auf, schieben Sie ihn auf in deiner Tasche." Und sie drückte ihm die Geldscheinrolle in die Hand. „Inzwischen werden Papa und Blenham auf dem Weg nach Red Creek sein. Wir werden ihnen zuvorkommen, haben einen Anwalt und ein paar Papiere parat, und wenn sie auftauchen, nehmen wir Papa einfach aus Blenhams Händen."

„Ich verstehe dich nicht ganz", sagte Steve. „Wenn Sie sich das Geld nicht leihen –"

„Ich werde Papa dazu bringen, dir achttausend zu verkaufen; er steckt eintausend ein, und mit den anderen sieben wird dein geldgieriger, pestilierender alter Opa ausgezahlt. Dann machen wir einen Deal zwischen dir und mir –"

„Partner!" rief Bill Royce aus. „Gott sei Dank! Steve Packard und Terry Temples Partner –"

„Verstehst du das nicht?" Terry zog aufgeregt an Steves Arm. „Komm schon, werde lebendig. Wir werden Freeze-Out mit Hell-Fire Packard und seiner rechten Laube spielen. Und wir werden Papa davon abhalten, so etwas zu begehen. Und das werden wir auch." – Ach, komm schon, nicht wahr?"

Steve stand auf und blickte neugierig auf sie herab. Dann lachte er und wandte sich ab, um Mantel und Hut zu holen.

„Geh voran, ich folge dir", sagte er kurz.

Bill Royce rieb sich die Hände und kicherte.

„Selbst wenn ich keine Augen habe", überlegte er, „gibt es einige Dinge, die ich ganz deutlich sehen kann."

Kapitel XVIII

„Wenn er es weiß – weiß sie es?"

Es schien kein besonderer Grund zur Eile zu sein. Und doch rannte Terry eifrig zu ihrem Auto, und Steve eilte mit großen Schritten hinter ihr her, während die Männer unten im Schlafhaus ihre Vermutungen anstellten und zu Bill Royce blickten, um eine gewisse Erklärung zu erhalten. Steve hatte das Alter der Begeisterung noch nicht überschritten; Terry war ganz kribbelig. Das Leben gestaltete sich zu einem Abenteuer.

Und obwohl es so aussah, als stünde ihnen alle Zeit der Welt zum Herumlungern zur Verfügung – denn es sollte eine einfache Sache sein, lange vor Blenham und seinem Betrüger nach Red Creek zu kommen –, gab Terry ihrer Aufregung nach, Steve gab ihr nach Sie folgten Terrys Verlockung und rasten ganz fröhlich durch das Mondlicht davon. Während Terry, die Fahrerin, ihren Blick notgedrungen auf die Straße richtete, lehnte sich Steve Packard in seinem Sitz zurück und begnügte sich mit der Vision seines Mitabenteurers.

„Terry Temple", sagte er ihr nachdrücklich und absolut aufrichtig, „du bist absolut das Hübschste, was ich je gesehen habe."

„Ich bin kein Ding", sagte Terry. „Und außerdem weiß ich es bereits. Und –"

Dann kam es zum ersten Reifenschaden; ein abgenutzter Reifen, der von einem scharfen Felsbrocken durchbohrt wurde, so dass sie die Luft windig herausströmen hörten. Terry blieb auf der Bremse stehen. Steve sprang heraus und untersuchte hastig.

„Sieht aus, als wäre ein Mann mit einer Handaxt darauf losgegangen", verkündete er fröhlich. „Gut, dass du einen Ersatz hast."

Terry warf sich ungeduldig von ihrem Sitz.

„Ich brauche neue Reifen", sagte sie, während sie auf der einen und er auf der anderen Seite begannen, im Werkzeugkasten unter dem Sitz nach Wagenheber und Schraubenschlüssel zu suchen. „Dieses Ersatzteil ist auch weich und halb durchgenutzt. Ich wette, wir bekommen mehr als einen Reifenschaden, bevor die Arbeit erledigt ist. Aber es ist trotzdem montiert."

Steve ging auf die Knie und begann, das Auto aufzubocken; Terry, die über ihm stand, war damit beschäftigt, mit ihrem Schraubenschlüssel die Laschen an der Felge zu lösen. Während er dann den Austausch vornahm und die Muttern festzog, schnallte sie den kaputten Reifen in seinen Träger und ließ sich zurück in ihren Sitz gleiten. Als Steve neben ihr einstieg, bemerkte er, wie spekulativ ihr Blick auf die Straße gerichtet war.

„Wir haben sie hinter uns, nicht wahr?" er hat gefragt.

Terry nickte schnell.

„Ja. Wir haben einen Vorsprung und sie sind zu Pferd. Es ist kein Trick, ihnen zuvorzukommen. Aber – Oh, ich habe heute Abend einen Ausdruck auf Blenhams Gesicht gesehen! Er ist schlecht, Steve Packard; ganz schlecht; Die Art, die vor nichts zurückschreckt! Und irgendwie hat er den armen alten Vater im Würgegriff und zwingt ihn, das zu tun. Wir haben einen Vorsprung, wir können sie vor Red Creek schlagen, aber – –"

„Aber Ihnen gefällt die Vorstellung nicht, Ihren Vater heute Abend in Blenhams Gesellschaft allein zu lassen?" Er war für sie fertig. "Ist es das?"

Wieder nickte sie. Er konnte sehen, wie sie mit den Zähnen an ihren Lippen knabberte.

„Dann", schlug er vor, „warum überhaupt nach Red Creek gehen? Warum nicht umkehren und sie aufhalten? Sie können Mr. Temple mit nach Hause nehmen. Ich stelle mir vor, dass wir Blenham gemeinsam dazu bringen können, ihn zu verstehen." ist dieses Mal nicht erwünscht."

„Darüber habe ich nachgedacht", sagte Terry.

Und wo die Ranch Number Ten Road in die Landstraße mündet, bog Terry nach rechts ab und ging wieder zu ihrem eigenen Zuhause.

Als sie mit Steve auf den Fersen auf die Veranda rannte, wurde sie von Iki, dem japanischen Koch, mit wild leuchtenden Augen begrüßt.

„Wo ist mein Vater?" fragte sie und Iki wedelte aufgeregt mit den Händen und antwortete:

„Er reiste mit großer Eile und vielen Schimpfwörtern von seinem Gentleman-Freund ab. Der Meister konnte keinen Zwischenstopp einlegen, um noch einen Schluck Whisky zu trinken im Gefängnis.' Ebenso sagen: „Ich habe dich an den langen Haaren gepackt, als ob ich dich wollte, und ja, bei Gott, als würde ich eines Tages bald deine schöne Tochter bekommen!" Nur letzteres sagt er mit unangenehmen Worten von –"

Terry schüttelte ihn an beiden Schultern.

"Wohin sind sie gegangen?" sie verlangte. "Wie lange her?"

„Auf Pferden, schnell rennend", sagte Iki. „Zehn Minuten vielleicht – vielleicht zwanzig oder dreißig. Wer kann schon sagen, wann –"

„Warum haben wir sie nicht getroffen?" fragte Steve von Terry. „Wenn sie wirklich nach Red Creek unterwegs sind?"

„Sie nutzen alle Abkürzungen, die es gibt", antwortete sie prompt. „Sie nehmen einen Kuhpfad durch die Ranch, überqueren das untere Ende Ihres Grundstücks und kommen direkt dahinter auf die alte Straße. Blenham ist ein echter Fuchs; er hat geahnt, dass ich ihm irgendwie einen Strich durch die Rechnung machen will . Er wird kein vollkommen gutes Mondlicht verschwenden. Komm schon!" Und wieder rannte sie zum Auto. „Wir werden sie trotzdem überholen.

„Ich glaube dir", grunzte Steve, der wieder neben ihr saß, der Motor dröhnte und die Räder durchdrehten. „Sie wissen nicht, was ein Geschwindigkeitsgesetz ist, oder?"

„Geschwindigkeitsgesetz?" wiederholte sie geistesabwesend, ihre Augen auf die nächste dunkle Kurve auf der Straße gerichtet. "Was ist das?"

Er lachte und lehnte sich in seinem Sitz zurück. Seine Augen waren wie die des Mädchens wachsam auf den düsteren Winkel gerichtet, den Terry überwinden musste, bevor sich der Weg vor ihr wieder gerade richtete. Ihre Scheinwerfer schnitten durch die Schatten; Terrys kleiner Körper versteifte sich ein wenig und ihre Hände spannten sich an ihrem Lenkrad an; ihre Fluggeschwindigkeit wurde um eine fast vernachlässigbare Kleinigkeit verringert; Sie machte die Kurve und gab Gas. Steve nickte zustimmend.

Die meiste Zeit schwiegen sie. Er hatte sie noch nie in einer Stimmung wie heute Abend gesehen. Er las in ihrem Gesicht, in ihren Augen, in der Haltung ihres Körpers ein und dasselbe; und das war ein komplexes Etwas, das aus den verschiedenen Emotionen Entschlossenheit, Trauer und feuriger Wut bestand.

Er las ihre Gedanken ohne weiteres; Es war klar, dass sie keinen Versuch machte, es zu verbergen: Sie würde einen bestimmten Deal abschließen, sie war betrübt und schämte sich für ihren Vater, sie erinnerte sich an den „Ausdruck auf Blenhams Gesicht heute Abend" und immer wieder schoss ihre Wut in ihr hoch seine rote Flut in ihre Wangen.

„Blenham legte seine schmutzigen Hände auf sie", dachte Steve; „oder versuchte es."

Und er stellte fest, dass seine eigenen Pulse immer heißer schlugen, als er seiner Fantasie erlaubte, ein Bild für ihn heraufzubeschwören: Blenhams große, verknotete Hände auf der Anmut, die Terry war. In diesem Moment schien es ihm, als wäre er über die Meere nach Hause gezogen worden, um dabei zu helfen, die Strafe für einen Mann auszuüben: einen Mann, der den alten Bill Royce geschlagen hatte und der es nun wagte, einen bösen Blick auf Terry Temple zu werfen.

Dann kam der zweite Reifenschaden, ein hässlicher Schnitt wie beim ersten, verursacht durch einen Steinsplitter, der gegen die abgenutzte Außenhülle geschleudert wurde.

„Ich habe vor einem Monat neue Reifen bestellt“, erklärte Terry, als sie und Steve sich gemeinsam auf den Weg machten, um das Problem zu beheben.

Während er vor ihrem Auto hockte, um im Schein ihrer Scheinwerfer zu arbeiten, den Schlauch herausholte, kramte sie in ihrem Reparaturset.

„Diese steinigen Straßen, wissen Sie, und die Art, wie ich fahre.“

Er lachte. „Wie sie gefahren ist!“ Das bedeutete: „Wie der Teufel!“ wie er es ausdrücken würde. Über steinige Straßen, bis zu einer Kurve rasend, immer wieder auf die Bremse tretend, wenn sie etwas langsamer werden muss; sie schwankte in einer scharfen Kurve, so dass ihr Auto ins Rutschen kam und ihre Reifen schleiften; Kurz gesagt, sie holte die volle Geschwindigkeit aus ihrem Motor heraus, die sie nur herausholen konnte, ohne Rücksicht auf abgenutzte Reifen und andere Kleinigkeiten und kühle Verachtung.

Den Schnitt im Innenrohr zu finden war einfach; Allein das Mondlicht hätte es gezeigt. Er hielt es hoch, damit sie es ansehen konnte, und sie schüttelte den Kopf und seufzte. Aber den Flicken so zu gestalten, dass er hält, war eine andere Sache; Und das Aufpumpen des Reifens, wenn die Arbeit erledigt war, war noch einmal eine Herausforderung, erforderte Zeit und beanspruchte Terrys ziemlich unbeträchtliche Geduld.

„So ein bisschen mehr Glück“, rief sie, als sie sich erneut auf den Weg machten, „und Blenham wird uns noch einen Streich spielen!“

Steve wurde klar, dass sich Terrys Befürchtungen als nur allzu begründet erweisen könnten. Die Zeit, die sie gebraucht hatte, um zu ihm auf seine Ranch zu fahren, die Zeit, die sie durch die Rückkehr nach Hause, den Reifenwechsel und die Reparatur eines Reifenschadens verloren hatte, hatte Blenham besser genutzt. Es stimmt, er saß zu Pferd, während sie fuhren. Und doch kann ein entschlossener, brutal gnadenloser Mann auf einem Pferd über etwa zwanzig Kilometer hinweg Rechenschaft über sich selbst ablegen.

Doch während sie beide spekulierten, machten sie weiter. Sie kamen an die Stelle, wo die „alte Straße“ in die neue überging; Blenham und Temple waren nirgends zu sehen, obwohl das Land hier flach und nur spärlich bewaldet war und der Mond alle Objekte deutlich hervorhob.

Und so weiter und so fort, bis sie sich endlich wunderten und sich fragten, ob Blenham und Temple sich irgendwo von der Straße zurückgezogen und sich im Schatten versteckt hatten, um sie vorbeizulassen? Aber erst als sie die letzte kurvenreiche Steigung mit Red Creek, aber ein paar Meilen entfernt, hinaufstiegen, sahen sie die beiden Reiter.

Terrys Auto schwang für einen kurzen Augenblick mit seinen Scheinwerfern um eine Kurve und half dem Mond dabei, eine unvergessliche Szene grell zu erhellen. Blenham hatte sich im Sattel umgedreht, vielleicht erschreckt vom Geräusch des entgegenkommenden Autos oder vom Glanz der Scheinwerfer; sein emporgehobener Schwanz fiel schwer auf die Seiten seines laufenden Pferdes; Sie erhob sich und fiel wieder auf den Rand des Temple-Berges, und die beiden Männer gingen mit ihren Pferden unter ihnen sprangen über den Hügelkamm und auf die andere Seite hinab.

Wenige Augenblicke später erkannten sie vom Kamm des Bergrückens aus die beiden rennenden Gestalten unten auf der Straße. Blenham schlug immer noch verzweifelt sein Pferd und das von Temple. Terrys Hupe ertönte; ihr Auto sprang; und Blenham riss sein Pferd laut fluchend wieder auf die Hinterbeine und weit von der Straße weg. Mit blockierten Rädern kam Terry rutschend zum Stehen.

„Komm rein, Papa“, sagte sie kühl und ignorierte Blenham. „Steve Packard und ich werden Sie nach Red Creek bringen. Packard ist bereit, Ihnen ein besseres Angebot zu machen als Blenham. Lassen Sie Ihr Pferd los; er wird nach Hause gehen und sich uns anschließen.“

„Er wird nichts dergleichen tun!“ schrie Blenham, seine Stimme klang heiser vor Wut. „Versuchen Sie das einfach mal bei Temple, und – Er wird nichts dergleichen tun“, schloss er schwerfällig und seine Miene war beredt drohend.

„Wir wissen, dass Sie glauben, Sie hätten ihn irgendwie im Würgegriff, Blenham“, warf Terry scharf ein. „Aber selbst wenn ja, Papa ist ein weißer Mann und – Papa! Was ist los?“

Temple glitt aus seinem Sattel und stand sichtbar zitternd da, sein Gesicht war totenbleich, seine Augen starrten. Sogar im Mondlicht konnten sie alle die großen Schweißtropfen auf seiner Stirn sehen, die glitzerten, als sie herabrieselten. Er streckte seine Hand aus, um sich an seinem Sattel festzuhalten, verfehlte blind, taumelte und begann langsam zusammenzubrechen, wo er stand, als würden seine Knochen nach und nach in ihm schmelzen. Blenham lachte hart.

„Der Betrunkene ist eine gekochte Eule“, grunzte er. „Aber ich bin immer noch nüchtern genug, um zu wissen –“

"Papa!" rief Terry ein zweites Mal, jetzt draußen auf der Straße neben ihm, ihre Arme umschnallten seinen schlaffen Körper. „Es ist nicht nur das. Du –"

„Krank", stöhnte Temple schwach. „Gott weiß – er hat mich zu Tode gejagt – ich weiß es nicht – ich wollte aufhören, mich dort ausruhen, aber – ich fürchte, dass –"

Er brach keuchend ab. Steve sprang heraus und legte seine eigenen Arme um die welkende Gestalt.

„Lass mich ihn ins Auto bringen", sagte er sanft. Und als er Temple hochgehoben und auf den Sitz gesetzt hatte, fügte er leise hinzu: „Ich denke, Sie sollten sich besser beeilen. Holen Sie einen Arzt für ihn. Ich folge ihm auf seinem Pferd."

Terry warf ihm einen dankbaren Blick zu, nahm ihren Platz am Steuer ein und fuhr bergab. Ihr Vater an ihrer Seite ließ sich weiterhin an seinem Platz nieder, solange Steve ihn im Blickfeld hatte.

"Also?" knurrte Blenham, seine Stimme war hässlich und verwirrt und kehlig vor Wut. „Du mischst dich wieder ein, oder?"

Steve schwang sich in den Sattel, den Temple gerade geräumt hatte.

„Ja", erwiderte er kühl. „Und wenn du es wissen willst, bin ich auch dabei, Blenham. Bis zum Ende."

Da zwischen ihnen nur die Breite einer schmalen Straße lag, starrten sie einander an. Dann spottete Blenham:

„Oho! Es ist doch der Rock, oder? Du bist selbst an ihr hängengeblieben, oder?"

Steve runzelte die Stirn, begegnete seinem durchdringenden Blick jedoch mit völliger Verachtung.

„Ihre Sprache ist unelegant, Freund Blenham", sagte er langsam. „Genau wie Sie sollte man es besser der öffentlichen Aufmerksamkeit entziehen. Was Ihre Meinung betrifft – ich glaube, verdammt noch mal, halb, dass Sie Recht haben! Und daran hatte ich nicht gedacht!"

Blenham wurde von einem seiner seltenen Wutausbrüche erfasst, schüttelte die Faust hoch über dem Kopf und schrie wütend:

„Ich werde euch noch schlagen, ihr beide! Schaut mal, ob ich es nicht schaffe. Ja, ihr und eure Leute und er und sie und –"

„Nehmen Sie es nicht mit zu vielen auf einmal auf", schlug Steve vor.

Nur der Schweif seines Auges war auf Blenham gerichtet; Er blickte verwundert und ein wenig wehmütig die mondbeschienene, leere Straße entlang.

„Ich habe ihn genau dort hingebracht, wo ich ihn haben möchte", knurrte Blenham. „Und sie – ich werde sie auch haben, wo ich sie haben will! Und, in kürzerer Zeit, als du denkst, werde ich –"

Aber er presste sein großes Maul fest zusammen, blickte Steve einen Moment böse an, und dann schlug er mit Sporen und Reitspitze gleichzeitig, so dass sein verängstigtes Pferd hektisch aussprang, und lief die Straße hinter Temple und Terry her.

Als Steve ihm folgte, war ein Lächeln in seinen Augen, ein Lächeln öffnete langsam seine Lippen.

„Der Schurke hatte recht!" er überlegte. „Und ich hatte noch nicht einmal daran gedacht. Woher zum Teufel glaubst du, dass er das wusste?"

Und dann, bevor er ein Dutzend Meter zurückgelegt hatte, erschien ein neugieriger, verwirrter und unsicherer Ausdruck auf seinem Gesicht.

„Wenn er es weiß", war seine Verwirrung, „Tut sie es?"

KAPITEL XIX

TERRY KONfrontiert HELL-FIRE PACKARD

„Vater hat es sich in den Kopf gesetzt, dass er sterben wird!" rief Terry. „Das soll er nicht. Ich werde ihn nicht zulassen!"

Steve Packard, der in Red Creek hineinfuhr, traf Terry, als er herauskam. Sie fing gerade an, ihr Auto beschleunigte; Als sie ihn sah, zog sie sich abrupt zurück.

„Ich habe ihn im Laden gelassen", fügte sie atemlos hinzu. „Er ist krank. Sie sind dort Freunde; sie werden sich um ihn kümmern. Er weiß, dass Sie kommen; er hat versprochen, mit Ihnen Geschäfte zu machen und Blenham aus dem Rennen auszuschließen. Sie müssen sich beeilen, bevor Blenham dort ankommt – das ist er Schon auf der anderen Straßenseite im Saloon. Nach seinem Geld, schätze ich, wird er als nächstes über dem Bett des armen alten Vaters stehen und ihn schikanieren, es sei denn, du blockierst ihn. Werde lebendig, Steve Packard, und überwinde ihn. "

Und mit den letzten Worten hatte sie ihr Auto gestartet, ganz nach Terrys Art, alles zu starten, mit einem Sprung. Steve zügelte sie, trieb sein Pferd zum ersten Mal zum Galopp und rief scharf:

„Aber du – wohin gehst du? Warum –"

„Nach Doktor Bridges", rief Terry zurück. „Der Idiot ist drüben bei deinem alten Dieb von Großvater und spielt Schach! Das Telefon geht nicht –"

Er konnte lediglich darüber spekulieren, was das Telefon nicht tun würde. Terry war weg, befand sich bereits an der Straßengabelung, bog nach Norden ab und eilte allein auf einer vierzig Meilen langen Fahrt über einsame Straßen bis in das Versteck des alten Berglöwen selbst. Steve pfiff leise.

„Ich wünschte, sie hätte mich eingeladen, mitzukommen", grunzte er.

Doch stattdessen hatte sie ihm etwas anderes befohlen. Obwohl sein Blick voller Bedauern war, ritt er weiter zum Laden. Ein Blick zurück zeigte ihm ein kleiner werdendes rotes Rücklicht, das sich wie eine völlig verrückt gewordene neue Glühwürmchenart bewegte; es schlängelte sich hin und her, wie es die Straße verlangte; Es ahmte ziemlich genau die Drehungen eines Korkenziehers nach, mit der zusätzlichen Bewegung, die durch die tiefen Furchen und Spannlöcher erforderlich wurde, über und in die die durchdrehenden Reifen dröhnten.

Dann der Hügelrücken, ein Buschbüschel, und Terry und ihr Auto waren von ihm verschwunden, verschluckt von der Nacht und der Stille. Er schaute auf seine Uhr. Es war zwanzig Minuten nach acht. Sie hatte vierzig Meilen vor sich, eine Rückfahrt von vierzig Meilen.

„Sie wird für jede Strecke zwei Stunden brauchen", murmelte er, „es sei denn, sie will ihr Auto irgendwo in einem Graben stapeln. Vier Stunden für die Fahrt. Das heißt, ich werde sie erst weit nach Mitternacht sehen."

Und dann grinste er ein wenig verlegen; Blenham hatte recht. Er hatte an diese vier Stunden gedacht, als wären sie vier Jahre gewesen.

Aber Terry ihrerseits hatte nicht die Absicht, vier Stunden lang eine Hin- und Rückfahrt von achtzig Meilen zu fahren, die ihr bekannt waren; Sie hatte so etwas noch nie zuvor getan und sah keinen Grund, heute Abend damit anzufangen. Zwar waren die Straßen bestenfalls nicht besonders gut, oft genug sogar schlecht.

Nun, das war genau das, woran sie gewöhnt war. Und heute Abend war Eile geboten. Große Eile, dachte das Mädchen besorgt, als sie sich an den Gesichtsausdruck ihres Vaters erinnerte, als sie und die Frau des Ladenbesitzers ihn ins Bett gebracht hatten.

„Ich werde die Straßen ganz für mich alleine haben; das ist eine gute Sache."

Sie ließ sich auf ihrem Platz nieder und bereitete sich auf eine angespannte Stunde vor. Auch sie hatte die Zeit markiert; Es war fast zwanzig Minuten nach acht, als sie den Laden verließ. „Welches Recht hat überhaupt der einzige Arzt im Land, Schach zu spielen? Und noch dazu mit dem alten Hell-Fire-Packard? Zwei kostbare alte Schlingel sind das, da bin ich mir sicher. Aber ein Schlingel von einem Arzt ist besser als kein Arzt." überhaupt, und – Ah, ein gutes, offenes Stück Straße!"

Das Auto beschleunigte unter ihr auf neue Geschwindigkeit. Sie warf einen Blick auf ihren Tacho; Die Nadel schwankte zwischen 27 und 30 Meilen. Sie blickte mit zusammengekniffenen Augen auf die Straße. es lud ein; sie drückte den Gashebel an ihrem Lenkrad etwas weiter auf; Dreißig Meilen, dreiunddreißig, fünfunddreißig – vierzig, fünfundvierzig – da behielt sie es für einen Moment – nur einen Moment schien es ihrer atemlosen Ungeduld. Als nächstes folgten eine Reihe von Kurven, in denen die Straße ansteigend über den ersten Hügelkamm führte und auf beiden Seiten Gefahren lauerten.

Hinter dem Bergrücken wurde die Straße plötzlich gerade. Die Zeit ist jetzt besser: fünfundzwanzig Meilen, dreißig, fünfunddreißig – und dann, unten im Tal, fünfundvierzig Meilen, fünfzig, fünfundfünfzig – ihre Hupe dröhnt und sendet weit und breit ihre trotzigen, warnenden Echos, ihre Scheinwerfer rasend schnell über Bäume, Zäune, Büsche und sanfte Hügel – sechzig Meilen.

„Wenn meine Reifen nur durchhalten – das sollten sie auch –, gibt es auf dieser Straße keinen spitzen Stein."

Aber aus sechzig Meilen Entfernung muss sie stark nach unten ziehen. Weit vorn war etwas auf der anderen Straßenseite; vielleicht nur ein Schatten, vielleicht eine spürbare Barriere; Sie kannte diese Straßen nicht allzu gut.

Sie unterbrach den Strom, verklemmte sich mit Fuß- und Notbremsen und kam so gerade noch rechtzeitig zum Stehen. Hier erstreckte sich ein Zaun über die Straße; Das hohe Tor, das seine schwarzen Schatten auf den weißen, mondbeschienenen Boden warf, war keine anderthalb Meter von ihrer Hütte entfernt, als sie anhielt.

Sie sprang hinunter, warf das Tor weit auf, stützte es mit einem Stein ab und wusste genau, wie die Bauern und Viehzüchter hier ihre Tore so bauten, dass sie sich automatisch schließen ließen Sie blickte wieder von der Straße auf den Tacho – fünfundzwanzig, fünfunddreißig, eine Kurve zum Verhandeln, weit vorn gesehen, zurückfallend auf fünfundzwanzig, auf zwanzig. Eine gerade, verführerische Strecke – fünfundzwanzig, fünfunddreißig, fünfundvierzig, fünfzig, fünfundfünfzig, sechzig, zweiundsechzig, dreiundsechzig – der äußerste Rand des Tals, eine weitere Hügelkette, die schwarz unter den Sternen ist – wieder fünfzig und runter auf fünfundzwanzig, auf zwanzig und Horn blies, als sie in die Mündung des ersten Canyons raste.

Und als sie schließlich unten im Tal des alten Packard war und sich in Rufweite seines missgestalteten Monsterhauses befand, ließ sie ihr Horn ertönen wie die Kampftrompete einer Invasionsarmee. Rinder und Pferde entlang ihrer Straße erwachten aus ihrem Schlaf im Mondlicht, kamen vielleicht zu dem Schluss, dass es sich in ihrer Mitte um den alten Höllenfeuer handelte, warfen ihre Schwänze in die Luft und huschten nach rechts und links, und Terrys Auto stand vor Packards Tür.

Direkt vor der Tür, damit Terry selbst von ihrem Trittbrett springen konnte und ihre Vorderräder fest im Rosenbeet des alten Mannes verankert waren. Es gab zwei platte Reifen, die unterwegs eine Reifenpanne hatten; zwei ruinierte, ramponierte Felgen; Ihr Tank enthielt noch etwa eine Gallone Benzin. Aber sie war angekommen.

Bevor sie heraussprang, hatte Terry einen Blick auf ihre Uhr geworfen; Sie hatte die Reise von vierzig Meilen in genau dreiundfünfzig Minuten zurückgelegt. Angesichts des Zustands der Straßen——

„Nicht schlecht“, gab Terry zu.

Dann erschien sie mit einem letzten Fanfarenruf ihres Horns vor Packards Tür. Sie hatte ein paar der wildesten braunen Haarsträhnen wieder da, wo sie hingehören, bevor sich die Tür öffnete. Sie hörte eilige Schritte und bereitete sich durch eine sichtbare Versteifung auf das Kommen des Erzschurken selbst vor. Sie war enttäuscht, als sie sah, dass nur der Zwerghandlanger an die Stelle des Meisters trat. Guy Little starrte sie voller Überraschung an.

„Terry Temple, nicht wahr?“ keuchte der Mechaniker. „Aus Liebe zu Pete!“

„Ich will Doktor Bridges“, sagte Terry schnell. „Er ist hier, nicht wahr?“

Statt eine prompte und direkte Antwort zu geben, zeigte Guy Little ein so verwirrtes Gesicht, wie das Mädchen es noch nie gesehen hatte. Er trug Hausschuhe und Hemdsärmel; er hatte ein großes Buch, das in seinen Händen kaum weniger als riesig wirkte; sein Haar war ebenso stark zerzaust wie Terrys eigenes; Seine Augen waren ehrlich gesagt verwirrt. Terry sprach erneut ungeduldig:

„Antworten Sie mir und starren Sie mich nicht an! Ist der Arzt hier?“

„Aus Liebe zu Pete!“ war so ziemlich alles, was Guy Little als Antwort gab.

Sie schnüffelte und schob sich an ihm vorbei, stand im Flur und war zum ersten Mal in ihrem Leben einigermaßen in der Höhle des Löwen. Sie sah sich mit lebhaftem Interesse um.

„Sagen Sie“, sagte Little dann. "Warte eine Minute."

Er kam leise auf sie zu und ließ seine Pantoffelfüße lautlos fallen.

„Doc Bridges ist da drin bei dem alten Mann.“ Er deutete mit dem Kopf auf die große Bibliothek und das Wohnzimmer, dessen Tür ihnen vor der Nase verschlossen blieb. „Sie spielen Schach. Es sei denn, Ihr kranker Mann liegt im Sterben, ich schätze, Sie sollten besser warten, bis sie durchkommen. Auch wenn er im Sterben liegt –“

„Ich werde nichts dergleichen tun!“ erwiderte Terry mit Nachdruck. „Wenn ich den ganzen Weg von Red Creek aus gefahren bin, mein Auto völlig kaputt gemacht habe, bei jedem Sprung mein kostbares Leben riskiert habe und die Strecke in dreiundfünfzig Minuten zurückgelegt habe, glauben Sie dann, dass ——“

"Hey?" rief Guy Little. „Wie ist das? Wie viele Minuten? Dreiundfünfzig, hast du gesagt, nicht wahr? Dreiundfünfzig Minuten von Red Crick bis hierher? Hey?"

„Ist der Mann verrückt?" forderte Terry. „Habe ich das nicht gesagt? Ich hätte es auch in kürzerer Zeit schaffen können, nur mit einem platten Reifen und ..."

"Hey?" wiederholte Guy Little immer wieder. „Das hast du getan? Hey? Du sagst –"

„Ich sage", warf Terry ein und ging auf die geschlossene Tür zu, „dass da ein Mann krank ist und ein Arzt gesucht wird."

„Oh, kann das Teil davon sein!" rief Little und kam ihr in seiner Aufregung erneut nach. „Lass es! Vergiss es! Die Sache ist die, dass du von dort nach hier gerannt bist – und das in der Nacht – und mit einem Reifenschaden und –"

„Doktor Bridges——"

„Ist da drin. Wie ich schon sagte. Schach spielen mit dem alten Mann. Du weißt nicht, was das bedeutet . Großes H. Und heute Abend hat der alte Mann die Tür verschlossen, und er hat zwei Spiele Rückstand, und er ist wahnsinnig wütend, und er sagt, dass jeder, der in sein Spiel eindringt, – Nein, ich Ich kann es nicht sagen; nicht in Gegenwart einer Dame. Es gibt Zeiten, in denen der alte Mann so furchtbar bösartig ist, dass er beinahe gemein ist. Verstehst du mich?"

„Guy Little, bleib einfach daneben!" Terrys Augen blickten in seine, als sie eine Hand ausstreckte, um ihn in den Rücken zu stoßen. „Ich bin gekommen, um den Arzt zu holen, und ich werde ihn holen."

Guy Little schüttelte lediglich den Kopf.

„Du kennst den alten Mann nicht", sagte er leise. „Das tue ich. Ich bin der einzige lebende Mann, die einzige Frau oder das einzige Kind, das ihn kennt. Du bleibst beiseite."

Er ging schnell an ihr vorbei und klopfte an die Tür. Als ihn nur Stille begrüßte, klopfte er erneut. Jetzt ertönte plötzlich und explosionsartig die Stimme des alten Mannes Packard, die vor Wut ziemlich zitterte, als der alte Mann rief:

„Wenn du das bist, Guy Little, schlage ich dir den Kopf und deinen dummen Körper ab! Geh raus und geh weg und geh schnell!"

„Es ist wichtig, Majestät", erwiderte Guy Littles Stimme unerschütterlich.

Er rieb sich mit einer Pantoffelzehe die Wade und zwinkerte Terry zu, wobei er äußerst unschuldig und jungenhaft aussah.

„Ich ziehe für dich", flüsterte er. „Es gibt nur einen Weg, es zu tun." Laut wiederholte er. „Es ist wichtig, Eure Majestät. Und hier ist eine Dame."

"Dame?" schrie der alte Mann, seine Stimme brach vor der Emotion, die darin steckte. „Lady? In meinem Haus? Was meinst du?" Dann, ohne auf eine Antwort zu warten: „Es ist mir egal, wer sie ist oder was sie ist oder was ihr beide wollt. Raus! Dieser dumme Pillenroller hier glaubt, er kann mich beim Schachspielen schlagen; du" Du verbündest dich mit ihm, um mich abzulenken, du Verräter!"

Guy Little lächelte breit und zwinkerte erneut.

„Hat er nicht die Art eines Idioten?" flüsterte er bewundernd. Und zu seinem Arbeitgeber: „Sagen Sie, Packard, es ist das kleine Temple-Mädchen. Terry Temple, wissen Sie. Ein'——"

Sogar Terry zuckte zusammen und wich einen schnellen Schritt von der geschlossenen Tür zurück. Sie wusste nicht, dass die Stimme eines Mannes so tief in die Seele eindringen konnte.

„Und", fuhr Guy Little hastig fort, wohl wissend, dass er seine Worte jetzt überstürzen musste, wenn er sie überhaupt herausbrachte, „sie ist gerade den ganzen Weg von Red Crick gefahren – in einem Boyd-Merrill, Twin Eight-Wagen." Reifenschaden auf der Straße – und die Fahrt war in dreiundfünfzig Minuten erledigt!"

Er hat alles rausgeholt. Nach seinen Worten herrschte tiefes Schweigen. Eine Stille, während der sich die Augen eines Mannes geöffnet und gestarrt haben könnten, während der Zeit, in der sich auch der Mund eines Mannes wortlos geöffnet und geschlossen hätte, während der Zeit, in der das Gehirn eines Mannes abschätzen konnte, was das bedeutete, vierzig Meilen in dreiundfünfzig Minuten über Straßen wie zu fahren lag zwischen der Packard Ranch und Red Creek.

"Es ist eine Lüge!" schrie Packard. „Sie konnte es nicht tun."

„Ich möchte Doktor Bridges –"

"Sch!" Guy Little unterbrach sie. „Ich habe den alten Jungen auf der Flucht. Überlassen Sie es mir." Und noch einmal laut: „Sie hat es getan. Sie kann es beweisen. Und –"

Aus dem verschlossenen Raum ertönte ein wütendes Schnauben, gefolgt vom Lärm eines Schachbretts und einer Reihe von Männern, die durch den Raum geschleudert wurden, und von der Stimme eines alten Mannes, der wild rief:

„Es ist ein verfluchtes Komplott. Bridges, du bist ein Schurke und ich kann dich in drei von fünf Spielen schlagen und ich wette jederzeit zehntausend Dollar darauf! Und was diesen Dieb von einem betrifft Temples Mädchen mit dem Tintenfischgesicht – Komm rein. Verdammt, komm rein und Schluss damit!"

Und als er die Tür mit zitternder Hand aufschloss und weit aufriss, standen er und Terry Temple sich zum ersten Mal gegenüber.

KAPITEL XX

Ein Tor und ein Rekord gebrochen

Der Mann hat noch nie gelebt und kannte den alten Mann Packard, der vermutet hätte, dass er kein guter und gründlicher Hasser war. Sein Feind und sein gesamter Haushalt, Frau und Kind, Magd und Knecht, alle waren wie die Nachkommen Satans.

Jetzt trat er zurück, sein Gesicht war gerötet, die beiden Hände in die Hüften gestemmt, sein Bart war kriegerisch nach vorne gestreckt und schien sich geradezu zu sträuben. Terry Temple hob plötzlich den Kopf und trat trotzig über die Schwelle. Einen sehr angespannten Moment lang starrten die beiden, der alte Mann und das junge Mädchen, einander an.

Doktor Bridges saß immer noch am Schachtisch, sein Mund stand offen, sein Gesichtsausdruck spiegelte pure Bestürzung wider; Guy Little stand direkt hinter Terry in der Tür, rieb eine Pantoffelzehe an seinem Bein und beobachtete interessiert.

„Du bist also Temples Mädchen, oder?" schnaubte der alte Mann. „Nun, ich hätte es vielleicht erraten!"

Und die Art der Aussage und nicht die Worte selbst waren für Miss Teresa Arriega Temple sehr unvorteilhaft.

Und tatsächlich – und der alte Packard wusste es tief in seiner Seele – hätte er nichts dergleichen vermutet. So lange hatte er ihr nur wegen ihrer Beziehung zu ihrem Vater eine vernichtende Verachtung entgegengebracht, so lange hatte er sie mit allen erdenklich abstoßenden Eigenschaften ausgestattet, so lange hatte er ihr auf seine unverblümte Art den Namen „Quatschnasige Kitt" gegeben -gesichtig, schweinsäugig und so weiter, dass er sich im Laufe der Zeit tatsächlich ein eigenes Bild von ihr gemacht hatte.

Und jetzt, als er plötzlich mit dem unglaublich hübschen Mädchen konfrontiert wurde, das er je gesehen hatte, schaffte er es schnaubend, dass sie genau das war, von dem er wusste, dass sie es war – und in diesem Schnauben wusste niemand besser als der alte Packard, wie er es hätte ausdrücken können selbst: „Er hat gelogen wie ein Pferdedieb!"

Terry hatte ihn einmal gesehen, als sie ein sehr kleines Mädchen war. Er war ihr von einem Cowboy ihres Vaters gezeigt worden, der den alten Mann aus seinen eigenen Gründen zutiefst hasste und ein wenig fürchtete. Seitdem hatte die lebhafte Fantasie des Mädchens aus dem Feind ihres Hauses ein äußerst unziemliches Tier erschaffen, ein Wesen mit käferigen

Augenbrauen, hässlichem Mund und hässlichem Gesichtsausdruck, das einer Monstrosität nicht viel näher kam.

Und nun war Terrys feines weibliches Wahrnehmungsvermögen widerwillig gezwungen, sich daran zu machen, ein neues Bild zu konstruieren. Der alte Mann, der schwarzherzige Bösewicht, der er war, war die aufrichtigste, heldenhafteste Gestalt eines Mannes, die sie je gesehen hatte.

Neben ihm war Doktor Bridges ein Spektakel körperlicher Degeneration, während Guy Little zu einem grotesken Zwerg wurde. Der Großvater war dem Enkel sehr ähnlich und – auch wenn sie sich geschworen hatte, ihn dafür umso weniger zu mögen – in seiner statuarischen, löwenhaften Art der hübscheste Mann, den sie je gesehen hatte.

Vielleicht wurde beiden gerade im selben Moment klar, dass ein zu großes Interesse zugelassen worden war, um einen langen, forschenden Blick darauf zu werfen. Denn Terry machte plötzlich einen Gesichtsausdruck äußerster Verachtung, während der alte Mann den Blick abwandte und seinen Blick auf den gelassenen Guy Little richtete.

„Du hast gesagt, Guy Little –"

„Ja, Sir, ich habe es gesagt!" Guy Little nickte energisch. „Vierzig Meilen in dreiundfünfzig Minuten. Im Dunkeln. Und mit Reifenschaden. Das ist ein Rekord. Die beste Zeit, die du jemals geschafft hast, waren siebenundfünfzig Minuten. Sie hat dich vier Minuten geschlagen. Sie!"

Er deutete auf Terry.

„Doktor Bridges –", begann Terry.

"Es ist eine Lüge!" rief der alte Mann und schlug mit geballter Faust auf die Tischplatte. „Es ist mir egal, wer es sagt; sie konnte es nicht! Kein Mädchen konnte es; kein Temple konnte es. Das ist nicht so!"

„Nennen Sie mich einen Lügner?" rief Terry, ein plötzlicher flammender, wogender, heißer Strom in ihren Wangen, ihre Augen loderten. „Du bist ein schrecklicher alter Mann. Ich wusste immer, dass du ein schrecklicher alter Mann bist, und du bist viel schrecklicher, als ich dachte. Und – du nennst mich einfach wieder einen Lügner, Höllenfeuer-Packard, und ich werde dir eine Ohrfeige geben." Gesicht für dich!"

Für einen Moment stand der alte Mann, von seiner immer bereiten Wut gepackt, über ihr aufragend und blickte mit flammenden Augen in Augen, die zurückstrahlten, und ein leichtes Zittern erschütterte ihn sichtlich, als wäre er fast unwiderstehlich versucht, sie in die Hand zu nehmen sie und bestrafe ihre Unverschämtheit. Eine helle, fast eifrige Furchtlosigkeit leuchtete in ihren Augen.

„Ich wage dich", sagte Terry. „Alter Mann, der du bist, ich werde dir eine Ohrfeige geben, damit du weißt, wen du beleidigst. Pirat!" sie warf ihn an. „Und Landschwein – Oh!

„Doktor Bridges, Sie sollen jetzt mit mir kommen." Sie war herumgewirbelt und hatte Packards Inspektion die Schulter gereicht. „Wir müssen uns beeilen, zurück nach Red Creek."

„Sag mal, Packard", stimmte Guy Little zu. „Ihr Auto ist komplett in Stücke geschossen. Und ihr Benzin ist leer. Und ihr alter Herr ist in Red Creek schrecklich krank und braucht dringend einen Arzt – oder auch keinen. Du verstehst –"

„Was hat das mit mir zu tun?" dröhnte Hell-Fire Packard. „Was kümmert es mich, ob ihr alter Dieb von Vater heute Nacht oder nächste Woche stirbt? Was soll ich –"

„Ach, Ratten", grunzte Guy Little. „Was frisst dich, Packard? Hör mir zu: Sie sagt, sie hat es in dreiundfünfzig Minuten geschafft, und du kannst es nicht besser machen als in siebenundfünfzig; dass du sowieso kein toter Sport bist." ; wie es ihr an Kleingeld mangelt, sie aber einem Mann fünfzig Dollar wetten würde, dass Sie das nicht könnten und würden.

„Sie hat ihnen Dinge gesagt?" brüllte der alte Mann.

„Ich-", begann Terry.

"Sie tat!" antwortete Guy Little hastig und laut. "Sie tat!"

„Bridges", schnappte der alte Packard, „schnapp dir deinen Hut und deinen schwarzen Giftbeutel und sei in zwei Minuten bereit." Packard war auf dem Weg zur Tür. „Guy Little, hol mein Auto vor der Haustür – schnell! Und was dich betrifft –" Er war an der Tür und drehte sich halb um, um Terry wütend in die Augen zu starren – „Du kannst tun, was du willst. Ich gehe den einzigen Pillenschleuderer des Landes zum schlimmsten alten Dieb zu bringen, von dem ich je einen Mann erzählen hörte.

„Ich gehe mit dir zurück", sagte Terry kurz.

Der alte Packard zuckte mit den Schultern. Dann lachte er.

„Wenn du keine Angst davor hast", grunzte er, „an der Seite eines Mannes zu reiten, der schwört, dann hilf ihm. Gott wird diesen kleinen Kerl, trotz aller Krach-Bang-und-Verdammnis, dazu bringen, zurückzulaufen." nach Red Creek – in weniger als fünfzig Minuten!"

„Wohlgemerkt", sagte der alte Mann Packard an der Haustür, sein Blick war versteinert, als er bemerkte, wie Terrys Auto zwischen seinen erlesenen Rosen stand, „ich mache das nicht, weil ich irgendeinen Nutzen für einen Tempel habe, er oder sie." Vor allem sie. Das hast du dir einfach eingebildet, junge Dame. Und bevor wir anfangen, möchte ich dir noch etwas sagen: Du hältst deine beiden Hände von meinem Oma fern!"

"Was!" keuchte Terry.

„Ich habe es gesagt", schnaubte er fast. „Komm schon, Guy Little, mit dem Auto. Bereit, Bridges, du alter Idiot? Steig ein."

Er nahm am Steuer Platz, den alten schwarzen Hut weit nach hinten geschoben, den Blick bereits auf die Uhr im Armaturenbrett gerichtet. Terry schlüpfte an Doktor Bridges vorbei und nahm neben dem alten Mann Platz.

„Du hast gesagt – was genau?" forderte sie eisig.

„Ich sagte", schrie er wütend, „da ich weiß, wie du meinen Narren von Enkel Stephen gejagt hast und wie du es verhindern konntest. Ich werde nicht zulassen, dass du einen noch größeren Narren machst." n ihn, als er bereits ist.

Terry saß starr da, sprachlos, ihm wurde plötzlich kalt. Zum ersten Mal in ihrem Leben kam ihr keine fertige Antwort über die Lippen.

Dann hatte Hell-Fire Packard seinen Motor gestartet, die Hupe betätigt und sie waren auf dem Weg. Und weil Terry keine Worte finden wollte, legte sie den Kopf zurück und lachte auf eine Weise, die ihn, wie sie ganz genau wusste, wahnsinnig machen würde.

Die Fahrt von der Haustür von Hell-Fire Packard zum Laden in Red Creek dauerte nur wenige vernachlässigbare Sekunden und dauerte 48 Minuten. Die drei Insassen des Wagens erreichten lebend die Stadt. Nach dieser Nacht würde Terry Temple nie mehr daran zweifeln, dass es eine Vorsehung gab, die in kritischen Zeiten das Schicksal der Menschen in die Hand nahm.

Bis sie das Tor erreichten, das sich auf dem Weg nach draußen hinter Terry geschlossen hatte, war kein einziges Wort gefallen. Der alte Packard hatte auf Tachometer, Uhr und Hindernis geschaut. Terry hatte gesehen, wie sich seine Hände um sein Lenkrad festigten.

„Festhalten und durchhalten", hatte er scharf befohlen.

Die großen Vorderreifen und die Stoßstange schlugen gegen das Tor; Es gab einen wilden Splitterflug, und mit sechzig Meilen pro Stunde fuhren sie durch und weiter nach Red Creek.

„Der alte Teufel!“ flüsterte Terry in sich. „Der alte Teufel!“

KAPITEL XXI

PACKARD WRATH UND TEMPLE RAGE

Es bedurfte keiner weitsichtigen, inspirierten Prophetendienste, um eine ziemlich stürmische Szene bei der Ankunft des alten Hell-Fire Packard und Miss Terry Temple beim Ladenbesitzer von Red Creek vorherzusagen. Es war zu erwarten, dass Steve Packard anwesend sein würde; dass er ungeduldig auf die Trommel eines Rennmotors warten würde; dass er auf dem Bürgersteig sein würde, um Temples Tochter zu begrüßen.

„Terry!" er hat angerufen. "So früh?"

Er hätte keinen schlechteren Anfang machen können, wenn er lange und teuflisch über die Sache nachgedacht hätte. Blenham hatte recht gehabt und Steve hatte genügend Zeit gehabt, die Tatsache völlig und vollständig zuzugeben; Jetzt lag ein klingender Ton in seiner Stimme, dessen Wirkung, wenn er in die Ohren seines Großvaters drang, ohne viel Vorstellungskraft mit der eines Funkens in einem Fass Schießpulver verglichen werden könnte.

Die energisch betätigten Bremsen des alten Mannes brachten sein Auto zum Stehen.

„Schau auf die Uhr!" war seine erste Bemerkung, die Steve sofort auf die Anwesenheit seines Verwandten aufmerksam machte und durch seinen eindeutigen Ton andeutete, dass eine unangenehme Situation bevorstand oder kurz davor war, über sie hereinzubrechen. „Haben es in dreiundfünfzig Minuten geschafft, oder? Nun, ich habe es in weniger als neunundvierzig Minuten geschafft! Was haben Sie dazu zu sagen?"

Aber Terry ignorierte ihn und sprang herunter, ihre Hand legte sich impulsiv auf Steves Arm. Man könnte also sagen, dass sie ihrerseits dem jungen Packard im Pulverfass einen weiteren Funken verliehen hat.

„Wie geht es Papa?" sie fragte schnell.

Steve tätschelte die Hand auf seinem Arm und entweder bemerkte Terry die Tat nicht oder es machte ihr nichts aus. Der alte Mann Packard war sowohl aufmerksam als auch aufmerksam. Sein Grunzen war über dem andächtigen „Gott sei Dank, wir sind hier!" von Doktor Bridges zu hören. als der Arzt steif auf den Bürgersteig trat.

„Besser", sagte Steve. „Ich denke, es wird ihm doch wieder gut gehen. Das hoffe ich. Er –"

„Blenham?" sie fragte eindringlich. „Er hat dir nichts auferlegt? Die Hypothek –"

Steve tippte auf seine Brusttasche.

„Die Papiere sind unterschrieben; wir haben einen Notar beauftragt; alles ist in Ordnung. Gehen Sie hinein, ich erzähle Ihnen später alles darüber.“

Er drehte sich zum Auto und der steifen Gestalt des Mannes um, der mit angespannten, harten Händen das Lenkrad umklammerte.

„Oma –“

„Grandy, dein Fuß!“ dröhnte plötzlich der alte Packard, eine Hand zuckte weg und ballte sich zur Faust. „An' *Terry*! Mein Gott!“

"Wie meinst du das?" fragte Steve. "Ich verstehe nicht."

„Ich meine“, rief Packard senior, seine Stimme zitterte vor Emotionen, „dass kein Mund auf der Welt groß genug ist, um zwei Worte in derselben Nacht zu halten! Wenn du dich mit irgendeinem Tempelbewohner anfreunden willst, ob er-Temple oder sie.“ -Temple, wenn Sie, Sir, vorhaben, über die niederträchtigen Feinde Ihres eigenen Vaters und des Vaters Ihres Vaters zu sabbern, dann, Sir, dann bin ich für Sie und Ihresgleichen Mr. Packard!“

Steve war immer noch verwirrt.

„Ich dachte“, murmelte er, „dass, seit Sie beide zusammengekommen sind, seit Sie sie selbst hineingefahren haben –“

„Wenn ich, Sir“, donnerte sein Großvater, „ich entschieden habe, diese wilde Katze mit Unterrock und diesen alten Pillenschleuderer in weniger als neunundvierzig Minuten von meinem Haus nach Red Creek zu bringen – nur um es ihr zu zeigen.“ dass alles, was auf Gottes Erde von einem Tempel getan wird, besser von einem Packard erledigt werden kann – Sie müssen anfangen, über Dinge nachzudenken, nicht wahr? Warum, Herr, so helfen Sie mir, Herr, ich habe gerade die Idee, herunterzuspringen „Gib dir die Peitsche deines Lebens!“

Steve kicherte wider Willen. Terry, beruhigt über ihren Vater, kicherte. Beide Geräusche waren hörbar; beides zusammen war einfach zu viel, um es zu ertragen.

„Du – du Schande für einen ehrenwerten Namen“, rief der alte Mann bitter und zornig. "Du--"

Er brach ab, zögerte, starrte von Steve an der Wagenseite zu Terry, der bereits auf den Stufen des Ladens stand, und schloss etwas ruhiger, wenn auch nicht weniger wütend: „Sie sprechen von unterschriebenen Papieren.

Das meinen Sie nicht." Sie haben tatsächlich geschäftliche, freundschaftliche Geschäfte mit den Tempeln?"

„Blenham hat mir mitgeteilt, dass Sie eine Zwangsvollstreckung gegen Temple verhängen würden; er hatte einen krummen Plan, um Temple um sein Land zu betrügen. Ich habe gerade einen Deal ausgearbeitet, bei dem ich das Geld zur Verfügung stelle, um Ihnen Ihre Hypothek zu bezahlen, und –"

„Du? *Du* , Stephen Packard?"

„Ja", sagte Steve und fragte sich, ob der alte Mann mehr bewegt war, weil er schockiert war, dass sein Neffe eine so große Summe abbezahlen konnte, oder weil er „freundschaftlich mit den Tempeln umging".

Es herrschte kurzes Schweigen. Doktor Bridges stieg die Stufen hinauf; er und Terry gingen hinein. Dann brach Hell-Fire Packards Stimme wieder heftig aus und Terry blieb abrupt stehen, ihre Hände legten sich plötzlich an ihre Brust. Ihr Gesicht war, wie sie in dem blassen Licht hätten erkennen können, flammend scharlachrot.

„Dieses Flittchen, diese Jade, diese Isebel!" kam die lautstarke Denunziation. „Die listige, schamlose, geizige, gierige, prinzipienlose kleine Teufelin! Sie ist hinter dir her, mein Junge, hinter dir her. Und du armer, elender blinder Wurm von einem Narren, du hast nicht den Verstand, es zu erkennen!" Jeder weiß es; das ganze Land redet darüber; wie Temple seine Falle mit ihr ködert und sie ihre Falle mit sich selbst ködert und –"

"Großvater!" rief Steve, sein eigenes Gesicht errötete unter dem vernichtenden Strom. „Du weißt nicht, was du sagst!"

„Ich weiß, was er sagt."

Terry, die Hände immer noch fest an ihre Brust gedrückt, kam langsam die Stufen hinunter. Obwohl nur ein Moment vergangen war, war ihr Gesicht jetzt totenweiß im Mondlicht.

„Sie sagen", und ihre Augen leuchteten direkt in die des alten Mannes, „dass ich Ihrem Enkel eine Falle stelle? Dass ich, Teresa Arriega Temple, für einen Moment einen Packard in Betracht ziehen würde, den Sohn und den Enkel eines." Packard, als würdig, meine Stiefel für mich zu putzen? Warum spucke ich auf euch beide!"

Sie wirbelte herum und war ins Haus gegangen. Anstatt ihr beim Gehen zuzuschauen, hielt Steve seinen Blick fest auf das Gesicht seines Großvaters gerichtet. Nachdem sich die Tür geschlossen hatte, sagte er leise:

„Großvater, wir haben uns ziemlich wenig gesehen. Ich denke, wir sollten uns von jetzt an noch weniger sehen. Du hast dieses Mädchen auf eine Weise beleidigt, die in mir den Wunsch weckt, in dein Auto zu steigen und dich runterzuziehen – und dich zu schlagen." halb zu Tode!"

Seine Zurückhaltung schmolz unter dem Feuer seiner Leidenschaft; Seine Stimme wurde weniger leise und begann zu zittern.

„Ich werde dieses Mädchen zur nächsten Mrs. Packard machen oder den Grund dafür erfahren!"

„Widerstehen Sie mir, nicht wahr? Widersetzen Sie sich mir und rennen Sie mit einer Diebesbande davon und –"

"Das ist genug!" schrie Steve. „Ich gehe geradeaus und frage sie –"

„Frag sie und schluck dich zum Teufel!" kam die lautstarke Erlaubnis des wütenden alten Mannes. „Aber denken Sie an eines: Blenham hat heute Abend vielleicht einen Fehler begangen, und Sie und sie und ihr lügnerischer, diebischer, schurkischer Vater haben mir einen Streich gespielt. Aber es ist der letzte, merken Sie sich das! Blenham Er bekommt seine Befehle heute Abend direkt von mir; er geht auf dich los, um dich zu brechen, dich zu zerschmettern, dich buchstäblich in Stücke zu reißen, von der Wurzel bis zum Ast – und zusammen mit mir und Blenham arbeitet er Tag und Nacht an der Arbeit und bleibt stehen. auf nichts. Hörst du mich? Ich meine es ernst!" Seine beiden Fäuste waren jetzt hoch über seinen Kopf gehoben. „Wenn ich vor nichts Halt mache, werde ich auf dich und deine Tempelfreunde treten, als wärst du ein Raupennest. Du hörst mich, Stephen!"

Aber Stephen drehte sich um und ging den Weg, den Terry gegangen war.

„Du hörst mich, Stephen. Ich werde vor nichts Halt machen, um dich zu zerschlagen!"

So folgte ihm die Stimme seines Großvaters kraftvoll. Aber der junge Packard hatte seine Gedanken bereits auf eine andere Sache gerichtet. Vor ihm im winzigen Wohnzimmer des baufälligen Ladengebäudes brannte eine Petroleumlampe schwach, und Terry lag mit dem Gesicht nach unten auf einem alten Sofa und schluchzte.

„Terry!" rief er leise. „Dein Vater ist nicht –"

Er dachte, dass sie es nicht gehört hatte. Er kam näher und legte seine Hand sanft – selbst in dieser Handlung lag eine tiefe Zärtlichkeit – auf ihrer Schulter. Aber Terry hatte es gehört und warf nun heftig seine Hand zur Seite und sprang auf ihre Füße, während ihre Augen wütend in seine blickten.

„Mein Vater schläft. Doktor Bridges denkt eher, dass mit ihm eigentlich nichts los ist", bemerkte sie knapp. „Es tut mir leid, dass ich Sie in irgendeiner Weise belästigt habe, Mr. Packard. Sie sagen, Sie hätten die Sache mit Papa geklärt? Nun, ich möchte, dass Sie die Papiere zerreißen; ich werde dafür sorgen, dass Ihnen Ihr Geld zurückerstattet wird."

„Terry!" er murmelte.

Dann brauste sie hitzig auf, ihre beiden kleinen Hände an den Seiten geballt, das Kinn erhoben, ihre Stimme war eine neue Stimme in seinen Ohren, bitter und feindselig.

„Sag es mir nicht, Steve Packard! Jetzt oder jemals wieder. Es tut mir leid, dass ich dich jemals gesehen habe; ich schäme mich, dass ich jemals mit dir gesprochen habe. Ich wäre lieber tot oder – ja, ich wäre lieber da Blenhams Arme, dann schau mich an!"

„Guter Gott!" rief Steve völlig aus der Fassung. "Ich verstehe nicht."

„Das musst du nicht", schnappte Terry. „Alles, was Sie wissen müssen, ist, dass ich in keiner Weise mehr mit Ihnen zu tun haben werde. Ich möchte nicht, dass Sie uns mit unserer Hypothek helfen; ich werde nicht zulassen, dass Sie uns Geld vorschießen; ich Ich werde keine Minute Ihrer – Ihrer erbärmlichen Einmischung in unsere Angelegenheiten ertragen! Wenn Sie glauben, dass Sie – sich in jedem Kampf auf der Welt auf unserer Seite einmischen können –"

Sie endete abrupt, begann zu zappeln und keuchte, so dass das schnelle Heben und Senken ihrer Brust ein äußeres Zeichen innerer Emotionen war. Steve Packard starrte und errötete heiß und spürte, wie seine eigene Wut schnell zunahm.

„Mischen Sie sich in Ihre Angelegenheiten ein!" Er schnaubte auf eine Weise, die mehr als nur vage an seinen Großvater erinnerte. „Das gefällt mir! Als ob ich ohne deine Einladung einen Schritt weiter gekommen wäre."

Und so platzte er mit dem Einzigen heraus, was er hätte unausgesprochen lassen sollen, dem, was Terry bereits in seinem stolzen Herzen berührte. Sie hatte ihn gebeten zu kommen; Sie hatte in gewisser Weise eine – eine Art Partnerschaft vorgeschlagen.

„Oh! wie ich dich hasse!" rief Terry. „Du – du Packard!"

„Wenn es ein Verbrechen gibt, eine Reihe von Verbrechen, die ich begangen habe –"

„Werden Sie diese Papiere zerreißen? Ich gebe Ihnen Ihr Geld zurück. Werden Sie diese Papiere zerreißen?"

„Kannst du erklären, was schief gelaufen ist?"

"Ich werde nicht."

Er zuckte verärgert mit den Schultern.

„Ich werde die Papiere behalten", erwiderte er steinern. „Wenn ich so darüber nachdenke, habe ich heute Abend ein ziemlich gutes Geschäft gemacht."

Er setzte seinen Hut auf, drückte ihn fest zu und drehte sich halb um, um zu gehen.

„Wenn du mit mir Ranchangelegenheiten besprechen willst – komm in mein Ranchhaus, kleiner Partner!"

"Oh!" rief Terry. "Oh!"

KAPITEL XXII

DIE HAND VON BLENHAM

„Das Leben eines jeden Menschen ist das, was er für sich selbst gestaltet.“

„Eine dumme, unverblümte, banale Lüge!“

Steve Packard, der hier in letzter Zeit gereizt war, warf das beleidigende Buch durch ein offenes Fenster und stand auf.

„Das Leben eines Mannes ist das, was die bösen kleinen Götter des Zufalls daraus machen und verfluchen. Oder was ein Idiot von einem Mädchen daraus macht und verdreht.“

Er schüttelte sich heftig, ging zu seiner Tür und blickte über die Hügel hinaus, die sich vage unter den Sternen abzeichneten.

Das Leben war einfach eine sehr unbefriedigende Angelegenheit. Es war ein Spiel, das die ernsthafte Aufmerksamkeit der Spieler nicht wert war, ein Spiel, bei dem es ausschließlich um Zufall und nicht im Geringsten um Geschicklichkeit ging und das nicht einmal interessant war! So gab Steve Packard in den düsteren Tiefen seiner Seele freimütig zu. Und bis zu einer bestimmten Nacht vor nur sechs Monaten hatte er diese große Wahrheit nie erraten.

In dieser Nacht hatte Blenham höhnisch gespottet: „Du hängst doch selbst an ihr fest, oder?“ und Steve hatte eine wichtige Tatsache erkannt, die unelegant ausgedrückt wurde; In dieser Nacht war Terry Temple für ihn mehr als nur ein „guter kleiner Sport“ erschienen; In dieser Nacht hatte er etwas schroff über ihre süße Weiblichkeit unter ihrer vermeintlichen *Diablerie -Oberfläche nachgedacht* und sie für unendlich begehrenswert befunden; In derselben Nacht war Terry, ohne dass Steve Packard etwas auf der Welt erkennen konnte, plötzlich zu einem Ding aus Eis erstarrt, das seitdem nur noch kurz aufgetaut war, bevor es zu heftigen Zornausbrüchen kam.

Zwei Stunden, nachdem er sich eingestanden hatte, dass er sie liebte, teilte sie ihm mit aller Nachdruck, die sie zu diesem Anlass aufbringen konnte, mit, dass sie ihn hasste. Und das Leben war überhaupt nicht das gewesen, was er daraus gemacht hatte.

Die von Temple unterzeichneten Papiere existierten noch immer und waren sicher bei einer Bank in San Juan deponiert. Steve hatte die Temple-Hypothek an seinen Großvater zurückgezahlt; er hatte Temple tausend Dollar in bar bezahlt; Dadurch hatte er eine halbe Beteiligung an der Temple

Ranch erworben. Das war alles ganz im Einklang mit Terrys Vorschlägen und völlig zufriedenstellend.

Da Steve kein Dieb war, rechnete er damit, dass er jederzeit auf sein Recht auf seine Hälfte verzichten würde, sobald Temple genau den Vorschuss zurückzahlte. Doch schon bald wurde klar, dass Temple niemals etwas zurückzahlen würde. Obwohl Doktor Bridges nichts Besonderes bei ihm feststellen konnte, starb Temple weniger als zwei Wochen später.

Während dieser zwei Wochen hatte Steve Terry nicht gesehen. Als er jedoch vom Trauerfall des Mädchens erfuhr, war er sofort zu ihr gegangen. Sie sah ihn neugierig an und sagte leise, dass die Jungen alles Nötige taten und ihn gebeten hätten zu gehen.

Dann, nach weiteren zwei Wochen, war er erneut zur Temple-Ranch geritten. Er fand es verlassen vor, Türen und Fenster waren geschlossen, totes Laub lag dicht auf dem Weg. Sein Herz sank und klopfte ihm heftig in die Rippen; Terry war weg und hatte nichts zu ihm gesagt. Er drehte sich um und ging verbittert, wütend und verletzt nach Hause.

Wo war sie hin? Er wusste es nicht; er sagte sich, es sei ihm egal; sicherlich würde er sich die Zunge herausbeißen, bevor er einen ihrer Freunde fragen würde. Aber er wusste in sich selbst, dass es ihm so wichtig war, wie ihm sonst nichts auf der Welt am Herzen lag; und er fragte sich tausendmal:

„Wo ist Terry geblieben?"

Denn ohne sie war die Welt nicht in Ordnung; das Sonnenlicht war dünn; Die Zeit der aufplatzenden Knospen war nur eine blasse, glanzlose Nachahmung des Frühlings. Und als die langen, heißen Tage vergingen und das Grün auf Hügeln, Ebenen und staubigen Berghängen abstarb, fragte er sich: „Wann wird sie zu uns zurückkommen?"

Lange nachdem alle anderen die Geschichte gehört und vergessen hatten oder zumindest aufgegeben hatten, darüber nachzudenken, hörte Steve, wie Terry den letzten Teil des unbeträchtlichen Erbes, das ihre spanische Mutter ihr vor langer Zeit hinterlassen hatte, aufgegeben und nach San gegangen war Juan.

Sie hatte dort Freunde; Die Frau des Bankiers, Mrs. Engle, und ihre flauschige Tochter Florrie hatten ihr die Arme geöffnet und sie gezwungen, bei ihnen zu bleiben, bis die Familie ihre jährliche Reise nach Osten antrat. Dann war Terry mit ihnen gegangen.

Und nie ein Wort zu Steve Packard. Er verfluchte sich selbst, versuchte, sie zu verfluchen, und stellte fest, dass er es nicht ganz schaffen konnte, und widmete sich guter, harter Arbeit und der Aufgabe, zu vergessen, wie ein Paar graue Augen und zwei bestimmte rote Lippen aussahen lächelte und die klingenden Töne einer lachenden Stimme.

Bei der guten, harten Arbeit der Viehzucht war er mehr als erfolgreich; Bei der anderen Aufgabe, die er sich stellte, scheiterte er völlig. Wenn er allein draußen auf der Bergkette war und ein Schatten auf ihn fiel, ließ er es nie versäumen, schnell aufzublicken und die Lippen halb zu formen, um das Wort „Terry!" zu hören. Und nach all dieser Zeit immer noch kein Wort von ihr, kein Wort von ihr.

Achttausend Dollar hatte er an Temple gezahlt. Die restlichen zweitausend aus dem Erbe seines Vaters hatte er umgehend seinem Großvater übergeben, damit er seine eigenen Schulden begleichen konnte. Er hatte sich mit Bill Royce und Barbee beraten und seine Mannschaftsstärke reduziert, wodurch die Kosten gesenkt wurden.

Er hatte ein paar Stück Fleischvieh verkauft und das Geld für die Löhne und laufenden Ausgaben der Männer beiseitegelegt. Auf die gleiche Weise war es ihm gelungen, seine Zinszahlungen an den alten Mann Packard auf dem Laufenden zu halten und sogar einen kleinen Teil des Kapitals abzubezahlen. Dann hatte er, nachdem er das Kommen und Gehen des Marktes miterlebt hatte, eine Menge Jungvieh von einer angrenzenden überfüllten Ranch gekauft und einen Monat später einen zweiten gewinnbringenden Verkauf getätigt.

Um schließlich zu zeigen, dass er immer noch im Spiel war und es auf Gewinn ausspielte und folglich nie eine Wette versäumte, hatte er auf einem Teil seines Waldlandes ziemlich glücklich Geld abgeräumt.

Die Rollston-Mühlen öffneten gerade auf der anderen Seite der Berge; Er zeigte dem Käufer der Firma ein Stück seines großen Holzstücks und schloss den Deal zur allgemeinen Zufriedenheit ab. Und bei jedem Deal dieser Art spürte der alte Packard, wie sich sein Griff von Ranch Nummer zehn löste.

Von Anfang an war Steve verwirrt gewesen, was er mit dem Temple-Outfit machen sollte. Terry hatte die Männer bezahlt und sie gehen lassen; den Bestand an der Stelle, die sie wortlos hinterlassen hatte, in Steves Obhut. Da der Bestand gut war, hauptsächlich mit Jungvieh, gab es hier genug, um die Aufmerksamkeit zu fordern, die ein so beschäftigter Mann wie Steve Packard nicht geben konnte.

Er besprach die Angelegenheit mit Bill Royce und schickte schließlich sowohl Bill als auch Barbee zum Temple-Haus, wobei sie ein- oder zweimal in der Woche selbst vorbeikamen, um zu sehen, wie die Dinge liefen.

Und so vergingen die Monate. Zweimal schrieb Steve an Terry und schwor sich, dass er dies nur tat, weil das Management des Unternehmens es absolut notwendig machte. Er bekam keine Antwort. Er wusste nicht einmal, ob sie seine Notizen erhalten hatte. Das erste hatte er übrigens mit „Mit freundlichen Grüßen, Steve" unterschrieben. Der zweite endete mit „Respektvoll, S. Packard."

„Terry hat die beste Zeit ihres Lebens", überraschte ihn Bill Royce, als er eines Tages aus heiterem Himmel verkündete.

"Woher weißt du das?" fragte Steve scharf.

„Oh, sie schreibt Briefe an ihre Freunde", sagte Royce. „Einer der Jungen brachte Nachricht von Norton. Terry schrieb ihr und schrieb einigen Leuten in Red Creek und schrieb den Lanes und –"

„Scheint ein ziemlich guter Briefeschreiber zu sein", bemerkte Steve steif. „Und sie hat die beste Zeit ihres Lebens, oder?"

„Sicher", sagte Royce unschuldig. „Warum nicht? Die Jungs wetten, dass sie in irgendeinen jungen Jaspis aus dem Osten verknallt ist und dass sie vielleicht in kürzester Zeit heiraten wird. Was denkst du, hm, Steve?"

"Wo ist sie?" fragte Steve sehr schroff.

„Gesegnet, wenn ich es weiß", gab Royce zu. „Chicago, glaube ich. Oder New York. Oder Pennsylvania. Eine dieser Städte. Mist. Sie sollte nach Hause kommen, wo sie hingehört."

„Oh, ich weiß es nicht", sagte Steve.

Aber in Royces Ohren klang die Stimme nicht ganz wahr. Es sollte äußerst nachlässig sein und – nein, es klang nicht ganz wahr.

Heiße, wolkenlose Himmel, während sich die Jahreszeit hinzog, trockene, brennende Felder unter sengender Sonne, das Vieh suchte Schatten, wo immer es war, drängte sich an den Wasserlöchern, weidete früh und spät und suchte während der Hitze häufig die kühleren Schluchten auf die Tage. Und Nächte voller Sterne und einer gewaltigen Stille und Leere.

Ein Mädchen war gekommen, hatte eine Weile lachend vor dem Fenster der Seele eines Mannes posiert, hatte ihn mit ihren unvergesslichen grauen Augen angestrahlt und war gegangen. Und so, und nur wegen ihr, schienen die glühenden Hügel nur noch hässliche, einsame Kilometer zu sein, und die Nächte bei Vollmond waren nur noch stiller und leerer.

Aber Steve Packard hielt durch, er wurde grimmig und entschlossen. Er war ins Spiel gekommen, hatte leichtfertig seinen Chipsstapel gefordert, jetzt würde er für den Showdown bleiben. Entweder würde er seine Ranch von der Hypothek befreien und so seinem aufdringlichen alten Großelternteil klar machen, dass er ein erwachsener Mann und kein bloßer Junge war, der wohl oder übel diszipliniert und bedrängt werden musste, oder sein aufdringlicher alter Großelternteil würde ihn in Wahrheit „zerschlagen". .

In jedem Fall würde es bald ein Ende geben. Denn egal, ob er gewann oder verlor, Steve, des Spiels überdrüssig, zog sich zurück, kehrte der Ranch Nummer zehn und dem Land um sie herum den Rücken zu und kehrte zu dem alten, steuerlosen Leben des Vagabundierens zurück. Nur weil ein Mädchen gekommen war, geblieben war und dann gegangen war.

Obwohl das Spiel schon vor langer Zeit seinen Schwung verloren hatte, spielte Steve Packard wie jeder andere Vollblutspieler weiter, um den Sieg zu erringen. Hin und wieder, aber selten, sah er Blenham. Blenham machte sich oft auf kleine, nervige und gemeine Weise bemerkbar. Zu Beginn der Saison hatten Steves Reiter drei seiner Ochsen tot am Rande des Gebirgsgeländes aufgefunden; Eine Gewehrkugel hatte für jeden einzelnen von ihnen ausgereicht.

Da der alte Mann Packard versprochen hatte, vor nichts zurückzuschrecken, da Blenham voller Gift war, zweifelte Steve keinen Moment daran, wessen Hand die drei Schüsse abgefeuert hatte. Aber er rief lediglich seine Cowboys zusammen, erzählte ihnen, was passiert war, befahl ihnen, die Augen offen und ihre Waffen geölt zu halten, und hoffte und sehnte sich nach der Zeit, in der er selbst Blenham treffen könnte, der mit einer solchen Tat beschäftigt war.

Es gab andere Episoden, die er Blenham zuschrieb, obwohl er in jedem Fall zugeben musste, dass irgendetwas, das auch nur annähernd an einen Beweis erinnerte, fehlte. Kurz bevor er den Deal mit der Holzfirma abschloss, die sein Holzgrundstück übernommen hatte, war ein Waldbrand ausgebrochen. Glück und ein zufälliger Windwechsel hatten ihn vor einem schweren Verlust bewahrt.

Vorfälle, diese und andere dieser Art, die Steve Packard in Wut versetzen; Aber Blenhams höchste Schläge – Blenhams und die des alten Packards – waren für die Spätphase der Trockenzeit reserviert, als sie am härtesten trafen.

Eine zunehmende Futtermittelknappheit und der Bedarf an Bargeld für die bevorstehende beträchtliche Rückzahlung der Hypothek seines Großvaters sowie die Tatsache, dass seine mageren Äcker überfüllt waren, trieben Steve im Spätsommer auf die Suche nach einem Markt. Bill Royce schüttelte den Kopf und erhob seine Einwände.

„Alle anderen machen das Gleiche und zur gleichen Zeit", sagte er düster. „Das würde bedeuten, dass der Markt völlig überfüllt ist, sodass Sie keinen Mist mehr bekommen. Wenn Sie nur bis zum nächsten Frühjahr durchhalten könnten."

Aber Steve sagte nur:

„Na ja, Bill, das ist alles in einem Leben", und formulierte seine Pläne für einen Verkauf.

Und innerhalb von zehn Tagen kam ein Angebot, das ihn überraschte. Es kam von den großen Käufern Doan, Rockwell und Haight, die, wie es in ihrer Mitteilung hieß, sein Aktiensortiment genau kannten und bereit waren, für alles, was er besaß, Höchstpreise zu zahlen. Er schätzte schnell und schickte einen Mann mit der Nachricht, er solle per Telegramm in die Stadt eilen; Er würde zwischen hundertfünfzig und zweihundert Stück zusammentreiben und sie bei Bedarf in San Juan haben.

„Der alte Doan ist sowohl ein sportlicher als auch ein kluger Junge", verkündete Steve triumphierend, als er Bill Royce die Neuigkeit überbrachte. „Er kennt sich mit erstklassigen Dingen aus und ist bereit, den Preis zu zahlen." Er kniff nachdenklich die Augen zusammen. „Wir werden fast zweihundert Dollar erschrecken, William. Und sie werden uns nur etwa zwanzigtausend bringen. Vielleicht tausend oder so mehr. Und, Bill, wussten Sie jemals, wann zwanzigtausend Dollar mehr aussahen? als ob zwanzigtausend Vollmonde gerade über der Skyline auftauchen?"

Bills Grinsen spiegelte Steves lebhafte Zufriedenheit wider. Jetzt würde das Geld für die nächste Zahlung des alten Höllenfeuer-Packard da sein, es würde eine lange Pause von ihm geben, es würde reichlich Futter für den Rest des Viehs geben. Steve könnte sogar einen Teil des Geldes für eine Herde Kälber ausgeben, die er gerade jetzt spottbillig von der Molkerei Biddle Morris in der Nähe von San Juan beziehen kann.

Die Aussicht war außerordentlich rosig; als ob in Wirklichkeit eine Reihe von Vollmonden auf sie herabscheinen würde. Und immer noch war da der Schatten, selbst zu diesem Zeitpunkt, der Schatten, der von Terrys Abwesenheit und Schweigen geworfen wurde. Wenn sie nur hier wäre, um sich mit ihnen zu freuen.

Steve schnaubte vor Abscheu vor sich selbst, stieg auf ein Pferd und jagte über die Felder. Er ritt schnell, wie es hier in letzter Zeit üblich war, und rief Barbee dabei einen Befehl zu. Barbees unschuldige blaue Augen folgten ihm nachdenklich: Dann zuckte Barbee mit den Schultern und spuckte aus und rief anschließend seinen Männern zu, sie sollten „beschäftigt" werden. Die Razzia begann sofort.

Dann kamen ein paar lange, heiße und fieberhaft arbeitsreiche Tage. Verirrte Ochsen mit der Marke Nummer Zehn wurden von den Berghängen auf die großen eingezäunten Wiesen zurückgetrieben, gezählt und in einer immer größer werdenden Herde festgehalten. Für die Männer gab es wenig Ruhe, sie wechselten von einem schwitzenden Pferd auf ein anderes und ritten spät und früh.

Die Nachricht kam von Doan, der den Termin für die Lieferung in San Juan festlegte. Steve telegrafierte seine Zufriedenheit mit der Vereinbarung und verpflichtete sich, das Vieh zwei oder drei Tage vor Doans Ankunft in den Viehställen außerhalb der Stadt unterzubringen. Und niemand wusste besser als Steve Packard, wie groß die Aufgabe war, die er zu dieser Jahreszeit und bei einer Herde von fast zweihundert wilden Ochsen vor sich hatte.

Die Fahrt begann eines Morgens im Dunkeln, lange vor Tagesanbruch. Steve schätzte, dass er den Rio Frio am ersten Abend schaffen könnte und hatte vorher mit den Talbot-Jungs die Weidefläche für die Nacht vereinbart. Am zweiten Tag würden sie am Rande des schlechten Landes vorfinden; Seine Wagen, die Heuballen transportierten, sollten weiterfahren und an den einzigen ausreichenden Wasserlöchern warten, die im Umkreis von mehreren Meilen zu finden waren. San Juan in vier Tagen war der Zeitplan.

„Wir werden die ganze Zeit über abnehmen", räumte er ein. „Aber es lässt sich nicht ändern. Und ein paar Tage Ruhe und viel Futter und Wasser in San Juan, bevor Doan auftaucht, werden einen Teil des verlorenen Gewichts wieder wettmachen."

Für eine Festplatte hatte er Rücksicht genommen. Dennoch war die Realität eine ernstere Angelegenheit, als er vorhergesehen hatte. Die ganze Zeit über war das Futter knapp. In den Löchern war der Wasserstand niedrig, und Rio Frio bestand zum ersten Mal seit Jahren nur noch aus einer Reihe flacher Teiche. Die sengende Hitze war so groß, dass Menschen, Pferde und Ochsen alle furchtbar litten.

Am Ende des zweiten Tages befahl er, ein ganzes Dutzend seiner weniger robusten Tiere aus der Herde auszuschneiden und in ein benachbartes Weidegebiet zu bringen; Es war fraglich, ob sie die beiden verbleibenden Tage hätten in die Länge ziehen können , und selbst wenn sie dies getan hätten, hätten sie vom Käufer keinen Spitzenpreis erzielt.

Die Fahrt erfolgte pünktlich. Die Umstände ließen es nicht nur zu, sondern bestanden sogar darauf. Es gab keine Orte zum Herumlungern, es gab nur die großen Wasserlöcher, mit denen Steve gerechnet hatte, und deren Entfernungen den Fortschritt eines jeden Tages bestimmten. Und so befand sich die Aktie bereits zwei Tage vor Doans Ankunft in San Juan.

Für Steve zogen sich die beiden Tage sehr in die Länge. Er lagerte mit seiner Herde am Rande der Siedlung und erlaubte den Jungen die meiste Zeit, sich so zu vergnügen, wie sie es für richtig hielten. Er selbst hatte wenig Lust auf den schlechten Whisky und die krummen Spiele von La Casa Blanca.

Am Dienstagmorgen sollte Doan eintreffen. Steve traf auf die Bühne und ein Blick zeigte ihm, dass Doan nicht auf der Bühne war. Er fragte den Fahrer, ob er etwas über Doan wisse, und der Mann schüttelte den Kopf. Steve nahm an, dass er mit dem Auto von der Eisenbahn kam und den ganzen Vormittag untätig durch die Stadt schlenderte und wartete.

Als Doan gegen Mittag immer noch nicht erschien, war Steve ungeduldig geworden. Mitten am Nachmittag wich seine Ungeduld der Wut. Er hatte seinen Termin eingehalten und seine Herden über einen schwierigen Weg gebracht, und Doan, der nichts anderes zu tun hatte, als luxuriös zu reisen, hatte ihn im Stich gelassen.

Aber erst als die Bühne am Mittwochmorgen eintraf und wieder weder Doan noch eine Nachricht von Doan brachte, rief Steve eine Nachricht an das nächstgelegene Western Union-Büro in Bidwell an und wollte wissen, was das Problem sei. Er hatte nicht nur hohe Ausgaben; Seine Stimmung war nie so gewesen, dass er das lange Warten freundlich aufgenommen hätte. Und doch musste er den ganzen Tag und den nächsten Tag warten, ohne etwas von Doan zu hören.

Am Mittwochabend telegrafierte er erneut, am Donnerstagmorgen ein drittes Mal. Es kamen keine Antworten. Doch kurz vor Donnerstagmittag kam Doan. Kam mit dem Auto von der Eisenbahn, ein Mann dabei. Steve sah sie, als sie in die Stadt fuhren; er bemerkte Doans schmales Gesicht und seine große Gestalt im grauen Leinenmantel; dann markierte er den Mann bei sich. Der Mann war Blenham.

Steve, der in diesen langen Stunden der Untätigkeit und Ungewissheit völlig nervös war, drängte sich sofort zu Doan, der unbedingt eine Erklärung verlangen wollte. Eine Ahnung davon bekam er von einer unerwarteten Seite, nämlich von Blenhams Lippen.

„Wir wissen das wirklich zu schätzen, Mr. Doan“, sagte Blenham, stieg herunter und reichte dem Viehkäufer seine Hand. „Verlassen Sie sich darauf, dass ich und der alte Packard Ihnen jederzeit einen Gefallen tun werden. Bis dahin.“

Und er warf Steve einen Blick voller Triumph und Bosheit zu und eilte zum Stall und zu seinem Pferd.

„Mr. Doan“, sagte Steve unverblümt, „was zum Teufel meinen Sie damit, mich so zu behandeln?“

Doan wandte sein schmales, teilnahmsloses Gesicht mit den Falkenaugen dem jungen Packard zu.

„Wer bist du zufällig?" fragte er kühl.

„Ich bin Steve Packard von Ranch Number Ten. Und ich habe hier draußen eine Herde Ochsen, die schon seit einiger Zeit auf dich wartet."

„Oh ja", sagte Doan, immer noch sehr cool. „Haben Sie doch mein Telegramm erhalten, in dem steht, dass ich unvermeidlich festgenommen wurde?"

"Ich tat es nicht!" schnappte Steve. „Von was festgehalten? Blenham?"

„Seltsam", murmelte Doan.

Er stieg aus seinem Auto und streckte seine langen Beine aus.

„Ich habe einen neuen Sekretär, Mr. Packard. Ich habe herausgefunden, dass er getrunken hat. Er wurde entlassen. Hem. Mal sehen: Sie haben ungefähr fünfzig Ochsen, nicht wahr?"

„Ich habe einhundertsechsundachtzig", sagte Steve scharf, starrte auf Doans unergründliches Gesicht und fragte sich, was los war.

„Einhundertsechsundachtzig!" Doan schüttelte den Kopf. „So viele konnte ich im Moment nicht ertragen; ich habe andere Pläne gemacht. Es sei denn natürlich, Sie sind in der Lage, mich zum Kauf zu verleiten, indem Sie mir eine sehr attraktive Figur machen!"

Steve kam plötzlich einen Schritt näher, seine Augen leuchteten, seine beiden Fäuste waren geballt.

„Was ist das für ein Spiel von dir?" er forderte an. „Raus damit. Was hast du vor? Du hast mir ein Angebot von zehn bis zwölf Cent telegraphiert, zwölfeinhalb für die Extravaganz."

"Was!" rief Doan. „Aber, mein Lieber, Sie müssen den Verstand verloren haben! Bei der Marktlage, wie sie jetzt ist, muss ich nicht mehr als sieben und acht Cent bezahlen."

Steve wartete nicht länger. Seine Tage des Wartens waren vorbei. Er zog sich zurück, schwang sich von der Schulter und schlug mit aller Kraft zu. Seine Faust gegen Doans Kinn schleuderte den schlanken Körper des Viehkäufers halb über die Straße.

„Barbee", sagte Steve leise, „trommeln Sie die Jungs zusammen. In zehn Minuten fangen wir mit unserer Herde wieder an."

Und Barbee warf einen Blick auf Steves weißes Gesicht und machte sich hastig an die Arbeit.

KAPITEL XXIII

STEVE REITET AM TEMPELPLATZ VOR

„Meine Güte, Herr Mann! Wie wild Sie wirklich aussehen!"

Steve zuckte zusammen und wirbelte herum. NEIN; Diesmal träumte er nicht. Es war Terry.

Terry lachte leicht und köstlich. Sie war hübscher geworden. Sie hatte eine neue Art zu lächeln gelernt. Nein, es war schließlich nur der alte Weg. Aber sie hatte eine neue Art entdeckt, ihre Haare zu frisieren, eine unglaublich charmante Art. Ihre Lippen waren röter als je zuvor; Ihre Augen waren fröhlicher und grauer und weicher und süßer. Ihre Stimme erklang von neuer, mitreißender Musik. In Steve Packards Augen war sie einfach perfekt.

„Du bist super", sagte Steve. „Du bist der Superlativ. Du hast in all diesen langen, erschöpfenden Monaten nichts anderes getan, als noch teuflischer attraktiver geworden zu sein."

„Bist du so wild, wie du aussahst?" fragte sie schnell.

Für einen kurzen Moment wandte er seinen Blick von ihr ab und blickte einer Herde nach, die sich langsam nach Norden bewegte, während Barbee und die anderen Jungen wieder auf das Heimgebiet zusteuerten. Aber ganz gleich, welche Wut und welcher mürrische Kummer in seinem Herzen schlummerte, als er wieder zu Terry blickte, zeigte er, dass ihr Kommen bereits eine Veränderung herbeigeführt hatte. Er wirkte fast zufrieden.

„Willst du mir die Hand schütteln?" er hat gefragt.

"Soll ich?" Sie fragte. „Wir sollen doch gute Freunde sein?"

„Oder willst du mich küssen?"

Terry blickte ihn mit hochgezogenen Brauen an. Aber da war ein lebendiges Feuer in ihren Augen und eine purpurrote Flut unter ihrer schönen Haut.

„Schlau!" rief der alte Terry. „Versuchen Sie einfach, mit mir frisch zu werden, und Sie werden eine Ohrfeige bekommen!"

Daraufhin dröhnte Steves freudiges Gelächter.

„Es ist Terry, der wieder nach Hause kommt!" er verkündete sie auf der offenen Wiese. „Terry selbst."

War es Terry selbst? Plötzlich wirkte sie seltsam verlegen. Warum nur? Terry wusste es nicht.

„Wir fahren mit meinem Auto raus", sagte sie hastig. Es schien, als müsste sie sich jedes Mal beeilen, eine sichere Bemerkung zu machen, wenn sein Blick, der mit ihr beschäftigt war, auf ihren Augen ruhte. „Wir werden auf der Ranch sein, lange bevor Sie Ihre Kühe nach Hause bringen. Sie können mich besuchen – wenn Sie möchten."

"Wer ist wir?" er hat gefragt.

„Oh", sagte Terry, „das bedeutet Mrs. Randall, die Köchin und Aufsichtsperson sein wird."

San Juan döste in der Spätnachmittagshitze. Die Pferche befanden sich zwischen ihnen und der ruhigen Straße. Er streckte seine Arme aus, fing Terry darin auf und küsste sie. Und Terry schlug zurück und schlug ihm ins Gesicht.

„Du – du –", keuchte sie, ihr Gesicht war scharlachrot.

Er berührte zärtlich mit seinen Fingerspitzen die Stelle, an der ihre Hand ihn getroffen hatte.

„Ich komme vorbei, um Sie und Mrs. Randall zu besuchen", sagte er. "Sehr bald."

Als Steve Packard nun langsam hinter seinen Cowboys und einer kleiner werdenden Herde her ritt, schien die staubige Luft, so trocken und heiß sie auch war, süß und streichelnd für seine Schläfen, seine Augen sinnierten glücklich. Blenham hatte ihn gerade besiegt, Blenham hatte ihn ausgetrickst, ihm die hohen Kosten der langen Fahrt aufgebürdet, ihm die Nerven genommen, ihn ausgelacht.

Sehr gut; Bilanz für Blenham. Eine Angelegenheit, die rechtzeitig geprüft werden muss. Vielleicht ein Schlag auf den Körper, aber wozu in Gottes guter Welt ist ein starker Körper gut, wenn nicht zum Schlagen und Schlagen? Er und Blenham würden sich früher oder später wieder auseinandersetzen, und auf irgendeine Weise, die noch von der Zukunft verborgen blieb, würden sich die Dinge endlich regeln.

Alles Überlegungen, mit denen sich nur eine düstere Zukunft beschäftigte. Gerade jetzt, in der lebendigen, atmenden, zitternden Gegenwart, war nur Platz für den einen Gedanken: Terry war zu ihm zurückgekehrt.

Ja. Terry war zu ihm zurückgekehrt. Und er hatte sie geküsst. Und sie hatte ihn geohrfeigt. Er lächelte und wieder strichen seine Fingerspitzen zärtlich über seine Wange. Er hatte sie geküsst, weil er sie liebte, wollte ihr keinen Schaden zufügen und ihr keine Beleidigung anbieten. Sie hatte ihn geohrfeigt, weil sie Terry war und weil sie nicht anders konnte. Nicht, weil sie ihn nicht liebte!

Irgendwo auf der Welt, in einer nebligen Ferne, lebte ein Mann namens Blenham, ein hinterlistiger, heimtückischer, grausamer Hund von einem Mann. Er würde sofort Aufmerksamkeit erfordern. Soeben--

„Du bist zu mir zurückgekommen!" flüsterte Steve Packard.

Und er seufzte und schüttelte sich und wünschte sich sehnsüchtig, dass die Rückfahrt vorbei wäre und dass er ein Bad nehmen und sich rasieren würde und gerade die Temple Ranch besuchen würde.

Obwohl er seine Männer bald überholte, ritt Steve den ganzen Tag ziemlich weit auseinander und bewahrte nachdenkliches Schweigen, was Barbee und die anderen vermutlich nur mit dem Scheitern seiner Pläne für einen guten Markt zu tun hatten. Seine Männer wussten, dass er sehr stark auf diesen Deal gesetzt hatte; und dass er nun wieder vor dem alten Problem stehen würde, genügend Futter zu finden, um seine Herden durchzuziehen.

Heu war knapp und hoch und musste weit transportiert werden, was die Endkosten nahezu unerschwinglich machte. Die untereinander murrenden Hirten waren größtenteils der Meinung, dass er seine Niederlage gegen Blenham hätte akzeptieren und gegen eine Opferzahl an Doan verkaufen sollen.

In dieser Nacht lagerten sie bei Bitter Springs und machten nur einen kurzen Halt, um das von der Straße müde Vieh zu tränken, zu füttern und auszuruhen. Dann gingen sie in der Nacht langsam weiter und planten, vor der Hitze eines weiteren Tages zu den nächsten Wasserlöchern zu gelangen. Und jetzt gab Steve Barbee seine Befehle, verließ sie und machte sich auf den Weg.

Er musste seine Ungeduld angesichts des trägen Vorankommens der schleppenden Bestien kaum zügeln, und es gab Dinge zu regeln. Außerdem hatte er die Absicht, so bald wie möglich ein Gespräch mit Terry Temple zu führen.

An diesem Tag fuhr Terrys Auto mit heulender Hupe an ihm vorbei. Er erhaschte einen Blick auf zwei Schleier, einen braunen und einen schwarzen; Das Verdeck des Autos war oben. Terry schien ihn nicht zu sehen.

„Sie hat kein bisschen von ihrer Unverschämtheit verloren!"

Er runzelte die Stirn, als sie ihr Auto verließ, und betete in seinem Herzen um einen Reifenschaden oder einen abgewürgten Motor. Das hatte sie auch verdient für die Art, wie sie ihr höllisches Horn betätigte. Doch sein Gebet blieb unbeantwortet, und sein Unmut verschwand augenblicklich, als er ihr beständig folgte und begierig darauf war, das Ende seiner Fahrt zu erreichen.

Aber er darf die hechelnde Herde, die weit hinter ihm herzieht und in ihrem eigenen Staub würgt und hustet, nie ganz vergessen. Er muss irgendwo für Weideland sorgen. Also machte er einen Umweg und schaute zuerst bei Brocky Lane vorbei, dann bei Rod Norton. Beide alten Freunde freuten sich, ihn zu sehen und gaben ihm harte, braune Hände in angenehm fühlbaren Griffen.

Aber sie schüttelten nur den Kopf, als er seinen Auftrag erwähnte. Lane hatte letzte Woche ein paar Stück verkauft; Norton hatte Angst, dass er selbst einen Opferverkauf machen müsste. Sie würden alles tun, was sie konnten, aber es war nur allzu klar, dass sie ihm nicht das geben konnten, was sie selbst nicht hatten und nicht bekommen konnten.

„Der alte Packard", sagte Norton unverblümt, „ist der einzige Mann, der mir einfällt, der Weide zu pachten hat. Drop Off Valley, gleich oben in den Bergen hinter deinem Haus."

Steve lachte kurz und schwang sich in seinen Sattel.

„Bis dann, Nort", sagte er farblos. „Der alte Mann würde sein Gras verbrennen, bevor er es mir überließ."

Und er ritt weiter, zwei Probleme im Kopf, die beide immer schwieriger wurden, je näher er der Heimatranch kam. Problem eins: Was wollte Terry genau sagen? Problem zwei: Wie sollte er seine Aktien durchziehen?

Als ob er nicht schon genug zu tun hätte, begrüßte ihn Bill Royce im heimischen Ranchhaus mit den bedeutungsvollen Worten:

"Problem!"

„Ich weiß es", grunzte Packard und schwang sich steif vom Sattel. „Welche Sorte diesmal, Bill?"

„Blenham-Marke, schätze ich", sagte Bill wütend. Steve bemerkte, dass beide Wangen des alten Hasen heiß gerötet waren. „Barbee hat vor etwa vier Stunden angerufen. Sieben Ochsen sind tot, einige weitere krank. Und", die Erklärung kam schnell, „Barbee hat die Vermutung, dass Blenham vorausgeritten ist und die Wasserlöcher vergiftet hat und —"

„Verdammt!“ rief Steve, eine plötzliche Wut schien ihn zu überfallen und ihn an der Kehle zu packen. „Soll ich von diesem Mann und von meinem alten Feind von einem Großvater alles ertragen? Es ist dies und das und alles andere, was sie loslassen wollen, und hier bleibe ich wie ein verfluchter Fliegenpilz und tue nichts aus Mangel an Beweisen! Beweis.“ „“, schnaubte er angewidert. „Bill Royce, lasst uns aufhören, auf irgendetwas zu warten, sondern uns einfach das Ärgersucher-Outfit holen!“

„Das klingt für mich gut“, erwiderte Royce eifrig.

Und doch, als seine Wut etwas nachließ, knirschte Steve vor Ohnmacht mit den Zähnen. Er musste warten, bis Barbee mit dem kam, was Gott ihm von seinen Stieren überlassen hatte, er musste sich den Bericht des Vorarbeiters anhören und entscheiden, ob Blenham wirklich hinter der Sache steckte oder ob es nur seine Art und die seiner Männer war, Blenham für alles verantwortlich zu machen .

„Das Erste, Bill“, sagte er, als er sein müdes Pferd auf der Weide freigelassen hatte, „ist zu entscheiden, was wir mit dem Vieh machen, das Blenham uns nicht vergiftet hat. Wir werden mit ziemlich wenig Daunen gefüttert.“ an diesem Ende. Ich werde zum Temple-Platz reiten und sehen, ob wir nicht mit Miss Terry vereinbaren können, ein paar Fahrten dorthin zu unternehmen.

„Ja“, sagte Royce trocken. „An deiner Stelle würde ich mich beeilen, Steve. Aber sag mal!“ Er schlug sich aufs Bein und riss den Kopf hoch. „Wie wäre es mit dem alten Indian Valley, Drop Off Valley, wie sie es jetzt nennen?“

„Verrückt geworden, Bill? Wann hat mein Großvater jemals Lust gezeigt, zu helfen?“

Dann erklärte Royce völlig aufgeregt. Andy Sprague von jenseits des Bergrückens war erst gestern Nachmittag vorbeigeritten. Wenn Royce zu diesem Zeitpunkt nur gewusst hätte, dass Steve das Vieh aus San Juan zurückbringen würde, hätte er sich mit Andy geeinigt. Denn der Mann hatte gesagt, dass er Drop Off Valley gerade vom alten Packard gekauft hatte; dass er das Sortiment dieses Jahr nicht haben möchte, da er es erst kürzlich knapp verkauft hatte. Er würde günstig mieten.

„Dort sind es fast ein paar tausend Hektar; es gibt jede Menge Wasser und genug gutes Gras, um problemlos zwei- oder dreihundert Stück davon laufen zu lassen, bis das Futter hier unten wieder eintrifft. Nageln Sie ihn fest, Steve; bei der Liebe von Mike, Nagel Andy Sprague schnell fest, bevor der krumme kleine Kerl herausfindet, wie dringend du die Weide brauchst, und dich dazu zwingt. Geh und nagel ihn fest, Steve.

Und Steve, der die Hoffnung wie eine aufhellende Röte eines neuen Tages sah, eilte zu den Pferchen und einem frischen Pferd. Er war direkt hinter Andy Sprague her. Aber--

„Ich schätze, ich fahre am Tempelplatz vorbei", sagte er nachlässig.

KAPITEL XXIV

VOM HIMMEL HERAB!

Drop Off Valley, seinen Namen verdankt es seinem hervorstechenden Merkmal, war nichts weiter als ein langes, schmales und sehr hohes Plateau in den Bergen östlich von Ranch Number Ten. Es wurde gut von Quellen am oberen Ende bewässert, die sich über die gesamte Länge des Trakts erstreckten und die Klippen hinunterflossen, die abrupt das untere Ende durchschnitten und eine natürliche und furchteinflößende Grenze bildeten.

Von diesem Teil des „Tals" aus konnte man einen Stein steil und schwindelerregend weit in das Quellgebiet des Indian Creek treten, wo der Beginn des schmalen Passes angezeigt wurde, der durch die Berge und zu den nebligen blauen Hügeln des alten Mexiko führte .

Hier, im reichlichen, reichhaltigen Trockenfutter, wanderten über zweihundert Rinder der Ranch Nummer Zehn und der Temple Ranch umher und vermischten sich frei, wobei die Herden der einen Truppe ihre Marken in die Herden der anderen hinein und aus ihnen heraus trugen. Ein Zeichen und Zeichen dafür, dass es eine bestimmte Frist endlich nicht mehr gab.

Steve hatte Andy Sprague gefunden, einen ebenso korrupten kleinen Mann, wie er laut Bill Royce und anderen, die es wissen sollten, aussah, und hatte mit ihm die Pacht der Bergweide vereinbart. Weniger als eine Woche später kam Sprague zurück und erzählte, er habe Hell-Fire Packard gesehen und dieser alte Berglöwe habe ihn fürchterlich angebrüllt, ihm mit dem völligen Untergang gedroht, falls er Steve Packard jemals wieder helfen würde, und ihm gesagt, er hätte einen zu tragen Nachricht.

„Sagen Sie diesem klugen jungen Idioten von meinem Enkel", war das Wort, das Sprague zu Steve gab, „dass ich mich jetzt gerade darauf vorbereite, ihn endgültig fertigzumachen. Sagen Sie ihm, was ich ihm angetan habe, indem ich seinen Verkauf blockiert habe." In San Juan war das nicht das Richtige für mich. Sagen Sie ihm, dass er mehr Stiere verlieren wird als je zuvor. Sagen Sie es ihm, wenn er bei diesem Deal nicht völlig durcheinander geraten will, würde er es tun Komm besser zu mir und kotze seinen Schwanz aus. Ich werde langsam sauer!"

Bevor Steve Packard diese Worte aus Andy Spragues verdrehtem Mund hörte, musste er zwei Dinge erklären: Der Zählung zufolge gab es einerseits um vielleicht ein Dutzend zu wenig Rinder, andererseits um mindestens ein halbes Dutzend zu viele. Und obwohl Terry Temple direkt betroffen war, hatte er ihr nichts gesagt.

Die erste rätselhafte Ahnung, dass irgendein seltsames Spiel mit dem Viehbestand im Gange war, kam ihm, kurz bevor er die hundertsechsundachtzig Ochsen nach San Juan gefahren hatte. Er hatte seinen eigenen Bestand aufgerundet und aus dem Temple-Bestand herausgeschnitten und hatte die Gelegenheit gehabt, im Interesse Terrys sorgfältig zu prüfen.

Kälber, Kühe, Ochsen und Pferde, er wusste genau, wie Terry sie zählte. Und als er seine Zahlen sorgfältig durchging, hatte er bei der Zusammenfassung herausgefunden, dass es sechs Ochsen mehr gab, die das Temple-Brandzeichen trugen, als es sein sollte. Eine Angelegenheit von etwa fünf- oder sechshundert Dollar.

Wäre es nur der finanzielle Aspekt gewesen, hätte sich Steve kaum Gedanken darüber gemacht. Doch als er die Herde Tier für Tier durchging, machte er eine Entdeckung, die ihn schockierte. Er fand sechs große Ochsen auf dem Grundstück, die erst vor Kurzem eingebrannte Temple-Marken trugen – grob über die Marken der Big Bend Ranch gekritzelt, dem Lieblingsoutfit des alten Packard im Norden.

Es war unmöglich zu wissen, wie lange es her war, dass ein glühend heißes Eisen die Eigentumsanzeige der Reichweite verändert hatte; Steve konnte nur starren und staunen und schließlich eine Vermutung wagen. Temple war hartnäckig gewesen; Er war der Versuchung und der Gelegenheit erlegen, weil er Whisky und viele andere Dinge trinken musste. Da er das Leben aus einer schrägen Perspektive betrachtete, hatte er sich zweifellos eingeredet, dass er Rechnungen in Ordnung bringen würde. Letztendlich war Steve also geneigt zu glauben.

Was er tun sollte, wusste er nicht. Es schien ihm das Beste, den richtigen Zeitpunkt abzuwarten, die Augen offen zu halten und auf einen Ausweg aus einer peinlichen Situation zu hoffen. Er hätte bereitwillig selbst Wiedergutmachung geleistet, um Terry davon abzuhalten, es zu erfahren, und um ihren Namen vor dem Schmutz zu bewahren, den der alte Packard begierig darauf anbringen würde, wenn er die Gelegenheit dazu bot. Und genau hier lag das Problem; Er wollte seinen Großvater nicht wissen lassen, was passiert war.

Während er sich mit dieser Angelegenheit beschäftigte, wurde er auf das andere aufmerksam gemacht. Zum Zeitpunkt der Razzia meldete Barbee außerdem, dass ein schwarz-weißer Ochse fehlte, der Preis der Rinderherde, sagte Barbee. Vielleicht in eine weit abgelegene Schlucht geraten. Doch im Laufe der Tage wurden weitere Rinder, schließlich zusammen eine Dutzend Tiere, als vermisst gemeldet. Und Steve erinnerte sich, wie er und Terry eines Abends von einem Baumstamm aus zugesehen hatten, wie Blenham eine Reihe Ochsen davontrieb.

„Mein geliebter Großvater liebt die Gerichte nicht", sinnierte Steve oft. „Und er weiß, dass ich darin wie er bin. Für ihn heißt es also einfach, dass Packard Packard frisst und der Rest der Welt ‚Hände weg'." Und so geht er bis ans Limit. Nun, ich denke, das ist ein ebenso guter Weg wie jeder andere."

Es kam der Tag, an dem Steve sein Vieh ins Drop Off Valley brachte. Die Herden, seine und Terrys, wurden zweimal gezählt, einmal, als sie durch das Tor der Sammelpferche gingen, und noch einmal, als sie in die Hochlandkette gebracht wurden. Zweihundertvierunddreißig Kopf.

„Zweihundertvierunddreißig Kopf, wo ich Blenham oder den Teufel selbst herausfordere, ein einziges davon zu stehlen", sagte Steve positiv.

Denn obwohl es hier keine Zäune gab, hatte die Natur durch den steilen Drop Off Chasm, der sich über das südliche Ende des Plateaus und in felsigen, wenig einladenden und nahezu unpassierbaren Berggipfeln im Norden und Osten sowie in einem Teil des Westens erstreckt, ausreichende Barrieren errichtet Grenze.

Es schien hier die einfachste Sache der Welt zu sein, Steves Gelübde einzulösen, wenn seine Cowboys nur mit der üblichen Sorgfalt und Wachsamkeit vorgingen. Da Barbee hier für die Männer verantwortlich war und die Anweisung hatte, die Augen der vertrauenswürdigen Nachtreiter immer offen zu halten, glaubte Steve, die letzten Rinderverluste gehört zu haben.

Die Stiere sollten jeden Tag gezählt werden, wenn Barbee es für nötig hielt; so viel hatte Steve kühl gesagt, nur wegen der Betonung der Worte. Barbee hatte ihn neugierig angeschaut, nichts erwidert und mit einem verwirrten Gesichtsausdruck seinen Geschäften nachgegangen.

Eine Woche später meldete sich Barbee bei Steve auf der Ranch Nummer zehn.

„Fünf Ochsen sind weg", sagte er lapidar, sein Blick war hart und erwartungsvoll und forderte den seines Arbeitgebers heraus.

"Gegangen?" wiederholte Steve. "Wo und wann?"

„Ich weiß es nicht", antwortete Barbee. „Ich habe sie vor vier Tagen vermisst. Ich hätte nicht geglaubt, dass sie endgültig verschwunden wären von jedem Canyon und Pass; ich war überall, wo sie hingehen konnten. Aber – sie sind weg. Fünf große Ochsen."

Für einen Moment waren ihre Augen, Steves so hart wie die von Barbee, fest und ohne zu blinzeln in einem zutiefst prüfenden Blick gehalten.

„Barbee", sagte Steve nach einer Weile, „erinnern Sie sich an die Nacht, in der Blenham versucht hat, Sie mit einem Tausend-Dollar-Schein zu bestechen?"

Barbee errötete und nickte.

„Ich verstehe", sagte er leise. „Glaubst du, er hat mich vielleicht aufgekauft?"

„Ich weiß nicht, was ich denken soll. Aber so viel ist klar: Wenn Sie auf der gleichen Ebene sind, liegt es an Ihnen, dafür zu sorgen, dass ich keinen weiteren Bestand verliere. Und es liegt auch an Ihnen, herauszufinden, wohin diese fünf steuern." ging. Und hol sie zurück. Jeden einzelnen Huf von ihnen.

Diese Nacht verbrachte Steve selbst im Drop Off Valley, ein Gewehr über dem Arm. Er hatte seinen Männern befohlen, Waffen zu tragen und zu schießen und zu schießen, um zu töten, wenn man Blenham oder einen anderen Mann dabei erwischte, wie er sein Vieh vertrieb.

Doch am nächsten Tag kehrte er zur Heimatranch zurück. Er vertraute seinen Cowboys – allen außer Barbee, und in Barbees Fall war er sich nicht sicher, was er denken sollte – und ihm war nur zu klar, dass genug Männer da waren, um die Situation ohne sein Eingreifen zu bewältigen. Zwei Tage später meldete sich Barbee erneut bei ihm.

Das Gesicht des Jungen war eingefallen und eingefallen, seine Augen brannten mürrisch.

„Sechs Köpfe mehr weg!" verkündete er trotzig. Sein Blick sagte deutlich: „Was willst du dazu sagen? Sie sind weg."

„Du bist also zum Viehdieb geworden, nicht wahr, Barbee?" war das, was Steve sagte.

Eine kränkliche Röte überzog Barbees hohle Wangen.

"NEIN!" er schnappte hitzig. „Das bin ich nicht. Aber –"

Er machte einen Satz auf dem Absatz und ging zur Tür. Steve rief ihn zurück.

„Was wirst du tun, Barbee?"

„Ich gehe und hole Blenham", sagte Barbee zwischen den Zähnen. „Ich wollte ihn schon lange. Jetzt ist das sein Werk und er lässt es so aussehen, als wäre es meins. Ich werde ihn holen."

„Wenn es Blenham ist", bot Steve kalt an, „und wenn du ehrlich zu mir bist, wie kommt es dann, dass er mit so einer Sache durchkommt? Direkt vor deiner Nase – und du weißt es nicht? Es klingt – Du." weiß, wie es klingt, Barbee.

„Ich weiß nicht, wie er das macht", knurrte Barbee. „Ich weiß nicht, wie ein Mann so eine Herde Kühe in den Bergen vertreiben und dabei keine Spuren hinterlassen kann. Es gibt nicht ein halbes Dutzend Orte, an denen man sie ins Tal hinaustreiben könnte und durch die Klippen, und ich habe die ganze Nacht beobachtet, wie sich jeder von ihnen aufstellte, und die anderen Jungs reiten lassen, bis sie müde vom Sattel waren. Und noch sechs Köpfe mehr weg – –"

„Sie sind entweder ein kluger kleiner Schauspieler, Mr. Barbee", murmelte Steve scharf, „oder Sie sind hetero und ich werde gehängt, wenn ich weiß, was. Lassen Sie Blenham einfach eine Weile in Ruhe und gehen Sie wieder Ihrer Arbeit nach."

Barbee, dessen Sporen trostlos schleiften, ging hinaus. Steve sah, wie die Schultern des Jungen nachgaben, und fragte sich erneut, ob Barbee Schauspielerei war oder ob Blenham einfach zu scharfsinnig für ihn war? Am Ende entschied er, dass es besser sei, sein Hauptquartier nach Drop Off Valley zu verlegen.

Am selben Tag kam ein Cowboy von der Big Bend-Ranch angeritten und brachte eine kurze Nachricht von Steves Großvater. Es lief:

LIEBER STEPHEN: Es ist besser, nicht zu weit zu gehen, mein Junge. Auge um Auge ist ein erstklassiges Evangelium. Und es gibt noch kein Spiel, bei dem ich jemals gebluut wurde. Ich schätze, du verstehst.

PACKARD.

Steve verstand es nicht ganz, aber der Bote konnte nichts hinzufügen, außer dass der alte Mann mit Blenham kicherte, als er die Nachricht überbrachte. Steve, der nicht in der Stimmung war, von der guten Laune seines Großvaters zu hören, riss den Brief in Stücke, verteilte ihn im Nachmittagswind und sagte dem hageren Cowboy, er könne Großvater Packard und Blenham sagen, sie sollten sich direkt in die ewigen Flammen begeben. Der Cowboy lachte und ritt davon.

Steve, der langsam durch die immer länger werdenden Schatten ritt, die durch die Kiefern der Berghänge fielen, bevor man zum Drop Off Valley kam, wurde von Terry Temple, der wütend ritt, überholt. Terrys Pferd tropfte vor Schweiß; Terrys Gesicht war besorgt; In ihren Augen lag ein fast entsetzter Ausdruck.

„Steve Packard", rief sie, als sie sich ihm näherte, und sie starrten einander in der Dämmerung unter den großen Bäumen in die Augen. „Erzähl mir alles, was du über diese gestohlenen Ochsen weißt! Alles."

Also wusste sie es auch? Dennoch hatte er Barbee gewarnt, nicht zu reden und die anderen Jungen anzuweisen, den Mund zu halten, bis sie verstehen könnten, dass diese Hand im Dunkeln gespielt wurde.

"Wer hat Ihnen gesagt?" fragte er schnell.

"Ich habe sie gesehen!" Sie erzählte es ihm, ihr Geist leuchtete wie Feuer in ihren Augen. „Die ganzen sechs. Ich wusste, dass sie nicht unser Vieh waren. Ich habe gesehen, wie die Marken bearbeitet wurden, ungeschickt gearbeitet. Oh mein Gott, Steve Packard, was bedeutet das?"

Jetzt blitzte es ihm auf. Terry sprach nicht von dem Vieh, das aus dem Hochlandtal verloren gegangen war; Sie bezog sich auf das halbe Dutzend großer Ochsen, die auf der Temple-Ranch umherstreiften und deren Marken grob vom Schild des Big-Bend-Outfits zum Schild ihres Vaters geändert worden waren. Langsam kroch das rote Blut der Scham, der Schande für sie, in seine Wangen, dunkel unter seiner Bräune.

„Terry", begann er lahm.

Aber sie hielt ihn mit diesem Wort zurück, ihr Ohr hörte den subtilen Ton des Mitgefühls, ihre Hand hob sich, ihr Zorn flammte auf, dass ausgerechnet er sich ihres Blutes schämen sollte.

„Mein Vater war nie ein Dieb!" Sie weinte heftig, ihre Stimme klang klar und sicher. „Das nicht, Steve Packard. Wagen Sie es nicht, das zu sagen! Und doch – Sie haben sie gesehen, Sie wussten es, und Sie haben kein Wort zu mir oder zu irgendjemandem gesagt?"

„Ich wusste nicht, was ich sagen oder tun sollte", erklärte er sanft. „Ich hielt es für das Beste, einfach abzuwarten und auf den Sinn dieses ganzen höllischen Durcheinanders zu hoffen. Ich hoffte –"

„Du großer Idiot!" sie rief ihn mit aller gebotenen Nachdruck. „Genau wie der ganze Rest deines stümperhaften Geschlechts. Wenn der liebe Gott mit der Erschaffung Adams aufgehört hätte, wäre seine ganze Schöpfung das Schnipsen meines Daumens und Fingers nicht wert gewesen."

„Das ist es jedenfalls nicht", sagte Steve. „Ich würde deinen kleinen Finger nicht gegen die goldene Krone eines Königs eintauschen –"

„Moonshine", unterbrach Terry. „Hören Sie mir zu, Steve Packard: Sie haben die vertauschten Marken gesehen und den Mund gehalten."

„Es wird allgemein davon ausgegangen –"

„Ich habe gesagt, du sollst mir zuhören! Du hast kein Wort zu mir gesagt, weil du geglaubt hast, mein Vater sei ein Viehdieb!"

Steve rutschte gegen seinen Willen unruhig in seinem Sattel hin und her und senkte schließlich den Blick. Terry saß da und starrte ihn starr an, ihre eigenen Augen waren weit geöffnet und hatten wieder einen Ausdruck, der fast Angst ausstrahlte.

„Du – du – Oh, Steve Packard! Das ist verachtenswert von dir!"

Dann hob er den Blick und sah sie eindringlich an.

„Terry Temple", sagte er sehr sanft, „ich bete zu Gott, dass du Recht hast und dass ich Unrecht habe. Ich wusste es nicht, ich sah nur, was ich sah, und wunderte mich und hielt den Mund. Aber – hör mir jetzt zu." , Terry Temple. Du bist nicht derjenige, der einem Problem ausweicht, egal wie schwer es ist, sich ihm zu stellen. Sag mir: Wenn dein Vater diese Marken nicht geändert hat, wer hat das dann getan? Und warum? Verstehst du das nicht? Worauf es hinausläuft, darauf müssen wir antworten?"

„Blenham!" sagte sie ihm schnell und wartete kaum, bis er fertig war. „Blenham, auf Befehl. Befehl von deinem kostbaren alten Dieb von Großvater!"

Er lächelte sie an und hoffte, ein Antwortlächeln auf ihre Lippen und in ihre besorgten Augen zu locken. Aber sie schüttelte nur den Kopf und fuhr ruhig fort.

„Eine Art Beschuldigung –"

„Beschuldigung ist ein ziemliches Wort, egal was es bedeutet", schniefte Terry. „Aber wir können es weglassen. Mit einer Silbe: Dein alter Dieb von Großvater hat seinem Hund und Unterdieb befohlen, dem armen alten Vater etwas anzubinden. Und du bist darauf reingefallen! Du solltest auf eine Schule gehen." für die Einfältigen."

„Nur was", forderte Steve gleichmütig, „glauben Sie, dass ein Spiel wie dieses für irgendjemanden gewinnen würde? Jedes Mal, wenn mein alter Dieb von Großvater, wie Sie ihn nennen, einem Feind seine mehreren hundert Dollar an Rindervieh überreicht, warum? Bitte weck mich einfach auf.

„Ein Stück wie dieses ist genau das, was der alte Hell-Fire im Moment vorhat", sagte sie ihm positiv. „Du hast ihm etwas zu viel bewiesen, als dass er es hätte schlucken können. Dein Einsatz bei uns, als du die Hypothek übernommen hast, hat ihn hungriger denn je gemacht, die Menge von uns zu verschlingen. Also spielt er den schmutzigen Trick des Machens." Es scheint, dass mein Vater ein Viehdieb ist.

„Blenham könnte einen solchen Trick machen. Mein Großvater würde es nicht tun. Das heißt, ich glaube nicht, dass er es tun würde."

„Besser absichern! Hätte er das nicht? Er war schon immer so gemein wie Gar-Brühe; je älter er wird, desto gemeiner und gemeiner ist er. Er würde alles tun, um einen Tempel hintergangen zu machen, und das weißt du. Das ist einer krummes Spiel; es wird noch mehr davon geben. Sehen Sie nur, Steve Packard. Und beim nächsten – zumindest wenn es mich betrifft – sehen Sie, dass Sie mich darüber informieren, anstatt wie ein dummer Mann herumzulaufen."

Dann platzte er mit der Nachricht von den jüngsten Verlusten aus Drop Off Valley heraus. Denn ihre Herden vermischten sich dort mit den seinen, und ein Teil der Verluste musste von ihr getragen werden.

„Ich bin jetzt auf dem Weg dorthin", schloss er. „Ich habe eine Idee – "

„Das hast du nicht!" sie unterbrach. „Steve Packard, ich glaube nicht, dass du jemals in deinem Leben eine Idee hattest. Weißt du nicht – weißt du nicht, was mit diesen Ochsen da oben los ist?"

"Tust du?"

„Du verwettest einfach dein Leben, dass ich das tue! Es ist dieser Gauner von Yellow Barbee, der mit diesem Gauner von Blenham unter einer Decke steckt, der Befehle von diesem Gauner von einem alten Höllenfeuer-Packard entgegennimmt! Kannst du ihr Spiel nicht sehen?"

„Ich denke eher, dass ich es kann. Aber ich bin dem Unbekannten nicht so positiv gegenübergestellt wie du."

„Du bist nur ein Mann", sagte Terry. „Das ist der Grund. Und jetzt bist du auf dem Weg zu den Futterplätzen dort oben, um hereinzukommen und zu sagen: ‚Hier bin ich, Barbee, komm, um auf dich aufzupassen und dafür zu sorgen, dass du nicht noch mehr Vieh für mich stiehlst.' -Nacht.' Ist das die Idee?"

Steve lachte.

„Nicht ganz. Ich hatte vorgehabt, mein Pferd zu verlassen, bevor ich den Talrand erreichte, und zu Fuß weiterzugehen, ohne allen zu erzählen, was ich vorhatte."

„Und Sie kamen entweder über den Hell Gate Pass oder über den alten Indian Trail zum Rand des Tals, nicht wahr? Und Barbee oder Blenham würden dafür sorgen, dass beide Wege beobachtet wurden."

„Du scheinst die Wanderwege ziemlich gut zu kennen", begann er, aber sie unterbrach sie nur:

„Das ist auch nicht alles, was ich über diesen Winkel des Waldes weiß, Steve Packard. Vielleicht ist es für dich und auch für mich ein Glücksfall, dass du mir das alles erzählt hast. Ich werde dich heute Abend nach Drop Off Valley und nach Blenham mitnehmen Yellow Barbee kann alles beobachten, was sie wollen, und ahnt nie, dass wir da sind. Denn es gibt einen Weg nach oben, den nicht einmal Blenham kennt und wo sie niemals nach uns suchen werden. Komm schon, Steve Packard, benutze einen Sporen.

Sie schoss an ihm vorbei und ging voran.

Also ritten Steve und Terry durch die Wälder, vom trüben Rand des Tages in die ruhige Pracht der Nacht übergehend, spürten, wie die Luft an ihren Gesichtern kühler und süßer wurde, und spürten, wie die sanfte Ruhe der Wildnis sie umgab . Sie folgten wenig befahrenen Pfaden, auf denen sie vorausritt, und er, der ihrem Pferd dicht auf den Fersen folgte, war jedes Mal froh, dass ihm eine freie Fläche dahinter oder ein Hügelkamm deutlich ihre Gestalt zeigte, die sich deutlich vom Himmel abhob.

Sie sprachen immer weniger, je weiter sie fortfuhren. Die Stille, in die sie vordrangen, wurde immer tiefer, nur das Rauschen eines Gebirgsbachs oder das Flattern eines erschrockenen Vogels oder das Rascheln toter Blätter unter einem wachsamen kleinen wilden Ding, nur diese Geräusche gelegentlich und immer das leise Aufprallen von Schuhen Hufe auf Blattschimmel und lockerem Boden.

Die Sterne vermehrten sich schnell und strahlten immer heller. Aber hier unten, nahe der Erdoberfläche, wo die Schatten waren, war die Dunkelheit undurchdringlich.

Viele Kilometer lang ging Terry durch die Wälder voran. Steve war kurz davor zu vermuten, dass sie sich verirrt hatte, als sie nach rechts abbog und einen langen Abhang hinabbog, und zwar auf so entschiedene Weise, dass er die Lippen vor seinem Misstrauen schloss.

Sie wusste, wohin sie wollte; Als er ihren Körper noch einmal vor einem Stück Himmel sah – sie war den Hang hinuntergegangen und einen Bergrücken vor ihnen hinaufgeklettert – und als er ihre Haltung und die Haltung ihres Kinns für einen Moment klar umrissen bemerkte, wusste er, dass sie sich dessen sicher war Sie selber. Nun, so ein Mädchen war sie; Sie könnte Selbstvertrauen haben und ein Mann könnte sein Vertrauen auf sie setzen.

Also brachte Terry ihn schließlich in ein Bachbett und auf den Grund einer steilen Schlucht. Er sagte lediglich: „Ich glaube, Sie glauben es!" als sie ihm erzählte, dass dies die tiefe Schlucht sei, die wie ein Spalt am Fuße der steilen Drop Off Cliffs lag.

Dort drüben, vielleicht eine Meile vor ihnen und dennoch deutlich sichtbar, weil sich der Canyon hier gewissermaßen verbreitert und begradigt hatte, ragte ein kühner Felsvorsprung hervor wie ein in Ebenholz gemeißeltes Monster. Dort oben, an der Spitze dieser Klippen, befand sich das südliche Ende des Drop Off Valley.

„Und wir gehen diese Klippen hinauf", verkündete Terry, als sie näher kamen und erneut stehen blieben, um nach oben zu blicken. „Es gibt einen Pfad, der direkt vom Passbett hinaufführt; ein Pfad, auf dem man mit Händen und Füßen gehen kann. Sobald wir oben angekommen sind, werden wir unter Barbees Herden sein, und Barbee ahnt nichts von unserem Kommen, da er damit beschäftigt sein wird, die Herden zu beobachten andere Wege hinein. Und – Schau!"

Sie waren dicht beieinander und sie ergriff in ihrer plötzlichen Verwunderung seinen Arm, während sie eine Hand ausstreckte und zeigte. Er hörte ihr leises Keuchen; er schaute nach oben; ein erstaunter Ausruf kam von seinen eigenen Lippen. Ein atemloser Moment, und schon war das Ding, das aus dem schwarzen Nichts auftauchte und sich nur einen Moment lang als Silhouette vom Himmel abzeichnete, verschwunden, und er sah vage, wie sich Terrys Gesicht ihm zuwandte, während sie versuchten, die Augen des anderen zu finden und herauszufinden, ob jeder gesehen hatte, was der andere gesehen hatte hatte einen flüchtigen Blick darauf geworfen.

"Es ist unmöglich!" er murmelte. „Wir bilden uns Dinge ein."

"Warten!" sagte Terry. „Vielleicht doch –"

Sie warteten ungeduldig, ihr Blut prickelte. Und in wenigen Augenblicken wiederholte sich, scheinbar absurd und unmöglich, die Vision, die sie so erschreckt hatte: eine schwarze Gestalt an der Spitze der Klippen, das Feld des sternenübersäten Himmels dahinter zeichnete sie in lebhafter Deutlichkeit ab – die schwarze Masse eines Ochsen, der sich geradewegs von der Spitze des Abgrunds bewegt, geradeaus ein halbes Dutzend Fuß ins Nichts des leeren Raums, dann langsam durch die Luft hinabsteigt und lautlos in den tieferen Schatten des Canyons darunter verschwindet!

„Blockieren und anpacken!" murmelte Steve abrupt. „Ein kleines Stahlseil. Zwei oder drei Männer dort oben; ein Mann zu Pferd unten. Und während Barbee und die Jungen das andere Ende bewachen –"

„Blenham macht uns hier unten einen Strich durch die Rechnung!" Terry hat es für ihn fertig gemacht.

„Nur hier haben wir Blenham übertölpelt", entgegnete Steve hitzig. Er warf eine Patrone in den Lauf seines Gewehrs und spurtete vor ihr her. „Du bleibst hier, Terry. Ich –"

„Werde ich?" Terry erwiderte lebhaft. „Nicht in deinem Leben, Steve Packard! Wenn das der Anfang von Blenhams Ende ist – dann bin ich dabei."

KAPITEL XXV

DER STAMPEDE

Terry hatte etwas von der Wahrheit gespürt. Auf seine Weise war dies der Anfang vom Ende vieler Dinge. Bevor sie und Steve Packard in der dichten Dunkelheit so schnell wie möglich waren und mit der Stille, die ihnen erlaubt war, noch zwanzig Schritte tiefer in die Schlucht vordrangen, schrie der Knall eines Gewehrs seine hallende Botschaft der Bedrohung in der Schlucht hin und her In der felsigen Schlucht zeigte sich ein Flammenstrahl, wo der Schütze auf einer Felsspitze fast direkt über ihren Köpfen stand, und von dort erklangen weitere erschrockene Männerstimmen und das Hufen von Pferden, die durch den Pass nach Süden flüchteten.

„Sie hatten die ganze Zeit Wachposten!" rief Steve über seine Schulter, verwarf Vorsicht und Geheimhaltung und warf sein Gewehr auf seine Schulter. „Halte dich besser zurück, Terry!"

Er feuerte, akzeptierte die prekären Chancen, die ihm ein unebener und unbekannter Pfad im Dunkeln bot, und raste immer tiefer in den langen Abgrund hinein. Es schien ihm, als hätte er etwas gesehen, das sich oben auf den Klippen bewegte, genau an der Stelle, von der Blenhams Männer die Stiere herabgelassen hatten. Er stellte keine Frage, sondern warf den Lauf seiner Waffe hoch und feuerte erneut.

Direkt vor ihm drang das Klirren und Aufschlagen eiserner Hufeisen auf Granit und das Klappern von Steinen entlang des Weges zu seinen Ohren. ab und zu sah er, wie unter seinen Füßen ein Funke hervorschlug. Dann weit vorn, als sich die Schlucht plötzlich weitete und die Dunkelheit ein wenig lichter wurde, konnte er undeutliche, rennende Gestalten ausmachen, und erneut feuerte er von seinem eigenen Pferd aus.

Eine fliegende Kugel könnte ein Ziel finden und vielleicht auch nicht; Auf jeden Fall sollten Barbee oder einer von Barbees Männern das Geräusch der Schüsse hören, die zwischen den Steinmauern, die sie gefangen hielten, widerhallten. Während Steve den Flüchtlingen nachlief und Terry ihm nachlief, schätzte er hoffnungsvoll, dass die Männer oben auf den Klippen jetzt nicht versuchen würden, herunterzukommen, da sie nicht wussten, wer oder wie viele die Angreifer waren, sondern einen Fluchtversuch unternehmen würden über.

Wenn seine Cowboys es dann hörten und auf die Klippen zuritten, stand fest, dass sie zumindest ein paar von Blenhams Werkzeugen abfangen würden.

Eine rennende Gestalt, die fast neben ihm stand, erregte kurz seine Aufmerksamkeit und zog beinahe die heiße, suchende Führung hinter sich her. Dann erkannte er, dass es nur einer der gestohlenen Ochsen war, der jetzt zurückgelassen wurde; Er drängte sich vorbei und feuerte immer wieder in die Kanone vor ihm. Und hinter sich hörte er Terrys Stimme, eifrig und furchtlos, die rief:

„Guter Junge, Steve Packard! Wir kriegen sie noch!"

Ein Flammenstrahl von weit vorn und dicht an der Wand der Kanone, der Knall eines anderen Gewehrs, das lange gezogen war, und das Jaulen einer Kugel, die sich ihren Weg über ihren Kopf bahnte, und wieder feuerte Steve und antwortete Schuss mit Schuss. Er hörte einen Mann schreien und schoss in die Richtung, in die die Stimme kam. Und dann waren die einzigen Geräusche, die aus der engen Schlucht aufstiegen, die der rennenden Pferde und die begleitenden Geräusche klappernder Steine.

Jetzt war der Weg wieder kurvenreich, pechschwarz und mit Felsbrocken übersät. Steve wurde lieber langsamer, als seinem Pferd die Beine oder den Hals zu brechen, da er nicht wusste, ob er nach rechts oder nach links abbiegen sollte. In einem Moment der Unsicherheit spürte und hörte er, wie Terry sich an ihn heranschob. Er hörte sie weitereilen, folgte ihr und rief ihr zu, sie solle zurückkommen. Zehn Minuten später, als er den Pass nun hinter sich hatte und auf einem niedrigen Bergrücken war, von dem aus er über die Hügel blicken konnte, die sich dunkel in Richtung Südland wogten, traf er wieder auf sie.

„So sind sie davongekommen." Sie zeigte nach Süden. „Ich habe gesehen, wie eine Gestalt und vielleicht zwei den Hang hinuntergingen. Es hat keinen Sinn, ihnen zu folgen. Der Weg ist zu offen und es ist zu dunkel. Sie sind doch entkommen."

„Für heute Abend", sagte Steve. „Aber vielleicht sind die Kerle oben auf den Klippen –"

„Ich zeige dir den Weg nach oben", sagte Terry.

Also kehrten sie ohne zu zögern um und gelangten bald wieder unter die Drop Off Cliffs. Hier ließen sie ihre Pferde zurück und fanden, Terry den Weg weisend, den alten Pfad den Abgrund hinauf. Sie gingen an vielen schmalen Felsvorsprüngen entlang, über viele riesige Granitsplitter, deren Halt schwierig genug war, und über viele steile Anstiege. Aber in ihrer gegenwärtigen Stimmung hätten sie mit Eifer und Zuversicht sogar eine schwierigere und gefährlichere Aufgabe gemeistert. Zwanzig Minuten brachten sie an die Spitze.

"Wer ist er?" schrie eine plötzliche Stimme, als Steves Hut aus dem Nichts auftauchte. "Hände hoch!"

„Das bist du, Barbee?“ grunzte Steve. „Hände hoch? Ich würde hundert Fuß in die Tiefe fallen, wenn ich so einen dummen Trick machen würde. Sind sie entkommen? Die Männer hier oben?“

Er schlängelte sich nach oben, legte sich auf den Bauch und reichte Terry die Hand, zog sie für einen Moment atemlos an seine Seite und drehte sich dann wieder zu Barbee um. Ein anderer Mann war bei ihm und beide sahen Steve und Terry verwundert an.

„Ich habe noch nie einen Mann sagen hören“, murmelte der verblüffte Barbee, „dass es hier oben Treppen gibt! Damit ein Mann und ein Mädchen heraufkommen –“

„Und damit unsere Kühe untergehen!“ rief Steve, der jetzt auf den Beinen war und an Barbees Seite trat. „Du hast alles gehört, Barbee? Weißt du, was passiert ist?“

„Ja“, sagte Barbee. „Hundert Meter weiter drüben“, er zeigte am Rand der Klippe entlang, „wo eine verdrehte Zeder in einer kleinen Auswaschung steht, kaum zu bemerken, es sei denn, man hält Ausschau danach, hatten sie ihre Flaschenzüge angehängt „Ein langes Stahlseil. Es war leicht zu schießen, wenn ich darüber nachdenke. Einfach eine Kuh anseilen, sie mit zwei großen Riemen, die sie alle bereit hatten, festbinden, einen Haken durch das Bauchband stecken und absenken.“ ! Ziemlich glatt, oder?“

„Und sie sind alle entkommen?“

„Nein, das haben sie nicht“, sagte Barbee seltsam. „Ich habe eins davon!“

"Du machtest?" Steve drehte sich eifrig zu ihm um. „Wer ist er, Barbee? Und wo ist er? Ich möchte mit ihm reden.“

Barbee schüttelte den Kopf und griff nach seinem Tabak und seinen Blättchen. Er war schließlich jung, hieß Barbee, und dies war sein erster Mann.

„Andy Sprague, das war es“, sagte Barbee. „Er ist jetzt tot.“

Eine schwere, atemlose Stille breitete sich über die drei aus, die dort unter den Sternen standen. Terry zitterte wie vor Kälte und trat einen Schritt näher an Steve heran; er spürte ihre Hand auf seinem Arm. Barbee zündete seine Zigarette an, die Hände ruhig, aber sein Gesicht sah in dem kurzlebigen Licht, das darauf fiel, furchtbar ernst aus.

„Ich habe dich schießen hören", sagte Barbee. „Ich bin diesen Weg geritten, auf dem Sprung. Ich war nur etwa eine Meile talaufwärts, vielleicht ein bisschen weniger. Er hatte sein Pferd dicht bei sich und war auf ihm und hämmerte lebhaft auf das Leder ein, um herauszukommen. Wir kamen ziemlich nah dran Ich rannte ineinander. Ich schrie ihn an, er solle sich festhalten, und er ritt einfach auf seinen Sporen, und ich schoss. Ich leerte meine Waffe. Erwischte ihn zweimal, hatte so viel Glück, und ihn so viel Pech. Er rutschte von seinem ab „Er ist tot", endete Barbee kurz.

„Hat er Ihnen etwas erzählt? Hat er etwas gesagt, das irgendjemanden belasten könnte?"

„Das heißt", sagte Barbee ruhig, „hat er seine Kumpel angeschrien?"

„Nur das. Hat er irgendwelche Namen erwähnt?"

„Nein", antwortete Barbee nachdenklich. „Er beschimpft mich nur und stirbt. Aber das hier war in seiner Tasche."

Er gab es an seinen Arbeitgeber weiter. Es war ein Stück Notizpapier. Steve und Terry lasen es gemeinsam, während Steve ein Streichholz nach dem anderen anzündete. Dann blickten sie einander in die Gesichter und wurden sehr angespannt, während Barbee schweigend rauchte. Die wenigen Worte waren:

BLENHAM: Dieser Mex hier scheint nicht zu wissen, was ich meine. Schicken Sie das nächste Mal einen Mann, der Englisch sprechen kann. Wie dem auch sei, ich komme heute Abend. Ich will kein Töten, wenn es nicht nötig ist, aber bis zum nächsten Morgen wird in Drop Off kein Fell und kein Huf mehr übrig sein.

Und die Unterschrift, eng und steif, war die von Steves Großvater.

„Also", murmelte Steve schwer. „Der alte Mann hat sein Limit überschritten, oder? Er meinte es ernst, als er sagte, er würde vor nichts zurückschrecken, um mich zu zerschlagen. Und doch kann ich nicht glauben —"

„Lass es mich noch einmal sehen", befahl Terry.

Sie nahm ihm das Papier aus den Fingern und damit auch seinen Block Schwefelstreichhölzer. Denn selbst Terry, dem der alte Packard gegenüber ebenso unerbittlich und skrupellos war wie Satan selbst, zögerte zu glauben, dass er in dieser Sache mit Blenham im Bunde war.

Es könnte eine Möglichkeit geben, zwischen den Zeilen zu lesen und zu einem anderen Verständnis der verwirrenden Situation zu gelangen. Offensichtlich hatte der alte Mann die Nachricht dem „Mex" gegeben, der nicht genug Englisch konnte, um Mundpropaganda weiterzugeben; die Mex hatten es an Sprague weitergegeben.

Steve und Barbee und der Mann mit Barbee – ein alter Ranch-Nummer-Zehn-Mitarbeiter namens Bandy Oliver – waren leise zur Seite getreten. Terry stand mit dem Zettel in der Hand da und vergaß ihn für einen Moment. Letztendlich kam es also so weit: Da drüben lag ein Mann, tot, mit Barbees Führung in ihm.

Und der alte Packard kam heute Abend, ausgerechnet jetzt, wo Steves Herz hart war, als sein Gehirn vor Wut glühte, als er gerade auf Männer gestoßen war, die sein Vieh gestohlen hatten, und erfahren hatte, dass es sein eigener Großvater war, der alte Berg -Löwe aus dem Norden, war einer von ihnen.

„Wenn sie sich heute Abend treffen", sagte Terry, „werden diese beiden Packards noch weitere Männer töten. Gute Männer und böse Männer. Und höchstwahrscheinlich wird Blenham keiner von ihnen sein."

„Da war noch ein Jaspis bei Sprague. Er ist entkommen. Auf diese Weise, glaube ich. Kann ich nicht sagen, aber es könnte noch mehr gewesen sein; was ist mit der Dunkelheit und dem aufgeschreckten Vieh, das herumläuft?"

Steve hatte sich mit Barbee und Bandy Oliver langsam vom oberen Ende des Plateaus entfernt. Einzelne Worte, Fragmente ihrer Rede, schwebten immer undeutlicher auf dem Nachtwind, der auf diesen Hochebenen niemals schläft, zu ihr zurück.

Terry wandte sich von ihnen ab und blieb eine Weile stehen und blickte in die schwarze Leere der Schlucht hinab, in die das gestohlene Vieh hinabgelassen worden war und aus der sie und Steve gerade geklettert waren. Sie bildete sich ein, dass die Dunkelheit dort unten lichter wurde. Fast unmerklich dämmerte die Morgendämmerung über den Berggipfeln und sickerte schwach in die Tiefen der Schluchten. Die Nacht war wie im Flug vergangen; es würde bald Tag sein.

Und der alte Packard war nicht gekommen. Gott sei Dank dafür. Tief in ihrem Herzen spürte Terry eine aufsteigende Freude. Sie wusste und gab es jetzt zu, dass sie Angst gehabt hatte. Da drüben lag ein toter Mann; Wenn Packard sich heute Abend mit Packard treffen würde, wären noch weitere Männer tot. Terry zitterte und zog sich vom Rand des Abgrunds zurück.

„Kurz vor Tagesanbruch ist es immer kälter", sagte sie sich.

„Schon Sonnenaufgang?"

Steves Stimme, die mit verblüffender Deutlichkeit an ihre Ohren drang. Er war nicht näher gekommen; Vielleicht wurde der Morgenwind stärker und brachte seine Worte deutlicher an sie heran. Oder es könnte sein, dass Steve plötzlich seine Stimme erhoben hatte.

Warum sollte ein Mann von einem neuen Sonnenaufgang erschreckt werden? Zwar war die Nacht schnell vergangen, aber –

„Die Sonne ist dort nie aufgegangen!" Wieder Steves Stimme, die sie mit ihrer unheilvollen Bedeutung erfüllte. „Es ist Feuer – Distanzfeuer – an einem Dutzend Orten!"

Ein heller Schein lag über dem oberen Ende des Drop Off Valley. Zuerst hätte man es vielleicht wie Steve Packard machen und sich fragen können, was mit der Sonne passiert ist. Der Himmel hatte sich lediglich langsam und allmählich warm aufgehellt und zeigte einen Hauch von Rosa. Und dann, als sich hier und da das knochentrockene Gras verfestigt hatte, schossen lebhafte Flammenstreifen und ein wahrer Teufelstanz aus unzähligen Funken hoch in den Himmel. Und wie Steve geschrien hatte, waren die Feuer nicht nur an einem Ort, sondern an einem Dutzend Stellen angezündet worden.

„Um das zornige Kommen von Hell-Fire Packard anzukündigen!"

Das war der Gedanke, der Terry, Steve und Yellow Barbee in den Sinn kam. Auf der gesamten Breite des Futterplatzes war eine Brandkette entstanden. Nun verwandelte der aufkommende Wind plötzlich eine brennende Barriere, die sich von einer Seite des Drop-Off-Tals zur anderen erstreckte, auf das untere Ende zustürmte und drohte, nur eine schwarz verkohlte Verwüstung des kostbaren Weidelandes zu hinterlassen.

Barbee war gerannt und hatte sich auf sein Pferd gestürzt. Steve hatte die schleppenden Zügel von Andy Spragues Pferd ergriffen. Terry sah, wie er und seine beiden Cowboys zum oberen Ende hinschwenkten.

„Terry!" schrie er über seine Schulter. „Wieder die Klippen hinunter; schnell! Das Feuer kommt hierher; die Herden werden in Panik geraten!"

Es war nur das Geräusch von hämmernden Hufen zu hören, als die drei Männer wütend auf die Bedrohung ritten, die die Morgendämmerung mit sich gebracht hatte, und versuchten, mit ihr fertig zu werden. Dann war dieses Geräusch verschwunden und sein Platz, der ein wenig von tiefer Stille eingenommen wurde, wich nach und nach neuen Geräuschen. Das kaum zu hörende Knallen von Gewehren – dünne Stimmen von Männern, die in weiter Ferne riefen – ein Geräusch wie das eines fernen Meeres, das sich ruhelos bewegte – wurde immer lauter, als deutete es auf das Kommen eines

Sturms hin, der immer heftiger anschwoll – und dann wurde es tief und immer schlimmer Grollen, wie Donner.

Die Herde war getrampelt.

Dann überkam Terry zum ersten Mal in ihrem Leben das Gefühl völliger Hilflosigkeit und Hoffnungslosigkeit. Zumindest taten die anderen etwas, egal wie fruchtlos es auch sein mochte, während sie nichts tat. Steve ritt mit Vollgas auf die Herde zu. Sie sah ihn und seine Männer, seltsame Gestalten im unsicheren Licht, die sich groß gegen den Morgenhimmel und den Schein der Feuer abzeichneten. Sie schrien und wedelten mit den Armen. Als sie dann über eine Erdwelle hinabstiegen, waren sie für sie verloren.

Immer wieder hörte sie das Geräusch von Schüssen und Männerstimmen, die schrien, fluchten und wilde Befehle riefen, ein wachsender Lärm, der den blinden Ansturm verängstigter Tiere ablenken und sie nach rechts und links drehen sollte, damit sie aus dem Wald kriechen konnten Tal, bevor sie das untere Ende erreichten, wo Terry stand – wo sich der gähnende Abgrund befand, in den so mancher große, von Schrecken erfüllte Körper dazu verdammt war, in die Vernichtung zu stürzen, wenn nicht rechtzeitig ein Weg gefunden wurde, die Flut der Angst beiseite zu schieben.

Barbee und Bandy Oliver und die anderen Jungen gehorchten Steves Befehlen, taten alles, was sie konnten, und versuchten verzweifelt, die Herde aufzuteilen, abzulenken und so zu retten. Doch immer stärker wurde der Wind, die Feuer stiegen immer höher in den Himmel, die Funken stiegen in immer geringere Höhen, wurden immer weiter hinausgeschleudert, überall brachen neue Feuer aus.

An hundert Stellen brannte das hohe, trockene Gras. Die Herde raste weiter, schnaubte vor Schreck und gab völlig dem blinden Fluchtinstinkt nach. Und stetig wurde das donnernde Murmeln der von Hufen zerschmetterten Erde lauter und schwoll an. Sie kamen immer näher. Terry konnte Steves Stimme erkennen.

In ihrer Hand waren die Streichhölzer, die er ihr gegeben hatte, damit sie den Brief seines Großvaters noch einmal lesen konnte. Ein leises Keuchen entrang sich ihren Lippen. Der Brief flatterte ihr aus der Hand, hatte nicht mehr die geringste Bedeutung, und auf den Flügeln des Windes flog er hinaus und dann hinab in den Abgrund. Sie rannte schnell vorwärts, hundert Meter vom Rand des Abgrunds entfernt. Sie zündete ein Streichholz an, hielt kurz inne und legte es ins Gras.

Die Flamme fing an, sprang gierig empor, leckte hungrig nach mehr Brennstoff, ein Dämon nach Begierde, neu geboren, sehnsüchtig danach, einen Riesen der Zerstörung zu verwüsten. Das Mädchen schnappte sich eine Handvoll des brennenden Grases und rannte damit; ein wenig weiter nach vorne, dann zur Seite, wobei sie brennende Streifen verstreute, während sie ging.

Überall, wo ein Funke fiel, machte er aus sich selbst eine Flamme. Bereits in zwanzig Sekunden hatte sie einen breiten Flammengürtel erzeugt, der schnell aufstieg und sich nach rechts und links ausbreitete.

Überall um sie herum wurde die Luft stickig, heiß und voller Rauch, Asche und Asche, so dass ihre Lungen beim Laufen zu schmerzen begannen. Aber sie machte weiter. Die Herden kamen näher; Steve und seine Männer waren nicht in der Lage gewesen, den wilden Strom einzudämmen; Noch war es ihnen nicht gelungen, es zu wenden.

Und in wenigen Minuten würde die schwarze, eng zusammengedrängte Masse großer, keuchender Körper in den Weltraum fliegen. Es sei denn, sie ließ ihr Feuer von einer Seite zur anderen in einer Wand aus springender, brüllender und wirbelnder Bedrohung ausbreiten, die das tun würde, was weder Menschen noch Pferde erreichen könnten.

Terry rannte wie noch nie zuvor, ihr Atem ging in erstickten Schluchzern, ihre Augen leuchteten wild, ihr Körper zitterte vor der Anstrengung, die sie auf sich nahm. Sie hatte ihre brennende Barriere am gefährlicheren Ende des Tals, wo die Klippen am steilsten abfielen, und es blieben ihr nur noch ein paar Meter, und es bestand Hoffnung, dass es ihr gelingen würde. Aber sie darf noch nicht aufhören, noch nicht.

Sie rannte weiter zum näheren Rand des Tals und verstreute dabei brennende Grasbüschel. Ihr Herz klopfte wild und schien kurz davor zu stehen, durch ihre Seite zu brechen. Sie fiel, stand auf, rannte weiter. Sie stand einen Moment still, drehte den Rücken zu den Feuern ihres eigenen Gebäudes und schaute zum oberen Ende, von wo das stetige Brüllen kam.

Einen Moment lang stand sie fasziniert da. Es sah aus, als ob der Boden selbst ihr in so mancher tiefliegenden Dünung entgegenraste. Dann sah sie die Hunderte von Hörnern matt im neuen Licht glitzern. Diese schwarze Masse, die vorwärts drängte, war die Herde, und sie stand ihr immer noch im Weg.

Sie schrie auf, warf ihre letzte Fackel nieder und rannte los, genau wie die verängstigten Ochsen rannten, mit Angst im Herzen, vor dem Tod davonrennend, nur um ihr Leben rennend. Sie sah vor den anderen eine Gestalt, die sich von ihnen löste und auf sie herabstürzte. Sie schrie entsetzt auf; Dann wusste sie es und schrie erneut, warf die Arme hoch und drehte sich zu dem Reiter um, der sich an sie erinnerte und um sie fürchtete und zu ihr kam. Und Steve beugte sich aus seinem Sattel, der Notwendigkeit des

Augenblicks gewachsen, hob sie hoch, nahm sie fest in seinen Arm und ritt der Herde und dem Feuer aus dem Weg.

Hand in Hand standen sie von einem kleinen Hügel mit schroffen Gipfeln aus, ihre Formen verschmolzen mit der Silhouette der Morgendämmerung und beobachteten atemlos das Ende des Ansturms. Die wütenden Bestien stürmten weiter, direkt auf Terrys Flammenbarriere zu. Dann versuchten die Insassen des Lieferwagens plötzlich, ihren Kurs zu ändern.

Steves Gesicht war weiß vor Wut, als er das Ergebnis sah. Ein volles halbes Dutzend, vielleicht zehn, große Körper an der Spitze schritten durch das andere Ende der brennenden Linie, fegten weiter, versuchten erst im letzten hektischen Moment auszuweichen, als ihre Artgenossen sie an den Rand drängten, und wild kämpfend, ging hin und her und außer Sichtweite. Terry schauderte.

Die Herde brach jedoch auseinander, teilte sich, schwankte nach rechts und links, umging das brennende Gefahrensignal und gelangte zu den äußeren Rändern des Tals, um sich irgendwo in der Nacht in Sicherheit zu bringen, zerstreute sich, warf ihre glänzenden Fronten hin und her, schnaubte und fing an zu fliehen brüllen ihre Wut.

„Wenn du nicht gewesen wärst, Terry Temple ...“, begann Steve mit etwas heiserer Stimme.

„Wenn du nicht gewesen wärst, Steve Packard“, lachte Terry ein wenig unsicher, aber recht glücklich, „wo wäre ich gewesen?“

Und dann, ganz so, als ob ihr Schicksal deutlich machen wollte, dass für sie noch nicht die Zeit gekommen war, sich ausschließlich sich selbst zu widmen, ritt Barbee auf sie zu, trieb die Sporen durch die letzten Mitglieder der fliehenden Herde und rief:

„Da reitet ein Dutzend Männer auf diese Weise und reitet wie ...! Und der Feuerschein scheint auf ihre Waffen; jeder hat eine dabei. Und an ihrer Spitze reitet der alte Höllenfeuer-Packard.“

„Ich bin froh, dass er gekommen ist“, murmelte Steve schwer.

Und dann, als wäre er unsicher, ob er zu ihr zurückkehren würde, küsste er Terrys Lippen, die zu seinen angehoben waren. In dumpfer Benommenheit, so viel hatte sie in den letzten Minuten erlebt, sah sie zu, wie er sich wieder auf den Rücken eines Pferdes schwang und denen entgegenritt, die kamen. Schon die Art und Weise, wie er sein Gewehr vor sich trug, verriet mit seltener Beredsamkeit, dass er zu allem bereit war.

KAPITEL XXVI

YELLOW BARBEE HÄLT EIN VERSPRECHEN

Terry zuckte zusammen, schüttelte mit einer plötzlichen Anstrengung ihre Apathie ab und rief:

„Steve! Steve! Komm zurück!"

Er hatte nur ein halbes Dutzend Schritte zurückgelegt. Er drehte sich um und kehrte zu ihr zurück. Es war noch nicht hell genug, um seine Augen sehen zu können; sie schienen einfach unergründlich zu sein, düstere Pfützen im Schatten seiner Hutkrempe. Als er den Kopf ein wenig drehte und auf die entfernten Geräusche der Männerstimmen lauschte, wirkte das starre Profil hart und unerbittlich.

„Terry", sagte er streng, „du darfst mich nicht bitten, noch einmal zurückzukommen. Diesmal stehe ich einfach auf meinen eigenen Rechten, wie es ein Mann ab und zu tun muss. Der alte Packard ist da drüben. Er kommt . Er will Ärger. Er will nicht die Gerichte. Er hat es immer vorgezogen, das Spiel von Mann zu Mann zu spielen. Er hat mich eine Menge Vieh gekostet; wenn ich mir vorstellen kann, wie viele ich rübergehen und von ihm kassieren werde — wenn wir beide am Leben bleiben, was zu bezweifeln ist. Und wenn er jetzt kämpfen will —"

Erneut warf er einen Blick über die Schulter. Sie konnte immer noch nicht lesen, was in seinen Augen lag. Aber ein neuer, fast eifriger Ton, dachte Terry bestürzt über den jungenhaften Eifer, war in seine Stimme eingedrungen:

„Wenn er kämpfen will — bei Gott, Terry Temple, ich bin genauso Packard wie er!"

Sie sah zu, wie er sich wieder umdrehte und ging. Diesmal rief sie ihn nicht an. Ihre kleine Gestalt versteifte sich, ihre Hände waren an den Seiten geballt, ihr Kinn war ein wenig angehoben. Die ganze Haltung war soldatenmäßig.

„Sie sind zwei von einer Art", sagte Terry innerlich. „Sie sind Männer. Sie sind Packards. Ich bin stolz und — und habe Angst — und — Oh, lieber Gott! Lieber Gott! Bring ihn zu mir zurück!"

Sie konnte hören, wie Steve seine kurzen Befehle klar und deutlich gab. Andere Gestalten tauchten um ihn herum auf und kamen aus der Nacht und den Schatten. Da waren der junge Yellow Barbee und Bandy Oliver; da war der Cowboy Nummer zehn, den sie nur als „Spotty" kannte; Einen Moment später waren diese und zwei oder drei andere Männer bei Steve. Sechs oder sieben; möglicherweise acht von ihnen. Und Barbee hatte gesagt, dass es etwa ein Dutzend Männer mit dem alten Mann Packard gab.

„Das ist mein Kampf, Jungs", sagte Steve. „Meins und die meines Großvaters. Ich möchte, dass ihr euch da raushaltet, es sei denn, die Jungs mischen sich mit dem alten Packard ein. Wenn sie es tun —"

„Wir sind bei dir", sagte Yellow Barbee. „Huh, Jungs?"

Und ein wenig nervös und hastig antworteten sie:

"Ja."

„Dann", schloss Steve, „halten Sie die Augen offen. Halten Sie sich jetzt zurück."

Sie sah, wie er sich im Sattel nach vorne beugte, bemerkte, wie das Pferd unter ihm sprang, und beobachtete besorgt, wie er sein Gewehr trug. Dann kam plötzlich wieder das gute, heiße Blut in Terrys Wangen, in ihre Augen das Funkeln und Leuchten, in ihr Herz etwas, das der puren Freude am Kampf ähnelte. Hätte sie ein Pferd gehabt, wäre sie aus Mangel an einem Gewehr nicht zurückgeblieben, sondern wäre ihm nachgeritten, mit ihm. Dabei rief sie laut:

„Gott sei mit dir, Steve Packard! Ich bin stolz auf dich!"

Sie könnte nicht mit ihm fahren; Zumindest würde sie sich nicht ducken und zusammenzucken und ihre Augen verbergen. Sie beobachtete ihn, während er ritt, beobachtete ihn, während er kämpfte, beobachtete ihn bis zum Ende, selbst wenn er aus dem Sattel rutschte.

Also machte sie sich hastig auf den Weg zu einem Aussichtspunkt und lief die kurze Distanz zwischen der kleinen Anhöhe, auf der sie stand, und dem östlichen Rand des Tals, wo die schroffen Gipfel abrupt anstiegen. Sie kletterte mit wild klopfendem Herzen das erste Stück des Abhangs hinauf und erwartete jede Sekunde, das Knacken und Knistern von Gewehrschüssen zu hören. Sie drehte sich um und blickte zurück; Der Boden des Tals war zu uneben, als dass sie einen weiten Ausblick hätte haben können.

Sie begann wieder zu klettern. Große Felsbrocken ragten ihr in den Weg; irgendwie kam sie auf sie zu und über sie hinweg. Zerbrochene Granitplatten lagen übersät auf dem Weg; Sie machte daraus Stufen, auf denen man immer höher steigen konnte. Immer noch war kein Schuss zu hören, und schließlich blieb sie auf einem schmalen Felsvorsprung stehen, der ausreichend Halt bot.

Hier, mit dem Rücken fest an einen Felsen gedrückt, griffen ihre Hände nach den Unregelmäßigkeiten auf beiden Seiten, um sich zu stützen, und richteten ihren forschenden Blick hinab ins Drop Off Valley.

Jetzt verstand sie, warum es noch kein Gewehrfeuer gegeben hatte. Der langsam herannahende Tag bot noch immer mehr Düsterkeit als Glanz, aber sie konnte zwei Gestalten deutlich erkennen. Einer davon war der von Steve. Er war seinen Männern vorausgeritten, etwa dreißig Meter voraus, und befand sich nun auf einer Anhöhe.

Die andere Gestalt, die im dünnen Licht groß hervortrat, war unbestreitbar die des alten Packard. Wie Steve war er seinen Männern vorausgeritten. Hinter ihm konnte sie gerade noch eine stumpfe Masse erkennen, die hätte sein können, wenn nicht die ungeduldige Bewegung eine Gruppe von Felsbrocken gezeigt hätte, wo seine Reiter warteten.

Im trüben Morgengrauen war es dort im Hochland sehr still. In atemloser Wachsamkeit sahen einige Männer hinter Steve zu; ein paar Männer hinter dem alten Mann Packard sahen zu; ein Mädchen auf einem Granitgipfel sah zu. Unten am unteren Ende des Tals, wo der Boden des Plateaus steil in die steilwandige Schlucht abfiel, brannte das Feuer, das Terry gelegt hatte, immer noch heftig. Aber der Wind trug seine Wut von ihnen weg, so dass es nur noch ein böses Flüstern war.

Hier und da, anderswo im Tal, brannten die Feuer noch weiter. Es gab weite Strecken, über die die Flammen bereits geschwappt waren, so dass sie jetzt tintenschwarz, ausgebrannt waren und ein wenig qualmten. Auf solch einer offenen Fläche, immer noch heiß unter den Hufen ihrer Pferde, standen sich die beiden Packards, Großvater und Enkel, gegenüber. Und es waren strenge, bedrohlich wirkende Gesichter, die einander gegenüberstanden.

Endlich hatten sie die Zügel gezogen, beide sahen grotesk aus wie Uhrwerke und wurden gleichzeitig durch denselben Impuls betätigt. Nur etwa zehn Fuß befanden sich zwischen den Köpfen ihrer Pferde. Sie befanden sich fast gegenüber von Terrys Aussichtspunkt und in keiner großen Entfernung. In der Stille, die das Tal erfüllte, drangen ihre Stimmen zu ihr. Nicht jedes Wort, aber hin und wieder ein Wort, über seine Gegenstücke hinausgehoben, und immer die Bedeutung. Denn die Qualität der beiden Stimmen war unverkennbar.

Die Wut des alten Packard wurde vom Zorn des jungen Packard begrüßt. Auf Hitze, Wut und explosive Denunziationen war jetzt zu achten. Niemals war es Packards Art gewesen, auf Zeit zu verzichten; Es war schon immer die Art von Packard gewesen, einzuspringen und zuzuschlagen. Der alte Mann war immer wortkarg; ebenso wortkarg war der junge Mann jetzt.

„Sie sind ein verdammter Schurke, Sir!"

„Sie werden Ihre Männer abziehen. Sie werden für den Schaden bezahlen, den Blenham angerichtet hat."

„Bei Gott, Herr!"

Es wurde kaum mehr gesagt. Dieses donnernde „Bei Gott, Sir!" Von den Lippen des alten Mannes zu Terry, wo sie fest an ihren Felsen gedrückt stand. Und dann kam ganz unerwartet und von unerwarteter Seite der erste Gewehrschuss.

Der erste Schuss und der zweite, dicht beieinander. Die Kugeln flogen zwischen Großvater und Enkel hin und her und wirbelten hinter ihnen kleine Staubwolken auf. Keiner schaute nach, woher die Schüsse kamen. Der Gedanke war in jedem Kopf:

„Ist das ein Packard, mit dem ich es zu tun habe? Einen seiner angeheuerten Attentäter dazu zu bringen, aus einer Jalousie zu schießen?"

Das Gewehr des alten Mannes wurde vor ihm hochgeworfen; Steve ist damit aufgestiegen. Dort drüben richteten sich die Männer des alten Packard auf ihre Sättel und machten sich bereit für die harte Arbeit. Yellow Barbee gab seinen Männern ein völlig unnötiges Signal; sein eigenes Gewehr in seinen eifrigen Händen war schussbereit, der Abzug gab seinem schwieligen Zeigefinger nach.

Und dann ertönte von der steinernen Spitze eines Gipfels, der sich zwischen ihnen und einer Sonne erhob, die sich langsam in den klaren Himmel drehte, ein Schrei nach dem anderen, der über das offene Land hallte und wogte, als Terry Temple, als er etwas von der Wahrheit sah, voller Angst aufschrie Verzweiflung und Warnung.

Die schreiende Mädchenstimme – Der alte Packard drehte sich abrupt um und starrte verwundert. Terrys Stimme – Steve drehte sich um, sein Zorn war plötzlich erschrocken, sein Blick suchte überall nach ihr.

Es war Barbee, die sie zuerst sah. Rief Barbee mit einem seltsamen Unterton in der Stimme, gab seinem Pferd die Sporen und rannte über das hügelige Land auf sie zu. Dann sah Steve den alten Packard und die anderen. Sie sah es, konnte es aber zunächst nicht verstehen: Die Sonne stand direkt hinter ihr und zwinkerte ihnen in die Augen. Da war jemand bei ihr, der mit ihr kämpfte.

„Blenham!" schrie Steve.

Und er rannte wild hinter Barbee her, sehnte sich danach, zu schießen, um zu töten, und wagte es dennoch nicht, überhaupt zu schießen. Blenham und Terry kämpften auf der eisernen Seite des Berges, Terry schlug und schlug hektisch auf ihn ein, Blenham hatte seine Arme um sie gelegt und zog sie zurück zu einer breiten Felsspalte, über ihnen strahlte die Sonne.

Für Terry schien es, als sei das Universum um ihre Ohren zusammengebrochen. Eben noch hatte sie angespannt, starr und atemlos dagestanden und beobachtet, wie sich zwei Männer drohend gegenüberstanden. Dann hatte das unerwartete, unsichtbare Gewehr geknallt; der Staub wirbelte zwischen ihnen auf; der zweite Schuss. Und der rauchende Gewehrlauf war keine drei Fuß von der Stelle entfernt, an der Terry stand, Blenhams verzerrtes Gesicht an den Schaft gelehnt, Blenhams einziger böser Blick auf das Visier gerichtet.

Fast augenblicklich erriet sie etwas über die Wahrheit. Blenham war sich in dieser Hinsicht nicht sicher, ob er treffen würde; Er wäre ein Narr, wenn er schießen und ihn verfehlen würde. Es sei denn – und da schrie sie ihre Warnung aus, bevor er auch nur seine Hand nach ihr ausgestreckt hatte.

Es sei denn, Blenham wusste trotz all seiner Arglist, dass dieser zwischen den beiden abgefeuerte Schuss dazu führen würde, dass sie sich gegenseitig an die Kehlen fliegen, alle Verhandlungen beenden und eine unvorstellbare Tragödie herbeiführen würden. Blenham hatte seine eigenen Gründe für das, was er tat; sicherlich würde es zu Blenhams Plänen passen, die Hand eines Packard gegen einen Packard spielen zu sehen.

Aber sie hatte nicht daran gedacht, dass er sie ergreifen würde. Jetzt schlossen sich seine großen, schwieligen, schmutzigen, haarigen Hände um sie, packten sie an den Schultern und rissen sie von ihrem Platz in die Spalte, aus der sein Gesicht aufgetaucht war. Sie kämpfte und versuchte, den Revolver in ihre Bluse zu bekommen.

Blenham muss gewusst haben, dass sie es dort aufbewahrt hat. Er schnappte es sich, warf es hinter sich und verfluchte sie, während er sie mit sich zog. Als Barbee kam und Steve direkt hinter ihm kam, waren die Gestalten von Blenham und Terry verschwunden, als hätte sich der Berghang für sie gespalten und sich hinter ihnen geschlossen.

„Sie sind in ein Loch geraten", rief Barbee. „Diese Berge sind voller Höhlen. Sie können nicht weit wegkommen."

Als sie den steilen Hang hinaufstiegen, lag Barbee immer noch in Führung. Er stieg auf den Felsvorsprung, auf dem Terry gestanden hatte. Er trat in die Spalte, durch die Blenham Terry geschleift hatte.

„Hier ist ein Spalt in den Felsen", rief Barbee. „Er ist diesen Weg gegangen."

„Pass auf ihn auf!" warnte Steve, der jetzt auf dem Sims in der Nähe des Jungen stand. „Lass mich weitermachen!"

Barbee lachte.

„Vor langer Zeit habe ich ihm gesagt, dass ich ihn holen würde!“

Aber Blenham wartete in einer kleinen, von Felsen gesäumten Mulde. Er schoss mit einem schweren Revolver aus der Hüfte. Barbee stand einen Moment da und blickte törichterweise in den Himmel, während er sich langsam gegen den Felsen zurücklehnte. Dann taumelte er und fiel, drehte sich um, drehte sich, so dass er halb im Spalt lag, sein Gewehr klapperte auf den Sims draußen und sein Körper fiel, so dass sein Kopf und seine Schultern über dem Gewehr lagen.

Steve stieg über Barbees zuckenden Körper, wachsam, alle Nerven angespannt, den Finger gebeugt am Abzug seines Gewehrs. Doch erneut hatte sich Blenham zurückgezogen. In der kleinen, grob kreisrunden Mulde, aus der Blenham aus nächster Nähe auf Yellow Barbee geschossen hatte, lag Terrys Hut mit Füßen getreten. Wieder war es, als hätte der Berg den Mann und das Mädchen, die er mitgenommen hatte, verschluckt.

Aber einen Moment später sah und verstand Steve. Keine zehn Schritte von seinem Standort entfernt befand sich der Eingang einer Höhle. Blenham hatte sich dorthin zurückgezogen. Drinnen war jetzt Blenham; Blenham und Terry mit ihm. Und der Weg war, zumindest im Moment, sicher versperrt. Offensichtlich befand sich hier ein zuvor bekannter Treffpunkt, der zuvor genutzt worden war. Es hatte eine Tür aus schweren Zedernholzplatten. Die Tür war geschlossen und natürlich von innen verriegelt.

„Terry!“ namens Steve.

Terry versuchte zu antworten; Er hörte ihre Stimme in unartikuliertem Entsetzen, kaum mehr als ein Keuchen, das in ihrer Kehle erstickt war. Steve wurde völlig weiß. Er stellte sich Blenhams Hände auf ihr vor.

Er kam mit gezückter Waffe zur Tür. Es gab nur eines zu tun; Schlagen Sie die Tür ein und kommen Sie auf dem kürzesten, schnellsten und einzigen Weg nach Blenham.

Dann rief Blenham ihn zum ersten Mal.

„Bist du ein Narr, Steve Packard? Schau dir diese Tür an. Weißt du nicht, bevor du sie einschlagen kannst, kann ich dich abholen! Und ich kann mehr als das!“

Als hätte er es ihr auf grausame Weise entrissen, ertönte erneut Terrys Schrei. Steve sprang vor und schlug auf die schweren Zedernbretter ein. Und Blenham rief erneut:

„Vielleicht kannst du einbrechen, es gibt genug von dir. Aber du wirst sie tot vorfinden, wenn die Tür einfällt!“

Steve hatte sein Gewehr wieder gehoben. Nun ließ er es langsam sinken, so dass der Kolben sanft auf dem Felsen zu seinen Füßen zur Ruhe kam. Blenham hatte die Oberhand; Blenham war unvorstellbar abscheulich; Blenham war verzweifelt. Und Terry, sein kleiner Terry, den Blenham immer mit den Augen eines Tieres und eines Tieres betrachtet hatte, befand sich dort, knapp drei Zoll von massiven, abgelagerten Zedernbrettern entfernt.

„Wenn du ihr auch nur im Geringsten weh tust –" Es war Steves Stimme, obwohl weder Blenham noch Terry sie zunächst erkannt haben konnten. „Wenn du ihr auch nur das geringste Leid tust, Blenham, werde ich dich töten. Nicht auf einmal – nur um Zentimeter!"

Blenham antwortete ihm kühl.

„Ich weiß, wenn ich einen Stich verloren habe, Steve Packard. Das ist nicht der erste und es wird auch nicht der letzte sein. Ich habe sie hoch gespielt und wusste immer, dass ich Risiken eingegangen bin." . Aber ich gehe auf Nummer sicher! Mich kriegen? Auf Nummer sicher!"

„Mach weiter; was meinst du?"

„Der alte Packard ist da unten. Das Geschrei dieses Mädchens hat mir das Spiel verdorben. Mittlerweile hat er ein oder zwei Dinge gelernt. Na gut, das ist reine Glückssache, verdammtes Pech!"

Unter den Worten war die Zurückhaltung verschwunden und seine Wut flammte kurz auf. Aber es war offensichtlich, dass Blenhams Schlauheit immer noch bei ihm war. Er fuhr fast ruhig fort:

„Sie und er können zwei Worte miteinander reden. Dann kommen Sie hierher zurück und geben Sie mir beide Ihr Versprechen, mich gehen zu lassen. Dann werde ich sie gehen lassen. Sonst bin ich so gut wie tot – und „Das ist sie auch. Ich werde ihr eine Waffe an den Kopf rammen und ihr das Gehirn rausschießen. Und außerdem werde ich noch einen oder zwei von euch kriegen, bevor ihr mich fallen lasst."

Der berittene alte Mann Packard unterbrach sie mit flammenden Augen und heißem Gesicht vor Wut in ihre Unterredung.

„Stephen", sagte er streng, während sein Blick fest auf das Gesicht seines Enkels gerichtet war, „sag mir und sage mir die absolute Wahrheit, also steh dir Gott bei: Hast du diese Weide von Andy Sprague gemietet, weil du dachtest, er besitze sie?"

Obwohl er sich fragte, antwortete Steve kurz, er solle das erledigen, damit er sich wieder an Blenham wenden könne:

"Ja."

„Und die Jungs sagen, du hättest Aktien verloren und gibst mir die Schuld? Und dass deine Aktien vergiftet und angeschossen wurden? Und gibst mir die Schuld?"

„Ja", sagte Steve.

„Das habe ich auch", sagte der alte Mann schwerfällig. „Und ich habe dir immer die Schuld dafür gegeben. Und ich habe nie an Andy Sprague verkauft. Er und Blenham – Blenham hat uns beide zum Trottel gemacht, hat genug Kühe voneinander gestohlen –"

Seine Stimme wurde von dem Gebrüll der Wut übertönt, das ihm den Namen des alten Berglöwen des Nordens eingebracht hatte. Er stieg über den Körper der armen Barbee, stieß an Steve vorbei und ragte über die Höhlentür hinaus.

„Halten Sie sich zurück", befahl Steve seltsam. „Er ist da drin. Aber er hat es auf uns abgesehen. Wir müssen versprechen, ihn gehen zu lassen!"

"Lass ihn gehen!" schrie der alte Mann, sein großer Körper schien tatsächlich vor Wut zu zittern. „Lassen Sie ihn nach allem, was er getan hat, gehen? Bei Gott, Stephen Packard, wenn Sie so ein Mann sind –"

„Sie ist da drin bei ihm", sagte Steve schwerfällig. „Terry ist da drin. Verstehst du das nicht?"

„Terry? Dieses Temple-Mädchen? Was müssen wir tun –"

„Erstens", schrie Steve scharf, „sie ist ein Mädchen und er ist ein Rohling. Zweitens ist sie die nächste Mrs. Packard und ich werde nicht zulassen, dass Blenham sie beschimpft!"

Sein Großvater starrte ihn lange und aufmerksam an. Dann wandte er sich ab und rief befehlend:

„Blenham, komm da raus!"

Blenham spottete über ihn.

„Und wie ein Hund abgeschossen werden? Hier ist ein Mädchen, Packard. Der junge Packard ist ihr verfallen; er will sie heiraten. Und wenn Sie und er nicht Ihr Wort geben, mich gehen zu lassen, werde ich gehen. ihr eine Waffe an den Kopf zu schießen und ihr das Gehirn herauszublasen. Und ich werde ihn kriegen, wenn ich rauskomme; und ich werde dich kriegen.

"Lass ihn gehen!" rief Terry schwach. „Lass ihn gehen, Steve! Oh, lieber Gott – wenn du mich liebst –"

„Komm raus, Blenham!" schrie Steve. „Ich gebe dir mein Wort, also hilf mir, Gott, dass du ungeschoren davonkommst. Komm raus!"

„Nicht so schnell", spottete Blenham und verweilte bei seiner hohen Karte. „Du musst deinen Männern etwas versprechen; du musst sie über das Tal schicken. Du musst ein Pferd zur Hand haben, auf dem ich reiten kann. Du musst selbst ins Tal zurückkehren." Ein alter Mann, Packard, muss dasselbe tun.

Der alte Packard brüllte seine Flüche, doch am Ende sah er nichts anderes zu tun und ging murrend den felsigen Abhang hinunter, zurück zu seinem Pferd und zu seinen Männern. Aber zuvor hatte er vielleicht die größte Demütigung seines Lebens erlebt. Er hatte gesagt:

„Blenham, auf mein Ehrenwort als Packard und Gentleman werde ich Sie gehen lassen. Und ich werde dafür sorgen, dass meine Männer Sie gehen lassen."

Und tatsächlich hingen Tränen an seinen Wimpern, als er sich wieder in den Sattel schwang.

„Er hat dir nicht wehgetan, Terry?" fragte Steve, bevor auch er den Hang hinuntergehen würde.

„Nein", rief Terry. „Nein, nein! Aber, oh, beeil dich, beeil dich, Steve. Ich habe das Gefühl, ich werde ersticken, ich werde sterben!"

Unten im Tal sahen sie zu, wie Blenham aus der Felsspalte auf den Felsvorsprung trat, dicht an der Seite einer Gruppe zorniger Männer mit hartem Blick. Sie sahen, wie er höhnte, als er über den Körper des Mannes stieg, den er erschossen hatte.

„Ein Narr war Barbee", rief er. „Ein Idiot, die Packards, alt und jung!"

Sie sahen ihn den Hang hinunterkommen, mit einer überheblichen Art von Angeberei, aber offensichtlich wachsam und misstrauisch. Terry war auf den Sims gekommen und auch sie beobachtete ihn. Er kam schnell herunter und schwang sich in den Sattel des Pferdes, das sie für ihn zurückgelassen hatten.

Und nun endlich war sein Verdacht zerstreut. Sein Triumph brach wie ein Strahl bösen Lichts aus.

„Ich war bereit zu gehen", rief er, „jederzeit!"

Er streckte seinen Arm in Richtung der blauen Hügel des alten Mexiko aus.

"Dort unten---"

Barbee, den sie für tot gehalten hatten, bewegte sich ein wenig, wo er lag. Das Gewehr unter sich schob er sechs Zoll nach vorne.

„Blenham!“ rief er schwach.

Blenham drehte sich um und feuerte erneut aus der Hüfte. Aber er hatte hastig geschossen. Barbees Gewehr lag stabil auf dem Felsen. Zwischen seiner Schnauze und Blenhams breiter Brust befanden sich nur etwa fünfzig Fuß. Der Knall von Barbees Gewehr, der dünne, aufsteigende Rauch unter der neuen Sonne – das waren für den kleinen Zeitabschnitt die wichtigsten Dinge auf der ganzen Welt.

Dann warf Blenham seine Arme aus und warf sich nach vorne. Sein Fuß blieb im Steigbügel hängen. Das verängstigte Pferd stürzte, rannte und schleifte einen Mann hinter sich her, dessen Körper hin und her geschlagen wurde.

„Ich habe es schon vor langer Zeit versprochen“, flüsterte Barbee, „dass ich dich holen würde, Blenham.“

KAPITEL XXVII

ZU EHREN DER FEENKÖNIGIN!

„Guy Little!"

Die Stimme des alten Mannes dröhnte gewaltig, als der alte Mann selbst ungeduldig in der großen, scheunenartigen Bibliothek seines Ranchhauses auf und ab schritt. Guy Little erschien mit einer Schnelligkeit, die entweder an Magie oder an vorbereitete Erwartung erinnerte.

„Sie haben geklingelt, Majestät?"

„Rang, dein Fuß!" schrie der alte Packard. „Ich habe laut geschrien. Was ist der Wochentag, Guy Little?"

„Es ist Mittwoch, Ihr –"

„Und was ist der Tag des Monats?"

„Es ist der Neunzehnte, Ihr –"

„Dann sagen Sie mir, Sir", und der Ton des alten Mannes war in bemerkenswertem Maße wütend und herausfordernd, „warum im Namen des Teufels mein Enkel Stephen noch nicht aufgetaucht ist!"

Guy Little hätte vielleicht bemerkt, dass es noch zu früh sei, mit dem Erscheinen von jemandem zu rechnen. Es war noch nicht einmal sechs Uhr an einem Morgen, der einer der schönsten Morgen aller Zeiten zu werden versprach. Der alte Mann hatte, wie Guy Little es ausdrückte, eine Stunde lang „getrampelt und herumgescharrt".

Guy Little grinste wie jeder Cherub.

„Er ist aufgetaucht", kicherte er, obwohl er die Nachricht neckend zurückhalten wollte. „Er ist spät in der Nacht gekommen. Du hast so geschlafen und geschlafen, also –"

„Das hat er, oder?" brüllte der alte Mann. „Er hat sich wie ein verdammter Dieb in der Nacht eingeschlichen, nicht wahr? Nun, wo ist er jetzt? Ich schlafe noch, ich werde gefesselt sein. Wenn er wach sein sollte und – Na ja, als ich ein junger Teufel war, gehörte er ihm Alter--"

„Er ist irgendwo draußen", sagte Guy Little. „Ich schätze, er war zum morgendlichen Baden im Hinterhof, Eure Majestät."

„Warum solltest du das vermuten?"

„Denn fast alles, was er anhatte, war ein Handtuch und eine – eine Art – Immodes-Hosenhose", erklärte Guy Little vertraulich.

„Und", fuhr der alte Mann Packard fort, „wo ist – sie?"

„Meinst du die Feenkönigin, Eure Majestät?" Guy Littles Stimme war jetzt ein Flüstern.

„Ich meine sie – die Feenkönigin", sagte der alte Mann sanft. „Schlaft, Guy Little? Ich lasse sie nicht aufwachen!"

„Aufgewacht, deine Augenbraue!" kicherte Guy Little. „Ich würde sagen, sie ist auch für ein – ein Bad gegangen, Eure Majestät. Und, unter uns beiden, ihr Alter ist bei weitem genauso unbescheiden wie seines! Fakt, und ich glaube nicht Es ist mir egal, wessen Enkelin sie ist. Blau, wissen Sie, und nicht sehr viel davon. Und eine rote Mütze. Und – ich konnte durch die Vorhänge nicht gut sehen und habe es ihnen nicht gesagt Ich habe nachgeschaut. Sagen Sie ihr nur nicht, dass wir es wissen. Gott segne ihr kleines, schlichtes Herz, sie hat nicht die geringste Ahnung, wie hübsch und unbescheiden sie ist.

Der alte Mann Packard musterte ihn mit wissendem Blick.

„Ist sie das nicht?" er forderte an. „Ist sie das nicht, Guy Little? Warum, wenn es auf dieser Welt etwas Wissenswertes gibt, das meine Enkelin nicht weiß: Bestellen Sie das Frühstück, das in zwei Shakes fertig ist, Guy Little."

„Das habe ich", sagte Guy Little. „Es ist schon fertig. Da kommen sie. Sie sehen fröhlich aus, nicht wahr? Wie ein paar Kinder."

„Und sieh zu, dass die beiden neuen Reitpferde gleich nach dem Frühstück für sie bereit sind, Guy Little."

„Jetzt sind sie fertig", kicherte Guy Little. "Ich erinnerte mich."

„Eine – und sie mag –"

„Blumen auf dem Tisch? Und ihre Grapefruit voller Zucker? Und der Kaffee mit heißer Milch? Weiß ich denn nicht, Packard?"

Steve und Terry, triefend und lachend, begannen zu rennen, als sie über die Wiese kamen, erspähten den großen und den kleinen Mann am Fenster und riefen freudig „Guten Morgen" und Terry warf ihnen jeweils einen Kuss zu. Und der alte Mann Packard, die Hände in die Hüften gestemmt, mit einem Ausdruck absoluter, unbeschreiblicher Zufriedenheit in den Augen, sagte leise:

„Ich habe in meinem Leben ein oder zwei Fehler gemacht, Guy Little. Aber habe ich nicht lange genug gelebt, um hier und da einen Fehler oder so zu begehen? Und ich habe ein oder zwei Mal einen Fehler gemacht Mann."

„Blenham hat dich ziemlich geschickt zum Narren gehalten", meinte Guy Little.

„Aber", fuhr der alte Mann hastig fort, „ich kenne einen echten, aufrechten Vollblut –"

„Feenkönigin einer Frau."

„Eine feenhafte Königin einer Frau, wenn ich sie sehe. Und das kleine Ding da draußen, dessen Augen leuchten, als hätte ich seit mehr als fünfzig Jahren kein Augenpaar mehr leuchten sehen, Guy Little – warum, Sir, sie ist was Ich rufe eine – Na ja, sie ist eine Packard, Mann!"